LE CLÉRICALISME

DE 1789 A 1870

LE
CLÉRICALISME
DE 1789 A 1870

PAR

ÉMILE CLAIRIN

AVOCAT A LA COUR D'APPEL DE PARIS

« L'État ne peut pas souffrir un
État dans l'État »
THIERS. *Session législative
de 1845.*

—

PARIS
G. CHARPENTIER, ÉDITEUR
13, RUE DE GRENELLE-SAINT-GERMAIN, 13

1880

A MONSIEUR ERNEST LAIR

HOMMAGE RESPECTUEUX

UN MOT AU LECTEUR

Ce livre n'est pas écrit contre la religion catholique : en tant que religion nous la respectons comme nous respectons toutes les croyances. Nous avons voulu retracer ici l'histoire d'un parti politique qui, prenant les couleurs du pape, cherche à ruiner les principes de nos lois et de nos institutions, le parti clérical, *le parti de la contre-Révolution*. Nous savons qu'on nous accusera d'attenter aux bases de l'édifice social et de *flatter les viles passions de la vile populace*; on nous accusera d'*athéisme*. Ce sont là les moyens habituels de nos adversaires. Nous nous plaçons au dessus de leurs blâmes et de leurs colères et nous n'employons contre eux que le récit de leurs agissements. Ils pourront s'indigner contre nous, mais non pas réfuter un seul des faits que nous avançons. .

Dans les premiers chapitres nous avons cherché à prouver une vérité dont nous sommes depuis longtemps convaincus : le clergé a été la cause directe des prétendues persécutions qu'il a supportées sous la Convention. De l'aveu même de quelques-uns de ses membres plus francs que les autres, il s'est injustement opposé à des réformes que, d'après les plus simples notions des devoirs de la charité chrétienne, il eût dû nonseulement accepter, mais demander, lui, tout le premier.

Nous avons ensuite étudié le Concordat et les articles organiques. Les détails que nous donnons sur l'histoire du clergé sous le règne de Napoléon paraîtront peut-être un peu longs; mais il nous a semblé intéressant de montrer le cas que font ces hommes de leurs dogmes et de leurs préceptes et la manière dont ils s'en servent lorsque leurs intérêts matériels sont en jeu.

Le parti clérical commence ses criminelles entreprises contre la loi, le jour de la restauration des Bourbons. Pendant quinze années il lui fait une guerre ouverte qui cesse avec la Révolution de 1830. Après quelque temps de silence et de recueillement, il revient à la charge, mais cette fois avec ses armes les plus dangereuses, la dissimulation et la duplicité. Enfin en 1870, lorsqu'il se croit assez fort, prenant le *Syllabus* comme programme de ses prétentions, il lève le drapeau de contre-Révolution sous les auspices duquel il nous a toujours combattus.

De ces faits nous avons tiré la conclusion qui nous a paru logique. On jugera de notre impartialité.

PREMIÈRE PARTIE

Le Concordat

CHAPITRE Ier

Aperçu de l'histoire du Clergé depuis la Révolution jusqu'au Concordat.

S'il est fort difficile de notre temps, dans la seconde moitié du dix-neuvième siècle, de connaître les statistiques concernant le clergé catholique et de percer l'ombre dont les grands chefs de cette secte religieuse couvrent systématiquement leurs faits et gestes, à plus forte raison éprouve-t-on des obstacles presque insurmontables, lorsqu'il s'agit de rechercher la vérité mathématique sur l'état et les forces du clergé dans le passé. On est tenu de se conformer aux écrits de prédécesseurs plus ou moins bien renseignés, en se bornant à les contrôler les uns par les autres, et pour étre impartial en acceptant plutôt comme base de raisonnement les chiffres donnés par les adversaires.

Voici la statistique moyenne qui concerne le culte catholique en 1788, et que l'on peut relever en comparant successivement « *les Mémoires pour servir à l'histoire ecclésiastique* » et les ouvrages de MM. Villefroy et Maurice Block.

Circonscriptions ecclésiastiques en 1788 :

Métropoles		18
Diocèses		141
Paroisses et annexes. . de 40,000 à		42,000

Établissements ecclésiastiques :

Séminaires		188
Églises collégiales. . . . de 450 à		600
Abbayes . . . . de 1,100 à		1,300
Prieurés		1,042

Le clergé séculier comprenait :

Cardinaux		5
Archevêques		18
Évêques . . . . de 133 à		136
Vicaires généraux.		1,146
Chanoines honoraires et titulaires.		3,168
Curés		4,400
Desservants		6,400

Vicaires	18,000
Chapelains	16,000

Le clergé régulier comprenait :

Chanoinesses.	600
Religieux . , ...	31,000
Religieuses	27,000

Les revenus appréciables du clergé en 1788 se peuvent classer de la manière suivante :

Revenus des biens	70,000,000
Produit des dîmes.	133,000,000
Annates et dépenses payées à Rome.	3,600,000
Dispenses et droits d'officialité . .	2,800,000
Casuel pour baptêmes, mariages, décès.	4,000,000
Casuel pour messes, fondations et aumônes.	X
Expéditions d'actes	1,000,000
Quêtes des ordres mendiants . . .	5,000,000
En tout :	219,400,000

Ce chiffre ne concerne que les revenus du clergé séculier. Les monastères avaient des revenus particuliers qui pouvaient s'élever à 150 millions. Nous ne craignons pas de donner ces nombres dans tout leur détail. Ils servent à apprécier les motifs

qui ont déterminé l'Assemblée Nationale à émettre
les décrets du 13 février et du 21 août 1790.

Aujourd'hui dans toute discussion engagée au
sujet de l'ultramontanisme et de ses aspirations, les
tenants des régimes passés, partisans intéressés
ou croyants du clergé, de ses pompes et de ses
œuvres, s'empressent de prendre en main ces décrets, et de les agiter comme une tête de Méduse
aux yeux de leurs contradicteurs, qui ont la mauvaise grâce de ne pas rester pétrifiés. Il n'est pas sans
intérêt de voir ce que *les Mémoires pour servir à
l'histoire ecclésiastique*, écrits pour anathémati-
ser l'œuvre de la révolution, disent à ce sujet : le
décret du 2 novembre 1789 qui se résume en cette
phrase : « Les biens du clergé sont mis à la disposition de la nation » y est ainsi analysé : « Le mauvais usage que plusieurs ecclésiastiques faisaient
de leurs revenus, servait de prétexte à des plaintes
dans lesquelles, comme il arrive souvent, on en
voulait encore moins à l'abus qu'à la chose même. »

On remarquera d'abord un aveu, il y avait des
ecclésiastiques qui géraient mal ou abusaient de
leurs revenus. Quant à la suite de ce jugement
marqué au coin de la mauvaise foi, on ne doit point
s'en préoccuper. Il est entendu que Cotin seul estime son roi et son Dieu, Cotin seul a de la probité
et du jugement. Car les moindres discours de nos

adversaires qui sans aucun égard pour d'autres opinions croient modestement la leur, la seule bonne et la seule vraie, sont toujours empreints de l'absolutisme ultramontain. Pour nous qui croyons à la Révolution et à ses principes, nous ne pouvons guère blâmer Jacques Bonhomme d'avoir voulu recouvrer ce que dix siècles lui avaient sucé de sang et de sueur, et l'on ne peut mieux répondre à ces récriminations injustes que ne le fit Thouret à M. de Boisgelin en pleine assemblée : « Séparons, s'écria-t-il, l'intérêt de la religion de celui de ses ministres ; quand la religion les a envoyés dans la société, leur a-t-elle dit : allez, prospérez, acquérez ? — non. — Elle leur a dit : Prêchez ma morale et mes principes. Quand il a fallu assurer leur subsistance, elle a dit ce seul mot : Il est juste que le prêtre vive de l'autel. Et nous nous avons dit par une version exacte de ce mot : il faut que le fonctionnaire vive de ses fonctions. On ne peut pas dire que la propriété appartient au clergé : elle appartient au service qui se fait dans les églises. Ce service est un service public : à qui appartient le service public ? — A la nation. »

Mais comme l'autorité de Thouret pourrait sembler suspecte de partialité, nous nous empressons d'ajouter que Châteaubriand, en 1817, à la chambre des pairs tenait un langage à peu près identique; comme rapporteur du budget des cultes. D'ailleurs quel avait. été le rôle du haut clergé depuis le commencement de la Révolution ? L'évêque de Narbonne disait en parlant de cette époque : « Nous nous sommes conduits en véritables gentilshommes, car pour de la conviction, il n'y en avait chez aucun de nous. » Avec la morgue de la noblesse, le clergé s'obstinait à ne pas reconnaître les droits de ses commettants et l'urgence d'une réforme complète. Cette attitude déplorable pour des représentants du Christ, fut la cause de leur perte. Grégoire, Lanjuinais, et autres bons chrétiens comprirent la nécessité d'abattre au pied l'arbre noir qui encombrait la route de la liberté et du progrès, et d'enlever rapidement aux ennemis de la justice et du droit un de leurs plus puissants moyens de nuire. D'ailleurs on attribua aux prêtres un traitement porté depuis sous la République à un maximum qu'elle n'a jamais atteint sous la Monarchie; quand aux plaintes, formulées depuis comme le fait l'abbé Bougeau dans un ouvrage récent, sur la modicité de ces appointements, on les renverra à messeigneurs les évêques. Ils exigent une contribution exhorbitante en faveur des universités catholiques, de malheureux desservants à qui le budget fournit les sommes indispensables à leur entretien, mais non pas l'argent nécessaire pour combattre la Constitution.

Nous disions tout à l'heure que nos adversaires essayaient de se faire une arme du décret dont nous venons de parler, et de celui qui supprima les vœux monastiques. C'est une erreur. Ils pensent surtout, et avant tout, au premier ; la perte de leurs moyens d'action leur tient plus au cœur que la perturbation apportée dans leurs institutions religieuses par le décret du 13 février 1790. Ils se rappellent sans doute la justice de ce décret. L'auteur des mémoires cités plus haut ne peut s'empêcher de pousser un cri d'horreur au sujet de l'annulation des vœux.

« *Beaucoup* de moines, dit-il, déjà séduits par les
« attraits du monde, se hâtèrent de rompre leurs
« liens. On les vit avec ardeur se jeter hors des cloî-
« tres et garnir le nouveau clergé que l'assemblée
« allait former. D'autres se précipitèrent dans des
« voies plus déplorables et figurent dans les excès
« de la Révolution. » Si donc ils ont repris avec tant de hâte leur libre arbitre, c'est que l'habit monacal pesait de tout le poids d'une armure du moyen âge sur leurs épaules peu faites pour le porter. Qui ne peut s'empêcher en effet d'éprouver un serrement de cœur en songeant à ces malheureux cadets de famille qui n'ayant pas de goût pour ver-

ser le sang humain selon le bon plaisir du roi, se voyaient contraints par l'orgueil paternel de s'ensevelir vivants dans un cloître ! Aussi n'est-on pas étonné, en lisant cette orageuse séance du 13 février de voir un La Rochefoucauld dénoncer les vanités de sa caste par l'acquiescement même qu'il donna au rapport de Treilhard, et faire cause commune avec Barnave, qui au milieu des vociférations de la droite disait avec son bon sens ordinaire : « L'assemblée qui a proclamé la déclaration des droits de l'homme, ne peut pas laisser subsister les vœux monastiques, parce que nul homme n'a le droit d'aliéner sa volonté. » Nos adversaires ici replacent comme toujours les arguments de la Chaire, et s'armant aussitôt d'une pétition de principes, ils s'écrient que la société ne doit pas s'immiscer aux affaires de la religion, que la loi s'étend seulement et sans pouvoir s'avancer au delà, jusqu'aux confins du royaume de l'Église, qu'en touchant aux droits de celle-ci, elle attente à Dieu. Il est inutile de les suivre sur ce terrain. Le clergé et ses partisans sont ultramontains avant d'être français. Le but de cet ouvrage est de demander qu'ils soient forcés d'obéir d'abord à la loi française. Le premier devoir d'un citoyen qui profite et bénéficie des avantages d'une société est de se soumettre à ses règles et à ses institutions. Le premier devoir d'un gouvernement est d'empêcher une association quelle qu'elle soit, de former par sa discipline un Etat dans l'Etat, de briser quiconque méconnait la loi et donne le scandale d'y contrevenir par ses discours et par ses actions.

Aujourd'hui le Concordat a créé un lien en France entre l'Eglise et l'Etat; il est très faible sans doute, et si le clergé veut bien l'accepter, c'est surtout dans les clauses qui lui sont profitables, mais enfin c'est un pacte : le Concordat de 1516 n'avait plus guère d'effet en 1790. Les législateurs de l'époque étaient effrayés de la nécessité où s'étaient trouvés les rois de France, de combattre les empiètements de Rome, depuis six cents ans. Ils voulurent en finir avec cette lutte continuelle en annulant la convention antérieure entre le pape et François Iᵉʳ et en obligeant le clergé à redevenir français. La lutte fut longue : elle dura du commencement de juillet à la fin de décembre 1790. L'assemblée eut à combattre non-seulement contre le Saint-Siége et les ultra-montains, mais encore contre la cour et Louis XVI.

Cependant cette constitution civile du clergé, blâmée par nos adversaires, et même par quelques-uns de nos amis, sur laquelle des centaines de volumes ont été écrits, semble à qui l'analyse de bonne foi et impartialement, un moyen terme, fort convenable pour défendre la société civile et protéger la liberté du culte catholique. L'assemblée conformait la division ecclésiastique à la division civile, réduisait par conséquent les évêchés, de cent trente-six environ qu'ils étaient, à quatre vingt-trois, nombre égal à celui des départements, et les groupait en dix métropoles : l'autorité des évêques et métropolitains étrangers ne pouvait être reconnue en France; les évêques étaient forcés de résider dans leurs diocèses ; les chapitres quels qu'ils fussent, les abbayes, prieurés, chapelles et édifices étaient supprimés. Les évêchés et les curés étaient nommés à l'élection comme au temps de la pragmatique sanction de saint Louis, et aux premiers siècles de l'Eglise.

Ils étaient soumis au serment de fidélité à la constitution. On leur permettait d'ailleurs des rapports avec le pape en tout ce qui concernait la foi religieuse, mais non plus pour lui demander l'institution canonique qui était donnée par le métropolitain, ni le consulter sur aucune question d'administration intérieure, qui était décidée par l'évêque lui-même avec le conseil de ses vicaires. Enfin on donnait aux curés le droit de choisir leurs vicaires parmi les prêtres, sans qu'ils eussent besoin de l'approbation de l'évêque.

Nous le répétons, malgré les clameurs de nos adversaires, nous ne voyons rien dans cette constitution civile du clergé qui attaque le dogme catholique, la foi. Oter toute influence temporelle au pape en France, diminuer le nombre des ecclésiastiques de tout genre qui encombraient le pays, amoindrir l'influence des évêques et augmenter celle des curés, voilà à quoi se borne l'œuvre si décriée de l'Assemblée nationale. Il serait d'ailleurs curieux de savoir comment ce décret du 21 août 1790 approuvé par le roi fut reçu par les intéressés. On ne trouve pas de statistique exacte au sujet des curés et des prêtres qui acceptèrent ou refusèrent de prêter serment à la constitution. Mais l'on peut affirmer que le nombre des assermentés fut considérable et le fait ne doit pas surprendre : l'assemblée aidée par les municipalités nouvellement constituées put remplir à peu près le nouveau cadre des dignités ecclésiastiques, car le bas clergé avait accepté en majeure partie la Révolution (1). De plus la nou-

(1) L'ordre du clergé avait envoyé aux États-Généraux, en 1789, trois cent trois représentants. Après le serment des députés du peuple au Jeu de Paume, sur une courageuse lettre de l'abbé Grégoire, cent quarante-neuf ecclésiastiques se réunirent au Tiers-État pour la vérification des pouvoirs. La joie fut immense. Une calomnie souvent répétée prétend que la Révolution a aussi été dirigée contre le clergé *dès le principe ;* c'est un mensonge odieux que débitent les gens ignorants ou de mauvaise foi. L'abbé Guetté, dans son histoire de l'Église de France, raconte d'après des documents dont nous avons vérifié l'exactitude qu'*après la prise de la*

velle constitution lui assurait une indépendance, à lui arrachée seulement deux siècles auparavant. Les évêques, au contraire, résistèrent et avec eux leurs dévoués partisans. Quatre d'entre eux acquiescèrent seulement à la nouvelle constitution ; l'archevêque de Sens (cardinal de Brienne), les évêques d'Autun, d'Orléans, et de Viviers. Ceux-là seuls eurent le courage de se dépouiller des empiètements de puissance que leurs prédécesseurs avaient commis. Les évêques travaillaient depuis trop longtemps à asservir le bas clergé pour accepter philosophiquement, nous allions dire chrétiennement, la ruine de leur pouvoir usurpé, pendant de longs siècles avec tant de patience. Une réponse de Louis XIV aux évêques qui lui demandaient l'amovibilité des fonctionnaires du clergé, placés au

Bastille, le 14 juillet, il y eut dans Paris des processions faites par les ouvriers du faubourg St-Antoine en l'honneur de Sainte-Geneviève, sous le patronnage de laquelle *le peuple* avait mis *et la capitale, et sa demande de réforme.* Le sermon prêché ce jour-là par l'abbé Foucher, avait pour épigraphe : *Vocati estis ad libertatem fratres.* Dans la fameuse nuit du 4 au 5 août, le bon clergé abandonna comme une partie de la noblesse, tous ses privilèges, et si, dans la suite, des ecclésiastiques firent une opposition insensée à cet élan de générosité, ce furent les évêques ou leurs affidés, l'abbé Maury en tête. La haine contre le clergé ne commença, que lorsque celui-ci trahit tous ses devoirs en suscitant la guerre civile à l'intérieur et en émigrant pour pousser l'étranger contre leur pays.

dessous d'eux, éclaire d'une vive lumière les motifs de leur opposition de 1790 :

— « Je vous accorderai de rendre vos desservants amovibles, disait le roi, quand vous accepterez vous mêmes de l'être. »

Les évêques et leurs partisans, sans laisser paraître les vrais motifs de leur opposition à la nouvelle constitution, cherchèrent d'abord à l'empêcher par l'intermédiaire de Pie VI, de recevoir la sanction du roi. En même temps, ils répandaient dans les villes et dans les campagnes de petits libelles diffamatoires dans lesquels ils se posaient en martyrs et traitaient d'hérétiques l'assemblée et ses décrets. Le parti ultramontain a toujours employé le même système : ce qu'il a fait alors, il voudrait le recommencer aujourd'hui. Ses manœuvres se peuvent expliquer en peu de mots : intrigues auprès des grands, exagération des pratiques et des doctrines superstitieuses chez le peuple faible et ignorant. Leurs discours se peuvent résumer et traduire en trois points : attaquer les priviléges du clergé, c'est attaquer la religion et Dieu, qui attaque Dieu est un hérétique ; donc qui veut toucher aux immunités ecclésiastiques fait œuvre de parpaillot et mérite le bûcher. Aujourd'hui sur une grande partie du territoire, le citoyen français, paysan, ouvrier ou bourgeois, est assez éclairé pour apercevoir le bout indiscret de l'oreille ; il faut se reporter à un siècle en arrière pour comprendre l'influence de ces discours extravagants sur des esprits peu dégrossis.

Ce fut seulement à la fin de décembre 1790 que le roi donna son consentement. Si l'on s'en rapporte au témoignage des contemporains de Louis XVI, et si l'on pense aux sentiments de justice qui furent l'auréole de ce malheureux prince, on peut dire qu'il voulait dès le premier moment sanctionner le décret de l'assemblée. Les écrivains ecclésiastiques se plaignent de sa faiblesse et l'excusent en alléguant la prétendue pusillanimité de quelques-uns de ses conseillers; mais sans l'avouer, ils savent bien que le clergé d'alors en était arrivé à ses fins. Les six mois de répit qu'ils avaient obtenus, ils les avaient mis à profit : ils avaient surexcité au plus haut degré le fanatisme des campagnes. C'est avec une tristesse poignante que l'on lit ce qui suit dans le rapport de Gallois et Gensonné, commissaires envoyés dès le 16 juillet précédent, dans le département de la Vendée, pour s'informer des causes de la fermentation qui s'y était manifestée :

« L'époque de la prestation du serment ecclé« siastique, disent les commissaires, a été pour le « département de la Vendée la première époque de « ses troubles. La division des prêtres en asser-

« mentés ou non assermentés, a établi une véritable
« scission dans le peuple des paroisses. Les familles
« sont divisées, on a vu et on voit chaque jour des
« femmes se séparer de leurs maris, des enfants
« abandonner leurs pères. Les municipalités sont
« désorganisées. Une grande partie des citoyens ont
« renoncé au service de la garde nationale. Il est à
« craindre que les mesures vigoureuses, néces-
« saires dans les circonstances contre les pertur-
« bateurs du repos public, ne paraissent plutôt
« une persécution qu'un châtiment infligé par la
« loi. »

Voilà le commencement de cette malheureuse
guerre civile, voilà aussi une des causes des massacres qui ont souillé la Révolution. Les esprits
justes font remonter la responsabilité des faits, et
la première faute à qui de droit, les zélés défenseurs de ce triste clergé ont beau invoquer l'impossibilité où se trouvaient les prêtres de faire le serment exigé par la loi, l'abbé Jager lui-même les
condamne. Cet historien complaisant de l'ultramontanisme sous la Révolution ne peut s'empêcher
d'avouer, *«d'après les sentiments d'ecclésiastiques
recommandables*, que les prêtres pouvaient en
conscience prêter le serment. Pie VII également,
alors qu'il était encore évêque d'Imola, disait qu'il
ne l'eût pas refusé, s'il avait été prélat français. »

Le désordre fut immense dans les consciences, et la résistance d'autant plus grande de la part du clergé. C'est dans ces conditions que l'Église traversa les années 92 et 93 ; malgré l'incendie qu'ils avaient réussi à allumer en France, les ultramontains savaient bien qu'un rude coup était porté à leur puissance, et que leurs aspirations étaient ajournées à un temps indéfini. On ne fait pas assez attention en effet à certains discours prononcés à plusieurs reprises à l'Assemblée nationale en 1789 et en 1790, et aux pétitions de quelques ecclésiastiques. L'évêque de Nancy, les chapitres métropolitains, et entr'autres celui de Paris, voulaient faire déclarer la religion catholique *seule* religion d'État. Aux coupables révoltes du clergé, la Convention qui voyait en lui l'instrument des étrangers, répondit par des châtiments excessifs, les églises furent fermées, les cérémonies catholiques abolies, et des prêtres massacrés. Mais après les victoires des armées nationales, la pitié revint et avec elle la tolérance.

Dès l'an III la constitution autorisa de nouveau l'exercice des cultes religieux. Bientôt la loi du 7 vendémiaire an III reconnaissait la liberté absolue des cultes. Théoriquement discutable, excellente au point de vue des divisions auxquelles la religion avait servi de prétexte, cette loi eut un désastreux effet pour le clergé constitutionnel ; son unique appui, c'était le gouvernement ; dès le jour qu'il fut abandonné par lui, il perdit le peu de prestige qui lui restait.

Il ne mena plus jusqu'en 1801 qu'une existence malheureuse. Les prêtres réfractaires au contraire retrouvèrent leurs ouailles, et en 1796, il y avait déjà 32,214 paroisses rendues au culte catholique ultramontain, et 4,511 étaient en réclamation pour obtenir le même avantage. Si l'on jette un coup d'œil rétrospectif sur l'histoire de l'église ultramontaine en France, pendant ces dix années, qui terminent le XVIIIme siècle, on ne peut s'empêcher d'admirer la vigueur avec laquelle elle se cramponne à ses moindres priviléges et de l'audace qu'elle emploie pour les étendre, tantôt en criant au martyre, alors que sa conduite est illégale, tantôt en vomissant la calomnie pour noircir les projets et les intentions de ses adversaires. Le grand tort de la Convention et même de la Législative, ce fut d'employer la violence pour faire plier l'arbre de Loyola. Il eut mieux valu appliquer la loi, rien que la loi ; à la longue les esprits prévenus par le fanatisme, eussent cédé devant la raison et la modération. En racontant cette époque, le cardinal Bausset, un des champions les plus obstinés au clergé réfractaire écrivait en faisant un retour de conscience. « L'a-

« veu si général et si involontaire qui échappe à
« ceux mêmes (les ecclésiastiques) qui ont le plus
« souffert : qu'on a mérité ses malheurs, qu'on a
« été injuste, qu'on a été entraîné au murmure et à
« la révolte par caprice, par amour-propre, par lé-
« gèreté, par esprit de mode, cet aveu seul dénote
« la justice de la Providence qui a voulu étendre
« sa vengeance sur tous, parce que tous ont été
« plus ou moins coupables. » Traduction libre.
« Si nous ne nous étions pas opposés, systémati-
« quement, aux justes réformes de la révolution
« par *caprice*, par *amour-propre*, par *légèreté*,
« par *esprit de mode*, si nous avions obéi à la
« constitution, si nous n'avions pas fomenté des
« troubles par toute la France, nous n'aurions pas
« souffert sous la Convention. »

Quant à nous, nous ajoutons, s'il n'y avait pas
eu de tyrannie et des massacres sous la Convention, il n'y aurait pas eu de Concordat. Ce qui eut
peut-être été préférable pour la France.

CHAPITRE II

Rapports de la Papauté et de la France depuis l'époque de la Constitution civile du Clergé jusqu'à la bataille de Marengo.

Il n'est pas sans intérêt de retracer en quelques pages l'histoire des rapports de la France avec la papauté avant le Concordat. On y trouve le secret des résistances de la cour romaine, le motif de ses bulles fulminantes, l'explication de ses craintes et de ses regrets.

Le décret promulguant la constitution civile du clergé commença les hostilités. Malgré une lettre menaçante de Pie VI, Louis XVI avait cédé aux suggestions de l'esprit du mal, et avait signé la ruine des prétentions romaines. Le pape se voyait ainsi dépouillé d'un trait de plume de privautés qu'il avait mis près de huit siècles à acquérir et à conserver. La riche source qui contribuait à alimenter le trésor romain depuis si longtemps, et que les rois avaient inutilement essayé de retenir en France, se trouvait subitement tarie. Cette influence légale qui permettait à la curie d'avoir des ministres auprès du roi, comme le père Tellier ou le cardinal Dubois était anéantie. Mais quand la loi gêne Rome, Rome attaque la loi. Le pape accueillit avec joie les protestations des ultramontains et les encouragea dans la résistance. Le bref *caritas* louait la désobéissance du clergé réfractaire. Le bref doctrinal du 10 mars anathématisa la constitution française à laquelle il reprocha entre autres erreurs, celle *de consacrer la liberté de penser et d'écrire*, liberté, « à laquelle il fallait toujours s'opposer par tous les moyens, même au risque d'encourir l'exil et les plus grands maux. »

Toutefois cette manière de lutter par la parole n'a jamais suffi à la papauté que lorsqu'elle n'a pu faire autrement. Ses ministres ou des émissaires accrédités auprès des différentes cours furent chargés de montrer à chaque gouvernement, qu'il fût catholique ou hérétique, le danger de ne pas éteindre rapidement ce foyer d'incendie qui en s'étendant pouvait consumer le trône et l'autel. Ce fut surtout vers l'Autriche que les regards du Saint-Père se tournèrent éplorés, car c'était la puissance la mieux armée, et quoique le Christ ait fait remettre au fourreau l'épée trop zélée de Pierre, ceux qui se sont dits les représentants du premier sur la terre, n'ont jamais hésité à se montrer les dignes successeurs du second, et à appeler la force pour soutenir leurs prétentions contre la loi.

A la fin de 1793 la France avait à lutter au sud-est contre l'Autriche, le Piémont et les états du pape. L'ennemi maintenu d'abord par la victoire du général Schérer à Loano fut ensuite vaincu de tous les côtés. En 1796, au mois d'août, Bonaparte avait chassé le comte de Beaulieu de l'Italie, Serrurier bloquait Mantoue, Masséna contenait les Autrichiens dans le Tyrol. Augereau menaçait les Etats de l'Église.

Gorani (1) fait un triste portrait du pape Pie VI et donne de curieux détails sur son despotisme, sa cupidité insatiable et sa puérile vanité. Nous nous garderons d'analyser la conduite de l'homme; nous nous occupons seulement de la puissance pontificale. Cependant il ne faut se dissimuler que le caractère pusillanime du pape influa beaucoup à cette époque sur les faits et gestes de la papauté. Malgré les colères et les réclamations de l'Autriche, la

____

(1) Dans les mémoires secrets des cours, tome II, page 316 et suiv., 392 et suiv.

protectrice avouée du Saint-Siége, la cour de Rome signa une amnistie avec Bonaparte par l'entremise du ministre espagnol Azara. Le pape cédait les légations de Bologne, de Ferrare et des Romagnes, s'obligeait à payer une contribution de quinze millions et envoyait à Paris des plénipotentiaires pour traiter de la paix.

Cependant la lutte continuait dans le nord ; Bonaparte tout en fondant les républiques cisalpine et transpadane se couvrait de gloire par cette merveilleuse campagne d'Italie où chaque combat fut une victoire. Mais qui eût pu deviner que trente mille français résisteraient par leur courage et le génie de leur général à ces flots toujours renouvelés d'ennemis venant du nord ? Aussi les envoyés du pape traînaient-ils les négociations en longueur : aux demandes du directoire, ils opposaient toujours l'insuffisance de leurs pouvoirs. Cependant après la capitulation de Mantoue, dernière forteresse des Autrichiens en Italie, leur mandat se trouva suffisamment élargi comme par enchantement. Mais alors le directoire qu'ils avaient voulu jouer, refusa de traiter avec eux et les renvoya. Le motif de cette rupture fut la saisie par Bonaparte d'une correspondance fort compromettante pour Rome entre le cardinal Busca, ministre d'Etat, et le nonce du pape à Vienne.

L'armistice dénoncé, l'armée française marcha sur les Etats pontificaux.

La panique fut grande à Rome. On réunit un semblant d'armée et un moine allemand organisa la défense dans les Romagnes. De tous côtés on tâcha d'aviver la foi superstitieuse des habitants de la campagne. Des agents promirent quarante mille ans d'indulgence à ceux qui marcheraient contre *les fléaux de l'Eglise*. Le pape priait tous ses enfants catholiques de prendre les armes pour le bien de la religion et de sa Sainteté. « Tous ceux qui tueront un Français, ajoutait le pontife, feront un sacrifice agréable à Dieu, et leurs noms sont inscrits parmi ceux des élus du Seigneur. » De plus comme les encouragements ordinaires n'eussent peut-être pas suffi pour faire aiguiser leurs poignards aux fanatiques, la Vierge fit des miracles. A Ancône et même à Rome, on pouvait mesurer au compas le clignement des yeux des madones peintes; bien plus on vit rire les images de saint Cyriaque.

Si le saint riait, c'était probablement de voir la composition de l'armée pontificale; quelques coups de canon l'eurent bientôt dispersée.

Avant ce combat, en quinze jours les Français avaient déjà envahi dans une course rapide la moitié des Etats pontificaux. On a souvent incriminé la conduite de Bonaparte dans cette campagne, on l'a même accusé d'avoir voulu déjà ménager les voies et moyens pour l'avenir. Jugeant sans parti pris, on ne saurait trop louer la conduite du général républicain. Opposer à la politique tortueuse de Rome une vigueur qui devait la faire trembler, se montrer humain et généreux pour les prisonniers de guerre, alors qu'on accusait de barbarie les armées françaises, faire parade en tous lieux d'un grand respect pour la religion dans un pays où le fanatisme est poussé au plus haut degré, c'était montrer une grande sagesse. De plus, notre alliance avec Naples n'était pas bien sûre, dans le nord les Vénitiens attendaient le moment de nous trahir; enfin les millions du pape nous étaient plus utiles en ce moment-là que la fondation d'une répuplique romaine dont l'établisement ne pouvait être que retardé. On a reproché aussi à Bonaparte le faux jeu qu'il semblait jouer alors dans sa correspondance avec le directoire et ses rapports avec le pape. Tout historien impartial ne pourra s'empêcher au contraire d'y voir le fait d'un politique habile. Bonaparte écrivait au directoire ce qu'il pensait, il se montrait dans ses relations avec Rome tel qu'il voulait et devait paraître. Lorsque dans sa proclamation, à Macerata, il autorisa le séjour des prêtres français réfugiés dans les États du pape et défendit de les inquiéter en ordonnant même aux couvents de les nourrir et de leur donner un traitement, le général expliquait sa conduite au directoire et lui disait qu'il était préférable de les voir au dehors que de les supporter au dedans, et le directoire l'approuva. En effet, la recrudescence de ce qu'on appelle même dans cette période de la révolution la persécution religieuse, fut occasionnée quelques mois plus tard, au 18 fructidor, malgré la liberté des cultes, par la rentrée en France d'une quantité de religieuses et de prêtres aussi zélés pour l'ultramontanisme qu'intempérants de langage.

Quoi qu'il en soit, l'armée française s'arrêta à Tolentino. Le pape devait payer trente millions, fournir seize cents chevaux équipés, et faire une pension à la famille de Basseville assassiné dans une émeute. Les trois légations étaient définitivement réunies à la république cisalpine. Ancône recevait une garnison française.

Malgré les dures conditions qui lui étaient imposées, ce traité sauvait la papauté mais plus en apparence qu'en réalité. Le pape-roi, comme on disait alors, se trouvait menacé par le prosélytisme de plus en plus grand des idées révolutionnaires. Le parti des patriotes italiens augmentait chaque jour en nombre, en force et en audace; on alla même jusqu'à accuser le gouvernement français de contribuer directement à cette agitation, et son représentant à Rome, Joseph Bonaparte, d'accorder publiquement sa protection aux révolutionnaires. Ce fut sur ces entrefaites qu'eut lieu l'assassinat du général Duphot. Dans une émeute violemment réprimée par les troupes pontificales, les patriotes cherchèrent un refuge dans l'hôtel de l'ambassade française; à ce moment passait le général Duphot qui habitait Rome pour son plaisir sans occuper aucun poste officiel. Les soldats du pape, sans rien écouter, l'assassinèrent à la porte même de la maison de Joseph Bonaparte. Celui-ci dut se cacher pour ne pas subir le même sort. Le lendemain, il quittait Rome. Le pape attirait donc une seconde fois sur lui la juste colère du gouvernement français. Le Directoire fit arrêter le nonce du pape à Paris et l'un des directeurs écrivit au Souverain Pontife une lettre qui, encore aujourd'hui, irrite fort les ultramontains et dans laquelle ils sont blessés surtout par cette phrase : « C'est apparemment par conformité de principes que les papes ont établi leur trône à côté de celui de Néron. » Certes on ne peut guère défendre la comparaison, ni le style; l'emphase et l'enflure étaient de mode à cette époque, mais n'était-il pas exact d'accuser de duplicité un gouvernement qui n'avait pas craint d'allumer les instincts fanatiques d'assassins, qui avait voulu, dit-on, empoisonner Bonaparte après la paix de Tolentino et qui venait enfin de se couvrir de honte par le meurtre d'un citoyen français inoffensif?

Ordre fut donné aux troupes de marcher sur Rome. Le 10 février 1798, le général Berthier y entra et prit possession du château Saint-Ange. Quelques jours lui suffirent pour rallier les patriotes, et le 15 du même mois eut lieu une révolution dont il sortit un gouvernement démocratique ayant cinq consuls à sa tête.

Le Directoire craignit que la paix de la nouvelle République ne fût troublée par la présence du pape et du Sacré-Collége. Beaucoup de cardinaux virent leurs bien confisqués; la plupart d'entre eux furent d'abord enfermés dans un couvent, puis transportés à Civita-Vecchia, et enfin expulsés à Naples et à Vienne.

Le pape fut emmené le 20 février en Toscane, le 25 février il arriva à Sienne; il y resta jusqu'au mois de Mai; un tremblement de terre le fit transférer au couvent des Chartreux près de Florence. On était sur le point de l'envoyer en Autriche lorsque les relations entre cette puissance et la France furent rompues. Les Autrichiens pénétrèrent de nouveau en Italie. Pour empêcher que le

pape ne retombât entre leurs mains, on le fit con-
duire à Valence. Ces représailles, exercées contre
Pie VI, justes jusqu'à un certain point, furent trop
violentes. L'emprisonnement du Pape fut le prétexte de la seconde coalition contre la France à cette
époque. Il est assez piquant d'ailleurs de constater
que, dans cette alliance, dont le but était de rétablir sur son siége le chef de l'Église catholique, il y
avait un roi protestant, le représentant de l'église
grecque, et le grand Turc, et que tous ces poten-
tats faisaient la guerre au seul peuple d'Europe où
leurs différentes religions pussent s'exercer librement, sans persécutions ni entraves. L'armée fut
bientôt réduite à abandonner l'Italie; les républiques furent détruites, les patriotes eurent à subir
les effets de la terrible rancune du cardinal Buffo.
Le pape mourut à Valence le 2 août, et le 9 novembre suivant Bonaparte revenait d'Égypte; il rêvait
déjà à son coup d'État.

Le conclave pour l'élection d'un nouveau pape
eut lieu; il se réunit dans l'île Saint-Georges, à
Venise, et dura trois mois et demi. Il n'entre pas
dans le cadre de cet ouvrage de raconter toutes
les vicissitudes de cette assemblée. Le cardinal
Consalvi, qui en était le secrétaire, les raconte
avec beaucoup d'esprit, souvent avec éloquence et
surtout avec une extrême impartialité. Ce fut le

cardinal Chiaramonti qui fut élu ; il ceignit la tiare sous le nom de Pie VII. Pourquoi fut-il choisi ? Ses antécédents comme évêque d'Imola furent-ils réellement pris en considération par le Sacré-Collége ? Pourquoi le cardinal Maury travailla-t-il avec autant de persistance à son élévation ? On en est réduit à des conjectures, plus ou moins vraisemblables, suivant les écrivains qui ont fait la narration de ces événements. Nous repousserons toutefois comme une légende le récit de certain historien catholique, qui, se fondant sur des faits postérieurs, attribue une prescience trop grande au conclave, et le glorifie d'avoir élevé au Saint-Siége le seul homme capable de faire avec succès le concordat de 1802. Monsieur d'Haussonville lui-même, à qui cette solution plairait, n'a osé rien affirmer. Les mémoires de Consalvi en effet sont là pour assurer que l'état de la religion en France fut le moindre des soucis du Conclave. Sauvegarder le temporel qui en ce moment se trouvait en grande partie, et sans espoir de retour, aux mains de l'Autriche, la zélée protectrice de la papauté quelques mois auparavant, telles furent les préoccupations principales des cardinaux et la cause des lenteurs qui les retinrent si longtemps dans l'île Saint-Georges.

Au moment où le Pape, par son encyclique annonçait son exaltation à tous les évêques de la catholicité, Bonaparte passait le col du petit Saint-Bernard, le 20 mai 1800. Les populations de la haute Italie allaient revoir le vainqueur de Rivoli ; leur surprise devait être grande : le consul ne parlait pas le même langage que le général républicain.

CHAPITRE III

État de la Religion en France en 1800. — Le Concordat. —
Sacre de Napoléon.

Dans plusieurs siècles, si le temps a usé les passions, l'historien, critique impartial, ne pourra
retenir un cri de stupeur en étudiant cette époque
prodigieuse qui s'appelle la Révolution française. Il entendra d'abord dans le lointain comme
un grondement sourd. Une tempête s'annonce :
elle éclate. En quelques jours l'ancien ordre de
choses est renversé, écrasé comme un vieil arbre
rongé par des vers et frappé par la foudre. Les
faits se succèdent, rapides, effrayants. Les idées
les plus opposées se pressent, s'entrechoquent, se
brisent avant d'éclore ou, saisies par une rigoureuse logique, sont amenées, par des déductions

aussi mesquines que désastreuses, du bien au mal, du sublime au ridicule. D'ailleurs le dévouement se trouve partout : dévouement aux préjugés, à la routine, à la gentilhommerie ; dévouement aux réformes, au progrès, à l'humanité. L'ancienne société entraîne son roi dans l'abîme qu'elle a creusé elle-même et qu'elle a refusé de voir. Le serf et l'opprimé d'hier, ivres aujourd'hui de leur triomphe, oublient les devises inscrites sur leur drapeau et, irrités par l'obstination de leurs aveugles adversaires, ils sont aveuglés à leur tour. La justice se noie dans le sang. La liberté, la fraternité, l'égalité sont acclamées puis méconnues. Après le bouleversement vient un moment de calme étrange. Les derniers souffles du vent révolutionnaire ont cessé. La victoire ramène la musique et la danse. Mais ces airs de fête sont de mauvais aloi. Aux beaux et nobles exemples de la Constituante, aux orageuses et soupçonneuses passions de la Convention, succèdent l'intrigue et la bassesse du Directoire, d'où surgit avec l'éclat de la gloire militaire l'ambitieux consulat et l'empire despote.

Mais si la suite des faits doit étonner la postérité, l'originalité des figures, la trempe des caractères l'émerveillera. Pour nous, quelles que soient nos préférences, nous éprouvons un profond intérêt à étudier cette série d'hommes éminemment convaincus et résolus, soit qu'ils aient travaillé pour l'amour de leur patrie ou de leurs principes, soit qu'ils aient agi dans un but intéressé et personnel.

En 1801 deux personnages se détachent, pour ainsi parler, du fond du tableau. Ce sont les auteurs du Concordat. Napoléon et Pie VII, tous deux doués de qualités diverses, intéressants par leur conduite ou leurs malheurs, surprenants par la tenacité de leur volonté.

Ces deux personnalités se trouvèrent en présence, pour la première fois, lors de la campagne de Napoléon en Italie. Le clergé fuyait devant les armées françaises anathématisées par Pie VI. Chiaramonti, évêque d'Imola, resta seul à son poste. Il attendit le vainqueur avec le sang-froid que donne un esprit juste et la conscience de son devoir. Cette fermeté plut à Napoléon. Une grande sympathie exista dès ce moment entre ces deux hommes, si dissemblables, et ce sentiment ne fut pas sans influence sur le résultat de leurs relations futures.

La biographie de Chiaramonti étonne quiconque étudie l'histoire de cette époque. Au milieu des bassesses, de la lâcheté, des ambitions vulgaires ou effrayantes par leurs visées, qui agitent la période du Directoire, en Italie comme en France, la figure de l'évêque d'Imola se dresse, grande par ses aspirations, noble par ses actes et son langage.

Pendant que l'on cherchait à Rome à enrayer la Révolution, par les intrigues et les subterfuges, l'évêque faisait entendre à ses fidèles étonnés ces majestueuses paroles dans un sermon prononcé le jour de Noël 1797 et portant comme titre : *Homélie du citoyen cardinal Chiaramonti, évêque d'Imola, an VI de la Liberté.*

« Entendue dans son droit sens, dit-il, l'Égalité est celle qui se fonde sur l'harmonie, lorsque chacun excerce dans la société une influence proportionnée à ses facultés matérielles et morales, et y puise ce qui peut contribuer à son bien-être...... Que la religion catholique soit toujours le plus précieux objet de votre amour, mais ne croyez pas qu'elle s'oppose à la forme démocratique du gouvernement. Vous pouvez en cet état rester unis à Dieu; vous pouvez par vos vertus contribuer à la gloire de la République et des pouvoirs qu'elle a établis..... Oui, mes chers frères, soyez bons chrétiens vous serez excellents républicains. » Ah ! si notre clergé voulait tenir un pareil langage, quel bien il ferait à la France, à l'humanité, et surtout à la religion !

Mais il nous faudrait de ces caractères indépen-

dânts comme celui de Chiaramonti, et lui-même,
il faut en convenir, il ne put s'affranchir plus tard
des préjugés ultramontains. Ses deux plus grandes
fautes furent le rappel des Jésuites et l'emploi de
son pouvoir spirituel pour défendre le temporel
alors que, au dire du cardinal Pacca, son conseiller, son ami intime, il prit la première de ces résolutions à regret, et que, pour la seconde, il bénit
du fond de son cœur, la main qui délivrait de ce
lourd fardeau le Souverain Pontife. Pourtant on lui
pardonne ces erreurs sans peine. Pour le condamner, il faudrait ne pas vouloir entendre les obses-
sions dont on le fatiguait, il faudrait aussi oublier
l'histoire de la papauté (1). Devant une grande

(1) Les écrivains ultramontains qui ont parlé de Pie VII, le
chevalier Artaud entre autres, ont cherché à défigurer sa
personnalité alors qu'il était évêque d'Imola. C'eût été une
tache dans l'histoire des papes, que d'en voir un libéral et
chrétien, même avant d'avoir ceint la tiare. Nous ne pouvons ici
parler des empiétements successifs de la papauté sur l'Église,
ni rappeler par suite de quelles manœuvres sans nom Rome
s'est érigée en maîtresse de la chrétienté. Les fausses décré-
tales, la falsification des textes, les conciles soi-disant œcumé-
niques tenus sous la surveillance du Vatican, les moyens employés pour fermer la bouche aux adversaires de la papauté
dans les grands conciles, la violation continuelle des enga-
gements pris, enfin le bras séculier et ses tortures appelés à
tout instant et dans tout pays pour défendre la doctrine ultramontaine, tous ces crimes, tout ce sang répandu, forment une
triste histoire qui ne pourra jamais être ensevelie par l'infail-

partie de la catholicité qui était loin d'avoir ses vues chrétiennes, il était responsable de la concordance de ses actes avec ce terrible passé. Pris comme dans un engrenage, en ceignant la tiare, l'homme, le moine, disparaissait ; bon gré, mal gré, le pape seul devait rester et avec lui la politique tortueuse des huit derniers siècles. D'ailleurs fut-on sévère à juger la conduite de Pie-VII comme pontife romain, l'on ne peut s'empêcher de reconnaître sa patience et sa résignation, à Savone et à Fontainebleau.

La force brutale de l'empereur, ses colères, ses ruses, ses menaces, tout devait échouer devant le calme merveilleux de ce prêtre sans défense matérielle, et l'on se prend de pitié pour cet homme victime de ses propres erreurs et de la tyrannie d'un despote.

Au moment du Concordat, quoiqu'en dise le cardinal Consalvi qui, témoin partial, n'a vu dans son premier voyage à Paris que le culte de l'Amitié, de la Paix, des théophilanthropes, etc., la religion catholique était depuis longtemps revenue en France et trois clergés avaient des prétentions à son gouvernement. L'un d'eux était le clergé exilé ou émigré : il suscitait contre son pays la coalition des

libilité actuelle des pontifes de Rome et la fera tourner en dérision par tous les esprits de bonne foi.

armes étrangères, son esprit ambitieux et exempt d'humilité se révéla d'abord au moment de l'exécution du Concordat, et quinze ans plus tard lorsqu'il s'empressa de fournir des agents actifs à la terreur blanche. Le second, le clergé réfractaire, rentré en France grâce à la liberté des cultes, était déjà nombreux en 1796. Pour ne pas officier dans les églises de l'État, ses membres n'en avaient pas moins une grande influence sur les populations; sans avoir recours aux fantasmagories bruyantes qu'ils avaient mises en œuvre lors de la constitution civile, ils n'en entretenaient pas moins le feu sacré en Vendée et en Bretagne. Ils anathématisaient le gouvernement qui leur avait rouvert les portes de France et motivaient ainsi les rigueurs qu'eurent à supporter quelques-uns d'entre eux. Enfin le clergé assermenté traînait une vie isolée et misérable, exposé sans défense aux attaques violentes et calomnieuses de ses adversaires ultramontains. Les évêques tâchèrent, par deux conciles successifs, de prouver leur existence, ces deux assemblées, où furent échangées bien des paroles inutiles, n'eurent aucun résultat. Mais on ne peut s'empêcher de professer un grand respect pour ces hommes convaincus ; ils firent leur devoir en buvant le calice d'amertume jusqu'à la lie, puis, loyalement, chrétiennement, ils remirent leur pouvoir dès que le représentant de l'État leur demanda de se sacrifier.

Si le régime violent de la Convention, si des calomnies repoussantes et l'ignorance du peuple n'avaient pas discrédité complétement le clergé constitutionnel, peut-être eût-il été accepté par Napoléon et le Concordat n'aurait jamais été fait.

Il est une phrase stéréotypée qu'on retrouve communément dans bien des livres d'éducation : — « Après le dix-huit brumaire, Bonaparte rétablit en France la religion de nos pères ; il releva les autels, etc...; » puis vient un long dithyrambe sur la piété du grand homme.

C'est une fausseté aussi notoire que d'appeler l'empereur premier lieutenant général de Louis XVIII. Les auteurs impartiaux et même certains écrivains dévoués à la cause impériale, mais fort soucieux de la vérité, avouent qu'au moment du Concordat il y avait bien un schisme en France, mais que les esprits étaient fort sceptiques en matière religieuse; les faibles résistances qu'éprouva le premier consul venaient surtout des derniers amis de la liberté qui voyaient dans le pacte conclu avec Rome un retour vers le passé et une condamnation de l'œuvre de 1789. On ne peut donc arguer que la majorité de la nation réclamait de nouveau l'alliance et la bienveillance du pape.

Ce ne fut pas la France; Bonaparte seul fit le Concordat, parce qu'à cette époque il avait formulé un but à son ambition, parce qu'il préparait les voies et moyens pour y arriver. Ses tendances n'échappèrent pas à son entourage. Lafayette lui dit un jour d'après les Mémoires de Bourrienne : « Vous avez envie de vous faire casser la petite fiole d'huile sur la tête. » Bonaparte se contenta de répondre: « Nous verrons, nous verrons. »

Jominy et Las Cases donnent une preuve convaincante de ce que nous avançons. Selon eux, Bonaparte n'avait pas d'idée précise sur le choix d'une religion en arrivant au pouvoir. Il en voulait bien une, comme moyen de gouvernement; mais il ne savait laquelle était la plus propre à seconder ses vues. Il semble avoir éprouvé une certaine hésitation sur ce point; elle ne dura pas longtemps, il faut l'avouer. Le clergé constitutionnel se trouvait dès l'abord condamné à ses yeux ; il n'était pas assez influent sur les masses : il ne pouvait offrir un sérieux appui, eût-on même institué pour le gouverner un grand patriarcat gallican. Bonaparte, en le protégeant, se serait créé au contraire des difficultés avec Rome, il n'en eut peut-être pas fini de suite avec les divisions intestines et il avait intérêt à jouer le rôle de pacificateur. Le protestantisme, en présentant le même inconvénient, renfermait en outre trop de germes d'indépendance et de liberté; le despote ne les aimait pas.

Il reconnut dans la suite que, s'il avait fait adopter ce dernier culte, il aurait élevé une barrière infranchissable au retour des Bourbons; mais il s'en aperçut trop tard. A ce moment la religion catholique avec son pontife romain parut la seule capable de seconder ses vues. « Il me faut, disait-il, un pape qui rapproche au lieu de diviser, qui réconcilie les esprits, les réunisse et les donne au gouvernement sorti de la révolution pour prix de la protection qu'il en aura obtenue. Et pour cela, il me faut le vrai pape catholique, apostolique et romain, celui qui siége au Vatican; avec les armées françaises et des égards, il me sera dévoué... Il calmera les esprits, les réunira sous sa main et les placera dans les miennes. » D'ailleurs il comprenait la nécessité de réfréner l'ambition des ministres de Rome. « Il fallait, lui fait dire Jominy, fermer l'accès de la république à cette armée sans patrie, marchant sous la bannière d'un prince étranger, qui pendant dix siècles, pour élever la tiare au-dessus des couronnes, avait substitué l'ignorance, la superstition, le fanatisme et l'intolérance aux admirables préceptes de l'Évangile. »

Telle fut l'origine du Concordat. Napoléon devait

se repentir plus tard de ce pacte fait avec le Vatican alors qu'il eût été si facile de rester indépendant. Son impérieux gouvernement eût en moins de rien étouffé tous les germes de discorde qu'eussent pu semer les partisans de Loyola. En transigeant avec le fanatisme, il lui fournit un point d'appui qui devait servir aux ultramontains à soulever, à ébranler sa puissance. Loin de lui servir comme il le pensait, l'église ultramontaine put mener à bien son audacieux édifice, silencieusement, lentement, mais sûrement.

Les résistances se formèrent continuelles et insaisissables. Elles irritèrent la violence de cet homme; oubliant que la loi est le meilleur moyen de combattre l'intrigue, Napoléon voulut les maîtriser comme il dominait l'Europe militaire: par la force. Le roseau plia d'abord: dès que l'effort du maître faiblit, il se redressa et il finit par cingler le visage du despote.

Mais en 1800, Rome restait humble; elle désirait illusionner Napoléon qui de son côté faisait mille avances. Il ordonna aux généraux de la Vendée de ménager les curés et les prêtres. Il rappela les ecclésiastiques expulsés dans l'île de Ré par suite de leur condamnable attitude au 18 fructidor. C'est surtout à son arrivée en Italie après le passage du petit Saint-Bernard qu'il déploya toute son habileté pour se rapprocher du Vatican. Au moment de quitter Milan pour marcher sur le baron Mélas, il fit réunir les curés des différentes paroisses de la ville et leur tint un discours fort long et fort surprenant : — « J'ai désiré vous voir, « leur dit-il, afin d'avoir la satisfaction de vous « faire connaître par moi-même les sentiments « qui m'animent au sujet de la religion catholique, « apostolique et romaine. Persuadé que cette re- « ligion est la seule qui puisse procurer un bon- « heur véritable à une société bien ordonnée, *et* « *affermir les bases d'un gouvernement*, je vous « assure que je m'appliquerai à la protéger et à la « défendre dans tous les temps et par tous les « moyens. » Puis il continua en les assurant qu'il mettait son bras séculier à la disposition de la foi; que tous les changements survenus lors de sa pre- mière campagne d'Italie avaient eu lieu « contre son inclination et sa façon de penser; » qu'il espérait lever tous les obstacles qui pourraient s'opposer encore à l'entière réconciliation de la France avec l'Église (1). Ce discours fort habile sur tous les points eut un retentissement immense dans toute l'Italie et aussi en France. Il fut im- primé et répandu par les soins de Bonaparte. Il eut

(1) Correspondance de Napoléon, tome VI, page 339, 340, 341.

une portée d'autant plus grande qu'il précéda seulement de quelques jours la bataille de Marengo. Aussitôt l'armistice signé, Napoléon fit des ouvertures à Pie VII par l'intermédiaire du cardinal Martiniana. Il proposait d'envoyer monseigneur Spina à Turin pour s'entendre avec lui sur les affaires de la religion. Cette demande fut immédiatement communiquée par le pape au collége des cardinaux. On ne balança pas à y répondre favorablement, car l'attitude de l'Autriche, la seule puissance catholique encore un peu influente en Europe, avait laissé beaucoup à désirer lors de l'élévation de Pie VII; de plus, il y avait tout à gagner en ce moment dans une alliance avec la République Française.

Monseigneur Spina fut expédié à Turin ; malgré son empressement, il arriva trop tard. Le consul avait repris le chemin de France en lui laissant une lettre le priant, lui ordonnant presque, de le venir rejoindre. Après quelques hésitations, monseigneur Spina accompagné d'un théologien distingué, le père Caselli, arriva à Paris où les conférences commencèrent aussitôt. Bonaparte avait choisi pour le représenter, messieurs Portalis, Cretet, et Bigot de Préameneu, et un ecclésiastique d'une intelligence remarquable à qui il manquait malheureusement la droiture et l'honnêteté, l'abbé Bernier. Il avait aussi envoyé à Rome sans titre officiel M. Cacault, en lui recommandant de traiter le pape « comme si celui-ci avait deux cent mille hommes à ses ordres. »

Les premiers résultats des négociations ne furent point heureux. Le pape usait de mille moyens dilatoires pour ne pas les ratifier. Bonaparte fatigué de ce qu'il appelait de « misérables querelles de dogmes, » expédia l'ordre à M. Cacault de quitter Rome si dans cinq jours le Concordat n'était pas signé, en prévenant de plus le Souverain Pontife que ces retards auraient des conséquences désastreuses « *autant pour la religion que pour la domination temporelle.* » Le pape ne céda point : le cardinal Consalvi, d'après l'avis officieux de M. Cacault, accompagna celui-ci à Paris pour recommencer de nouvelles conférences.

Il ne nous appartient pas d'entrer dans le détail des négociations qui précédèrent la signature du Concordat. M. Thiers les a racontées avec une exactitude remarquable, et M. d'Haussonville en a coloré l'histoire par un récit très-dramatique quoique peut-être un peu partial. Chacun sait les impatiences et les colères de Bonaparte, l'habile et conciliante attitude de ses frères, les tribulations et la résignation de Consalvi. Tout le monde aujourd'hui condamne les perfidies du premier consul aussi méprisables qu'inutiles. L'esprit et la conduite des disciples de Loyola ne conviennent point à un grand homme français. Bonaparte se crut obligé de se servir contre ses adversaires de leurs armes habituelles ; cette erreur n'a pas peu contribué à ternir l'auréole légendaire de l'Empereur Ier. Un Concordat n'était plus utile à cette époque : une législation régulière eût suffi à réglementer la liberté des cultes. Si Rome hésitait à lui faire les concessions qui lui paraissaient indispensables, il devait rompre toute négociation, sans recourir à la ruse pour conclure un traité. Ç'eût été plus digne de lui et aussi plus avantageux.

La chancellerie romaine et le ministère des affaires étrangères en France, possèdent seuls les différents projets qui de part et d'autre ont été émis pendant les conférences. Il serait intéressant pour le but que nous poursuivons de savoir au juste quelles étaient à ce moment les prétentions et les tendances de Rome. Quelques mots indiscrets, échappés par mégarde à la plume réservée de Consalvi, nous laissent croire qu'on avait espéré au Vatican faire déclarer la religion catholique, apostolique et romaine seule religion d'État. Les débats à ce sujet paraissent avoir été longs et violents. C'était là en effet un des avantages du traité auxquelles tenait le plus le cardinal Consalvi. Il fit parade de grands scrupules de conscience à céder sur ce point, arguant des nécessités de la religion, alors qu'il s'agissait uniquement des intérêts temporels de la papauté, — politique suivie par la curie romaine depuis dix siècles et dont elle est loin de vouloir se départir ; — le cardinal compromit la religion elle-même en accordant à la fin ce que, selon lui, au premier abord, elle ne pouvait concéder. Ce fut là, la première conquête des plénipotentiaires français. On inscrivit comme préambule du Concordat la formule suivante :

« Le gouvernement de la République reconnaît
« que la religion catholique apostolique et romaine
« est la religion de la grande majorité des citoyens
« français. Sa Sainteté reconnaît également que la
« religion a retiré et attend encore en ce moment
« le plus grand bien, le plus grand éclat du rétablis-
« sement du culte catholique en France, et de la
« profession particulière qu'en font les consuls de
« la République. En conséquence, d'après cette
« reconnaissance mutuelle, tant pour le bien de la
« religion que pour le maintien de la tranquillité
« intérieure, ils sont convenus de ce qu'il suit :
« *Hæc cum ita sint atque utrinque recognita ad*
« *religionis bonum internæque tranquillitatis*
« *conservationem ea quæ sequuntur inter ipsos*
« *conventa sunt.* »

Nous soulignons ces mots « *conventa sunt;* » ils marquent d'une façon positive le caractère du Concordat : c'est un *contrat*, un contrat, bien stipulé, qui a la forme et la valeur de tous les contrats. Si nous insistons si particulièrement sur ce point, c'est que depuis le concile de 1870, les Jésuites, quoique se trouvant en désaccord avec les théologiens les plus distingués, ont émis le paradoxe suivant : « Les concordats ne sont pas des contrats, « *mais de pures concessions de la part du pouvoir spirituel,* » qui a la faculté de les retirer suivant son bon plaisir, sans avoir à se préoccuper des réclamations du pouvoir temporel. La prétention est étrange. Elle étonne quiconque connaît l'histoire des papes et celle de notre église gallicane. Mais on reste frappé de stupeur en examinant la subtilité des arguments qui soutiennent cette thèse absurde (1). Le concordat n'est pas un contrat, disent-ils. Pour qu'il y ait contrat il faut que la convention soit faite par des personnes capables de s'obliger. Or le pape et le chef investi de la puissance civile de chaque pays ne sont pas sur le pied d'égalité; car le Souverain Pontife est pouvoir,

(1) Monsieur Maurice de Bonald, juge au tribunal civil de Rodez en 1873, les a défendus A. M. D. G et réunis dans une brochure imprimée chez l'éditeur Palmé, sous ce titre : *Deux questions sur le Concordat de 1801.*

l'autre est sujet ; l'un doit commander, l'autre doit obéir : *et en cas de refus de la part du sujet, le pouvoir doit user de l'autorité que lui donne les clefs dont il est dépositaire.* Cette piquante théorie est basée d'ailleurs sur les articles du Syllabus XXIV, LI, LIV : on peut la résumer en trois phrases : « Depuis soixante-dix ans, nous nous croyions obligés par un contrat envers vous, mais nous venons de décider *que nous vous étions vos supérieurs et vos maîtres ; comme tels, nous ne sommes pas tenus d'exécuter nos promesses ;* nous déchirons le contrat. » Que l'on ne croie pas à de l'exagération de notre part. Un juge du tribunal civil de Rodez en 1873, qui est chargé par l'autorité d'appliquer notre loi civile, mais qu'on eût mieux fait de renvoyer dans la Compagnie de Jésus, d'où il est probablement sorti, n'a pas craint d'imprimer les lignes suivantes : « Le pape étant
« le *maître* ne peut rien aliéner, et le prince
« étant sujet ne peut rien acquérir, sans quoi le
« pouvoir cesserait d'être pouvoir et le sujet ces-
« serait d'être sujet. » Bien plus, les ultramontains poussent leur argumentation plus loin. —
« Pour qu'il y ait contrat, disent-ils encore, il faut que la Convention traite d'un objet susceptible de faire la matière d'une obligation ; or, de quoi s'agit-il dans un Concordat ? Des *droits de*

l'*Église* et des *devoirs de la puissance civile,* choses qui ne peuvent s'aliéner. » *Car toutes les* « *questions dont s'occupe la papauté apparrien-* « *nent au domaine spirituel, parce qu'elles* « *ont le gouvernement de l'Église pour objet* « *et, suivant la parole du pape saint Grégoire à* « *l'empereur Maurice, la puissance temporelle* « *est donnée aux princes afin de servir la puis-* « *sance spirituelle.* » Quiconque est de bonne foi se demande si le juge qui a écrit et fait imprimer ces lignes, a voulu se jouer de ses lecteurs. Nous ne nous donnerons pas la peine de réfuter de pareilles sottises, ni d'entrer dans une discussion juridique, pour le moins oiseuse. Nous nous contenterons de faire remarquer que certains Français à l'heure actuelle nient les tendances du clergé, et se refusent à croire nos institutions menacées par lui !.... Pendant ce temps les gens d'église n'hésitent pas à s'ériger en caste bien supérieure au reste de leurs concitoyens. Ils ne connaissent pas le principe d'égalité devant la loi parce que la loi n'est pas faite pour eux ; quand elle leur est appliquée, ils sont martyrs. Quels sont les motifs qui ont poussé les ultramontains à soutenir cette nouvelle thèse, au sujet du Concordat ? on les trouve justement dans la crainte qu'ils ont de se voir aujourd'hui rigoureusement soumis aux lois. Depuis soixante-quinze ans, ils vendent leur concours à tous les gouvernements ; il s'en trouve un qui ne veut plus les favoriser, ils le combattent par tous les moyens en leur pouvoir et surtout avec l'arme dont ils se servent le mieux : *l'escobarderie.*

Quoiqu'il en soit aujourd'hui, en 1801, le pape, aussi bien que Bonaparte, estimait que le Concordat était un contrat synallagmatique en due forme. Dans le préambule, Bonaparte rappelait au pape que si le catholicisme ultramontain est rentré en France, c'est grâce à lui. Plus tard, devenu empereur, il accusera le pape d'ingratitude. Il regrettera de n'avoir pas secoué entièrement le joug clérical.

L'article premier faillit amener une rupture, heureusement conjurée par un habile intermédiaire, l'ambassadeur d'Autriche, le comte de Cobentzel. Il était rédigé ainsi qu'il suit : — « La reli-« gion catholique, apostolique et romaine sera li-« brement exercée en France ; son culte sera public « en se conformant aux règlements de police. » Le cardinal Consalvi ne voulait pas de cette rédaction ; il pressentait les articles organiques qui devaient chercher à limiter d'une façon formelle le culte extérieur et la puissance temporelle du catholicisme en France. Après bien des pourparlers, le cardinal proposa d'ajouter au texte ces simples mots : « Que le gouvernement jugera nécessaires pour la tranquilité publique. » Bonaparte céda, quoiqu'en simulant une violente irritation. Cependant la précaution de Consalvi était puérile et sa phrase n'enlève rien à la force de cet article : elle autorise fort bien les dispositions que le premier consul crut devoir prendre pour brider les ambitions cléricales, dispositions indispensables qui s'adaptent toutes à l'esprit du Concordat.

Les articles suivants règlent tout ce qui concerne les évêques : le second prescrit une nouvelle circonscription des diocèses, le troisième exhortait les titulaires à se démettre de leurs siéges pour le bien de la paix et de l'unité. Il porte que, s'ils se refusent à ce sacrifice commandé par le bien de l'Église, il sera pourvu par de nouveaux titulaires au gouvernement des évêchés de France ou de la circonscription nouvelle. On ne peut se dissimuler en effet que la position du pape était difficile. Le nombre des évêques par suite des événements se trouvait être le double de celui des évêchés. Cependant la solution donnée à cette difficulté semble avoir été un peu cavalière. Comment le pape put-il se décider à commettre un abus de pouvoir aussi grand ? Si l'on considère le caractère de Pie VII, cet acte parait fort étrange, car nous le répétons il était bon et juste. Mais si l'on se souvient de la politique et de l'histoire de la papauté, on est moins étonné. D'abord cette démission forcée demandée aux évêques constituait de leur part un acte de soumission complète et créait un précédent utile à enregistrer pour l'avenir. De plus une nouvelle force était ainsi donnée au Vatican : on comptait à Rome que les anciens titulaires seuls, seraient choisis à l'exclusion de tous les évêques constitutionnels. Un si grand avantage permettait bien un peu d'injustice, la fin dans certaines doctrines justifiant les moyens. Pourtant les évêques constitutionnels seuls se montrèrent humblement chrétiens, seuls, ils ne causèrent d'embarras ni au consul ni au pape. Pendant les négociations au sujet du Concordat, Bonaparte les avait autorisés à se réunir en concile ; dès que ce traité fut signé, il leur demanda de se séparer. Ils s'empressèrent de rejoindre leurs diocèses sans murmurer, et plus tard ils remirent leurs démissions entre les mains du gouvernement sans proférer aucune plainte. Il n'en fut pas de même de ces prélats qui s'étaient piqué de gentilhommerie en 1790, et qui, après avoir émigré, avaient ameuté les cours royales de l'Europe contre leur pays. Leur désintéressement pour la religion ne pouvait aller jusqu'à l'abandon et de leurs titres. Ils étaient chrétiens, tant que leur orgueil et leurs intérêts matériels ne s'en trouvaient pas froissés.

Les articles quatrième et cinquième furent pris dans le Concordat de François I⁺. Le premier consul et le pape faisaient comme leurs prédécesseurs et se donnaient mutuellement ce qui ne leur appartenait pas. Il convient d'en rappeler le texte même :

Art. IV : « Consul primus Gallicanæ Reipublicæ
« intra tres menses qui promulgationem constitu-
« tionis Apostolicæ consequentur, Archiepiscopos
« et Episcopos novæ circumscriptionis diœcesibus
« proeficiendos *nominabit*. Summus Pontifex insti-
« tutionem canonicam dabit juxta formas, relate ad
« Gallias ante regiminis commutationem statutos. »

« Le premier consul de la République française,
« dans les trois mois qui suivront la promulgation
« de la constitution apostolique *nommera* les évê-
« ques et archevêques des nouvelles circonscrip-
« tions diocésaines. Le souverain pontife leur don-
« nera l'institution canonique selon les formes éta-
« blies pour la France avant le changement de
« gouvernement. »

Bonaparte et Pie VII ne pouvaient en agir autrement ; l'un se préparait à asservir despotiquement sa patrie, l'autre avait des prédécesseurs qui avaient cherché à dominer le monde. Certes, les systèmes politiques et religieux dont ils étaient sortis avaient pour base la liberté et l'élection. Mais pouvaient-ils s'en souvenir ? D'ailleurs ce partage des dépouilles d'autrui devient toujours une cause directe de malentendus entre ceux qui ont à l'effectuer.

Sans nous occuper dès à présent des difficultés qui survinrent à ce sujet entre le pape et Napoléon, nous croyons utile de parler ici même de celles que cet article occasionna en 1871 entre Rome et le gouvernement de M. Thiers. Le parti clérical s'est plaint amèrement de la duplicité de Napoléon et de son infamie en publiant les articles organiques. La cour de Rome fit moins de bruit mais agit de même façon. Ce fut seulement de nos jours que l'on découvrit ses inqualifiables manœuvres. Le 22 juillet 1871, M. Thiers, afin de répondre à des interpellations relatives aux affaires de Rome, parut à la tribune de l'Assemblée nationale, pour protester contre les intentions que certain parti pouvait avoir d'attribuer au pape une juridiction suprême et exclusive dans le Concordat de 1801. Voici ses paroles :

« Vous le savez, messieurs, le Concordat a établi que, lorsqu'il y a des prélats à nommer, le souverain territorial, quel qu'il soit, depuis le souverain dynastique et héréditaire, jusqu'au dépositaire passager de la souveraineté, a le

« droit de désigner les citoyens français qui joi-
« gnent aux vertus de l'honnête homme et aux
« vertus du prêtre, les qualités de l'administra-
« teur religieux. Le gouvernement ne présente pas
« — *il est utile que je le dise hautement aujour-*
« *d'hui* — le gouvernement ne présente pas, il
« nomme les évêques et les archevêques. Mais,
« d'après le traité qui nous oblige, lorsque nous
« avons fait le choix de ce bon citoyen, de l'habile
« administrateur, du bon prêtre, l'Eglise prononce
« et déclare que le candidat que nous avons nommé
« que nous avons fait évêque, réunit les qualités
« d'orthodoxie, les vertus chrétiennes que l'Eglise
« seule peut admettre dans son vaste gouverne-
« ment. Les deux autorités concourent donc; de
« là, messieurs, il résulte la nécessité pour nous
« non-seulement la nécessité, mais le droit de
« veiller avec une défiance jalouse à l'indépendance
« du chef religieux dont nous acceptons à ce de-
« gré le concours dans le gouvernement moral de
« la France. »

Ce langage est net, précis, conforme à l'esprit
du Concordat. Au sein de l'Assemblée, pas une
protestation ne s'éleva contre les dires fort sages
du chef du pouvoir exécutif. Mais la cour de Rome
ne pouvait les accepter. Le pape refusa de ratifier
les nominations des évêques d'Agen et de la Mar-

tinique, sous prétexte de manque d'orthodoxie et demanda de nouvelles nominations qui eurent lieu de suite. La conduite du gouvernement français fut assez humble; et si nous ne nous étions pas trouvés dans de si pénibles circonstances, on n'aurait pas cédé au désir du pape, qui d'ailleurs ne se serait probablement pas avisé de trancher du maître. Quel ne fut pas l'étonnement du gouvernement en recevant les titres d'institution canonique des évêques d'Agen et de la Martinique, lorsque l'on y vit la phrase suivante : « Te quem prœsés gubernii *nobis* ad hoc per suas litteras *nominavit...* » *Nobis nominavit !!* Le chef du pouvoir exécutif t'a présenté à moi : je te fais évêque. » Rapprochées du texte du Concordat, ces expressions parurent une nouveauté et un empiétement. Dans le Concordat le verbe *nominabit* se trouve seul. Les réclamations auprès du Vatican n'aboutirent point : la papauté tenait trop à cette formule qui lui arrogeait un droit à elle refusé par Napoléon ; elle ne voulut point la changer sous prétexte que le gouvernement de tous les papes depuis Pie VII en avait consacré l'usage.

M. Thiers ne put croire à cette assertion, et comme il était dans l'impossibilité de consulter les archives du Conseil d'Etat, brûlées par l'insurrection de Paris au mois de mai 1871, il s'adressa aux chancelleries épiscopales. L'on trouva en effet sur toutes les bulles d'institution, depuis 1801, ces mots : *nobis nominavit !!!* la complaisance, l'incurie ou la légèreté des gouvernements monarchiques en était la cause ! Telle est la bonne foi que mit Rome dans l'exécution du Concordat. Loin de baisser la tête devant cette preuve de leur insigne duplicité, ces ultramontains triomphent. De la négligence de nos anciens gouvernants, ils font une reconnaissance tacite, par le chef du pouvoir en France, de la juridiction suprême du pape en matière de Concordat. Nous ne nous attarderons pas à discuter ces subtiles prétentions; nous nous contenterons seulement de faire observer à nos contradicteurs que l'on ne peut guère se servir du moyen de prescription, dans une matière qui concerne l'ordre public et qu'ils ont peut être eu tort, dans leur propre intérêt, d'obliger le gouvernement français à examiner de près l'inexécution de cette clause du Concordat : enfin le pape, malgré sa prétendue prépondérance, ne s'aviserait-il peut être pas aujourd'hui de refuser l'institution aux évêchés français à des prêtres nommés par le président de la République pour substituer en leur lieu et place quelqu'une de ses créatures italiennes.

Les articles sixième et septième du Concordat parlaient du serment : les évêques et les ecclésiastiques de second ordre devaient le prêter entre les mains du premier consul, selon la formule suivante : « Ego juro et promitto ad sancta Dei evangelia « obedientiam et fidelitatem gubernio per constitu- « tionem Gallicanæ Reipublicæ statuto. Item pro- « mitto me nullam communicationem habiturum « nulli consilio interfuturum nullamque suspectam « unionem neque intra neque extra conservaturum « quæ tranquillitati publicæ noceat; et si, tam in « diæcesi mea quam alibi, noverim alliquid in sta- « tus damnum tractari gubernio manifestabo. » — « Je jure et je promets sur les saints évangiles de « Dieu, obéissance et fidélité au gouvernement « établi par la constitution de la république fran- « çaise. Je promets aussi de n'avoir aucune intel- « ligence, de ne m'associer à aucun projet, de n'en- « tretenir soit au dedans soit au dehors aucune « alliance suspecte et contraire à la tranquillité pu- « blique, *et si dans mon diocèse, ou ailleurs, j'ap-* « *prends qu'il se traite quelque chose au préjudice* « *de l'État, j'en informerai le gouvernement.* » Le serment civique exigé en 1790 n'avait pas le carac- tère servile de celui-ci, néanmoins le clergé ré- fractaire en faisait le prétexte de sa triste opposi- tion. Combien de ceux-là qui semblaient lors de la constitution civile s'alarmer pour le dogme et la foi, qui cherchaient à apitoyer les âmes sur leurs consciences violentées, qui les poussaient à l'admiration par leur prétendu martyre et leur soi-disant stoïcisme, combien enfin qui après avoir ameuté l'Europe contre leur pays au nom de la religion, vinrent sans hésiter prêter le serment exigé par le nouveau Concordat ! En 1790 on leur avait offert le rôle de citoyens. Ils le refusèrent pour accepter en 1802 la tâche de policiers. Ils prévoyaient l'empire et il leur était indispensable d'acquérir tout d'abord les bonnes grâces du maître, du protecteur supposé. L'adulation et la bassesse devenaient les principaux moyens pour arriver aux honneurs et à la fortune ; on luttait à qui se montrerait meilleur courtisan. Les évêques gentilshommes n'y manquèrent point. Mais leurs contemporains ne faillirent point non plus à leur adresser leurs sarcasmes qui parurent dans un libelle intitulé : « Comparaison du serment de 1790 et du serment de l'an X » et dirigé en particulier contre Mgr Chevigné de Bois-Chollet, évêque de Séez, celui-là même qui avait émigré en 1790, qui fut rappelé en 1802, et que dans un moment de colère, en 1811, Napoléon devait chasser de l'épiscopat sur la dénonciation du sénateur Rœderer.

Jusqu'en 1830 les évêques renouvelèrent ce serment à chaque changement de monarque, tout en faisant probablement les restrictions mentales qu'ils jugeaient nécessaires. Après la révolution de juillet, pendant le court passage de M. de Broglie au ministère des cultes, la dernière phrase du serment fut supprimée : c'est-à-dire qu'on enleva à cette formule ce qu'elle avait de vil, et les évêques se servirent pour le prononcer des mêmes termes que les pairs et les députés. En 1848, la seconde république supprima le serment pour tous les fonctionnaires. Les ecclésiastiques se réclamèrent de cette qualité qu'en d'autres temps ils repoussent avec tant d'horreur et, lorsque le régime impérial fut revenu, par un oubli volontaire et intéressé mais peu légal, ils ne furent astreints que dans les dernières années du règne de Napoléon III à cette formalité établie pour d'autres dès le premier jour. D'ailleurs il est inadmissible que pour obéir aux lois et ne rien faire contre nos institutions, les membres du clergé aient besoin de prononcer un serment. Ils doivent prêcher la morale; ils se targuent même d'être les seuls à pouvoir l'enseigner. Les simples citoyens se soumettent à la loi, par cette raison unique que nul n'est censé l'ignorer. Les ecclésiastiques sont français : leur habit et leur caractère ne les autorise pas à méconnaître la constitution de leur pays ni à s'y soustraire. Que deviendrait la société si sous prétexte d'affiliation à une corporation particulière, chacun se refusait d'obéir aux institutions établies ? — La première condition de la morale est l'obéissance aux lois quelles qu'elles soient.

Le huitième article prescrit que la formule de prière suivante doit être récitée à l'issue de l'office divin dans toutes les églises catholiques de France : « Domine salvam fac Rempublicam, Domine salvos fac consules. » Sans hésitation, de son propre mouvement, le clergé n'a pas oublié à chaque changement de gouvernement monarchique de modifier cette formule suivant le temps, depuis le Concordat jusqu'à la fin du second empire. De nos jours il fallut les ordres exprès et réitérés du ministre des cultes pour l'obtenir.

L'article neuvième porte que les évêques feront en s'entendant avec le gouvernement une circonscription nouvelle des paroisses de leurs diocèses. Cette concession à la puissance temporelle épiscopale devait avoir de fâcheuses conséquences pour l'église gallicane, d'autant plus qu'elle fût encore augmentée par l'article dixième qui remet aux évêques la nomination des curés et desservants. Pour bien apprécier l'influence néfaste de ces deux articles, il faut se rappeler que ceux-là seuls sont curés inamovibles dont la paroisse comprend cinq mille habitants au minimum. Ils étaient en 1875 au nombre de trois mille quatre cent trente-sept en France, tous les autres au nombre de trente mille huit cent quarante-six sont amovibles au gré des évêques. Car le choix du gouvernement, commandé par l'article dixième, est une précaution illusoire contre l'arbitraire épiscopal. On le voit donc, le pape d'après les droits qu'il s'est arrogés depuis soixante-dix-huit ans tient dans sa main les évêques, il est obéi par eux *ad nutum*. La lettre du Concordat n'avait même pas besoin d'être violentée : dès le premier jour ils se sont montrés les fidèles serviteurs du pape : ils ont accepté ses prétentions et les ont même consacrées par le concile de 1870. De leur côté les évêques ont plein pouvoir sur les desservants de par le Concordat lui-même, quelques milliers de curés pourraient donc seuls se montrer indépendants. Ils n'y songent guère, et d'ailleurs on prétend que les évêques avant de leur donner l'institution, leur font signer leur démission en blanc de façon que l'inamovibilité à eux accordée par la loi devient une vaine formule. Tout en acceptant avec beaucoup de réserve cette assertion, en admettant même que les curés soient de fait inamovibles, n'est-ce pas une formidable association que cette église catholique qui obéit aveuglement à une seule tête, n'est-ce pas un véritable danger que de laisser se propager ces doctrines perverses qui créée dans l'intérêt d'un prince étranger cherchent à faire du prêtre un serviteur de la papauté, en l'enlevant à ses devoirs et à ses droits de citoyen? Nous ferons remarquer en outre que nous parlons uniquement ici de la puissance légale de l'Église, sans y joindre l'influence que lui donnent toutes ces œuvres destinées à lui amener des recrues à elle-même et aux partis politiques qu'elle sert. La création ou la rentrée de ces associations sont postérieures au Concordat, nous les étudierons plus tard.

L'article onzième autorise les évêques à avoir un chapitre dans leur cathédrale et un séminaire pour leur diosèse, ils ont transgressé cette permission, et on trouverait plus d'un séminaire dans bien des diocèses.

L'article douzième met à la disposition des évêques les églises non aliénées nécessaires au culte.

L'article treizième ratifie la vente des biens du clergé. Il est ainsi conçu : Sa Sainteté, pour le bien de la paix et l'heureux rétablissement de la religion catholique, déclare que ni elle ni ses successeurs ne troubleront en aucune manière les acquéreurs des biens ecclésiastiques aliénés, et qu'en conséquence la propriété de ces mêmes biens, les droits et revenus y attachés demeureront incommutables entre leurs mains ou celles de leurs ayant cause. »

Par l'article quatorze le gouvernement assure un traitement convenable aux évêques et aux curés.

L'article quinzième oblige le premier consul à prendre des mesures pour que les catholiques français puissent, s'ils le veulent, faire des fondations en faveur des églises.

Dans l'article seizième, le pape reconnaît au premier consul de la République française les mêmes droits et prérogatives dont jouissait près de lui l'ancien gouvernement.

Enfin l'article dix-septième prévoit le cas où l'un des successeurs du premier consul ne serait pas catholique. En ce cas, les droits et prérogatives mentionnés en l'article précédent et la nomination aux évêchés seront réglés par rapport à lui, par une nouvelle convention.

Tel est le Concordat signé dans la maison de Joseph Bonaparte, le 15 juillet 1801. Bonaparte voulut d'abord le publier dans un bref délai, et comptait pouvoir y arriver pour la fête du 18 brumaire. Mais il subordonnait cette publication à l'envoi par la papauté d'un cardinal légat qui devait résoudre les dernières difficultés d'exécution. La cour du Vatican qui avait hâte de voir consacrée la convention intervenue entre elle et la France, satisfit de suite à ce désir du premier consul en confiant la charge de la représenter à Paris au cardinal Caprara.

D'après les mémoires du cardinal Consalvi, en quittant Rome Caprara reçut des instructions positives sur deux points : le premier concernait les évêques constitutionnels ; le pape ne s'opposait pas précisément à la nomination de ces ecclésiastiques : mais, les considérant comme des renégats, des schismatiques, il voulait qu'ils confessassent publiquement leurs erreurs ; la seconde instruction, donnée au légat, concernait les revendications de Rome sur les provinces qu'elle avait perdues depuis le traité de Tolentino.

Aussitôt son arrivée à Paris, l'ambassadeur de Rome commença à présenter ces deux réclamations. Mais Bonaparte avait déjà déterminé quelle serait sa conduite sur ces deux points. Il avait intérêt à nommer des constitutionnels aux nouveaux évêchés ; ceux-ci s'étaient séparés de l'ancien régime ; ils avaient accepté la révolution ; beaucoup d'entre eux comme hommes, sinon comme prêtres, avaient une grande influence sur l'opinion et surtout sur le vieux parti de la Révolution ; il était utile pour Napoléon de les rattacher à sa fortune. Les évêques émigrés au contraire, pleins des préjugés du passé, fidèles au souvenir de la monarchie, pouvaient, s'ils revenaient en masse, être un danger ou du moins une gêne pour les projets du futur empereur.

Pourtant le premier consul ne découragea pas dès l'abord les prétentions de Rome. Avec une politique cauteleuse, il cacha ses desseins, qu'il voulait laisser pénétrer seulement au dernier moment. Pour gagner du temps, il demanda à examiner la rédaction de la bulle pontificale qui devait démarquer les limites des nouveaux évêchés. Le pape éprouvait de grandes tribulations à ce sujet. L'article III du Concordat devenait fort difficile à exécuter; une grande partie des évêques qui avaient abandonné leurs diocèses en 1790 étaient disséminés dans différents pays et la chancellerie romaine n'avait pas leurs adresses; d'autres se refusaient à donner leur démission. L'archevêque de Narbonne, réfugié en Angleterre, alla même jusqu'à insister auprès du Saint-Siège « pour qu'une réunion de tous les évêques français fut convoquée dans laquelle les motifs qui portaient le pape à demander leur démission auraient été examinés et disputés avec soin ». Heureusement le Concordat donnait au pape le pouvoir de destituer ces prélats. Pie VII se résolut avec regret il est vrai à user de rigueur. Cependant Bonaparte pressait Caprara; il accusait de mauvaise foi la cour de Rome, l'entourage du pape. Ces sollicitations et ces colères restèrent inutiles. L'anniversaire du 18 brumaire passa sans que la bulle fut expédiée, elle arriva quelque temps après. Mais alors Bonaparte avait déjà décidé que la publication du Concordat aurait lieu seulement le jour de Pâques de l'année suivante. Il désirait la faire coïncider aussi avec la nomination des évêques.

Il mit à profit ce délai, pour faire accéder, Caprara légat, une à une, à toutes les concessions qu'il estimait indispensables au rétablissement du culte en France, sans souscrire à aucune des conditions que voulait lui imposer la papauté. La correspondance de Napoléon, les mémoires de Consalvi et les lettres que Caprara écrivait à la cour romaine sont les témoignages dont M. d'Haussonville s'est servi avec un habileté, un talent remarquables pour faire un récit intéressant de cette période qui précède la publication du Concordat. Les ruses de Napoléon, la bassesse de ses trois agents principaux, l'abbé Bernier, M. de Parcemont, et M. Portalis, conseiller d'Etat chargé des cultes, les mécomptes de la papauté et l'aveuglement de son ambassadeur à Paris. Tout est raconté par l'historien d'une façon émouvante.

Mais tout en admirant la narration où il parle de ces événements, nous ne pouvons approuver le portrait qu'il nous fait de Caprara dans un sentiment

trop évident de partialité et d'intérêt pour Rome.
Que le cardinal fût un vieillard doux, un peu vani-
teux, fort accueilli et prisé par l'entourage féminin
de Bonaparte, nous le croyons ; mais qu'il ait poussé
la vanité et la puérilité jusqu'à entendre et signer
les articles organiques sans y prêter aucune attention, ceci nous semble un peu exagéré. La lettre qu'il
écrit à Consalvi le jour où il a signé ces articles,
en fait à peine mention, ajoute M. d'Haussonville :
— c'est possible ; mais faut-il en induire que Caprara n'a pas compris la lecture qui lui était faite
et ne doit-on pas croire plutôt qu'il vit dans cette
communication de Bonaparte un acte de courtoi-
sie (car Rome n'a pas à intervenir dans nos lois) et
qu'il jugea les articles conformes au Concordat ? —
que la cour pontificale ait protesté plus tard ; nous
n'en sommes pas étonnés. C'est là un des moyens
politiques du Vatican. Une convention est-elle
signée qui lui enlève quelques priviléges ? le pape
s'empresse aussitôt sous n'importe quel prétexte
de la saper afin d'obtenir de nouvelles concessions.

D'autres historiens ont même voulu insinuer au
sujet de Caprara que sa nomination à l'archevêché de Milan n'avait pas été étrangère à ses
prétendues complaisances ? Nous ne le croyons pas.
La preuve en est son désir bien souvent exprimé

de retourner à Rome. Ce ne fut que plus tard, sous l'empire, qu'il se laissa acheter par Napoléon.

La cérémonie de la publication du Concordat eut lieu le 18 avril 1802 (28 germinal an X) avec un grand éclat. Bonaparte avait réuni en un seul volume la convention intervenue entre lui et le pape, et le règlement prescrit par l'article premier du Concordat, connu sous le nom d'Articles Organiques. Accompagné de ses collègues Lebrun et Cambacérès, il alla présenter ces lois au corps législatif, et après les y avoir fait sanctionner, il se rendit en grande pompe à Notre-Dame où le cardinal légat chantait le « Te Deum. »

Quoiqu'en disent les discours, les sermons adulateurs de l'époque, et l'allocution même qui fut prononcée en cette occasion par le nouvel archevêque de Paris, monseigneur du Belley, si cette solennité eut dans le public un succès de curiosité, beaucoup d'esprits éminents n'acceptèrent qu'avec difficulté la nouvelle convention. Au Conseil d'État et au Tribunat, la résistance fut assez longue : le Concordat leur fut imposé. Quelques généraux ne cachèrent pas leur mauvaise humeur et menacèrent de ne pas assister à la cérémonie de Notre-Dame. Ils n'y vinrent qu'entraînés par une de ces petites manœuvres dont Bonaparte avait le secret. Mais on peut dire que, si le Concordat fut ac-

cepté en France, ce fut grâce aux articles organiques, qui, conformes au vieil esprit de l'église gallicane, étaient pour ainsi dire la reproduction des
anciens règlements établis par les rois. Ils sont au
nombre de soixante-treize, car le vingt-sixième,
comme nous le verrons plus tard, a été abrogé par
le décret de février 1810. Nous ne les inscrirons
pas tous ici, nous nous contenterons de citer les
principaux.

Art. 1er. Aucune bulle, bref, rescrit, décret, mandat, provision, signature servant de provision, ni
autres expéditions de la cour de Rome, même ne
concernant que les particuliers, ne pourront être
reçus, publiés, imprimés ni autrement mis à exécution sans l'autorisation du gouvernement.

Art. 2. Aucun individu se disant nonce, légat, ou
vicaire, ou commissaire apostolique, ou se préva-
lant de toute autre dénomination, ne pourra, sans
la même autorisation, exercer sur le sol français,
ni ailleurs, aucune fonction relative aux affaires
de l'église gallicane.

Art. 3. — Les décrets des synodes étrangers,
même ceux des conciles généraux ne pourront
être publiés en France, avant que le gouvernement en ait examiné la forme, leur conformité
avec les lois, droits et franchises de la République
française, et tout ce qui, dans leur publication,

pourrait altérer ou intéresser la tranquillité publique.

Art. 4. Aucun concile national ou métropolitain, aucun synode diocésain, aucune assemblée délibérante n'aura lieu sans la permission expresse du gouvernement.

Art. 5. Toutes les fonctions ecclésiastiques seront gratuites, sauf les oblations qui seraient autorisées et fixées par les règlements.

Art. 6. Il y aura recours au Conseil d'État, dans tous les cas d'abus des supérieurs et autres personnes ecclésiastiques. — Les cas d'abus sont : l'usurpation ou l'excès du pouvoir, la contravention aux lois et règlements de la République, l'infraction des règles consacrées par les canons reçus en France, l'attentat aux libertés, franchises et coutumes de l'église gallicane, et toute entreprise ou tout procédé, qui, dans l'exercice du culte, peut compromettre l'honneur des citoyens, troubler arbitrairement leur conscience, dégénérer contre eux en oppression, ou en injure, ou en scandale public.

Art. 7. Il·y aura pareillement recours au Conseil d'État, s'il est porté atteinte à l'exercice public du culte et à la liberté que les lois et règlements garantissent à ses ministres.

Art. 8. Le recours compétera à toute personne

intéressée. A défaut de plainte particulière, il sera exercé d'office par les préfets. Le fonctionnaire public, l'ecclésiastique ou la personne qui voudra exercer ce recours, adressera un mémoire détaillé et signé au conseiller d'État chargé de toutes les affaires concernant les cultes, lequel sera tenu de prendre, dans le plus court délai, tous les renseignements convenables; et, sur son rapport, l'affaire sera suivie et définitivement terminée dans la forme administrative, ou renvoyée, selon l'exigence des cas, aux autorités compétentes.

Art. 9. Le culte catholique sera exercé sous la direction des archevêques et évêques dans leurs diocèses, et sous celle des curés dans leurs paroisses.

Art. 10. Tout privilége portant exemption ou attribution de la juridiction épiscopale est aboli.

Art. 11. Les archevêques et évêques pourront, avec l'autorisation du gouvernement, établir dans leurs diocèses des chapitres cathédraux et des séminaires. Tous autres établissements ecclésiastiques sont supprimés.

Art. 12. Il sera libre aux archevêques d'ajouter à leur nom le titre de *citoyen* ou celui de *monsieur*. Toutes les autres qualifications sont interdites.

Art. 16. On ne pourra être nommé évêque avant l'âge de trente ans et si l'on n'est originaire Français.

Art. 19. Les évêques nommeront et institueront les curés. Néanmoins, ils ne manifesteront leur nomination, ils ne donneront l'institution canonique qu'après que cette nomination aura été agréée par le premier consul.

Art. 20. Ils seront tenus de résider dans leurs diocèses; ils ne pourront en sortir qu'avec la permission du premier consul.

Art. 23. Les évêques seront chargés de l'organisation de leurs séminaires, et les règlements de cette organisation seront soumis à l'approbation du premier consul.

Art. 24. Ceux qui seront choisis pour l'enseignement dans les séminaires, souscriront la déclaration faite par le clergé de France en 1682 et publiée par un édit de la même année; ils se soumettent à y enseigner la doctrine qui y est contenue, et les évêques adresseront une expédition en forme de cette soumission au conseiller d'État chargé de toutes les affaires concernant les cultes.

Art. 25. Les évêques enverront toutes les années à ce conseiller d'État le nom des personnes qui étudieront dans les séminaires et qui se destineront à l'état ecclésiastique.

Art. 32. Aucun étranger ne pourra être employé dans les fonctions du ministère ecclésiastique, sans la permission du gouvernement.

Art. 39. Il n'y aura qu'une liturgie et un catéchisme pour toutes les églises catholiques de France..

Art. 41. Aucune fête, à l'exception du Dimanche, ne pourra être établie sans la permission du gouvernement.

Art. 43. Tous les ecclésiastiques seront habillés à la française et en noir. Les évêques pourront joindre à ce costume la croix pastorale et les bas violets.

Art. 45. Aucune cérémonie religieuse n'aura lieu hors des édifices consacrés au culte catholique dans les villes où il y a des temples destinés à différents cultes.

Art. 46. Le même temple ne pourra être consacré qu'à un même culte.

Art. 48. L'évêque se consultera avec le préfet pour régler la manière d'appeler les fidèles au service divin par le son des cloches. On ne pourra les sonner pour toute autre cause sans la permission de la police locale.

Art. 50. Les prédications solennelles, appelées *sermons*, et celles connues sous le nom de *stations* de l'Avent et du Carême ne seront faites que par des *prêtres* (c'est nous qui soulignons cette fois) qui en auront obtenu une autorisation spéciale de l'évêque.

Art. 51. Les curés, aux prônes des messes paroissiales, prieront et feront prier pour la *prospérité de la République française et pour les Consuls.*

Art. 52. Ils ne se permettront, dans leurs instructions, aucune inculpation directe ou indirecte, soit contre les personnes, soit contre les autres cultes autorisés par l'Etat.

Art. 53. Ils ne feront au prône aucune publication étrangère à l'exercice du culte, si ce n'est celles qui seront ordonnées par le gouvernement.

Ces articles organiques dès qu'ils furent connus à Rome, y soulevèrent une grande colère. Dans un consistoire réuni un mois plus tard, vers la fin de mai 1802, Pie VII protesta; il était indigné que cette loi parût à la suite du Concordat comme en faisant partie, alors qu'aucune convention entre lui et le premier consul n'était intervenue à ce sujet. Il oubliait l'article premier du Concordat. Le 18 août suivant, il fit protester par Caprara auprès de Bonaparte, réclamations inutiles. Le premier consul ne devait, ne pouvait revenir sur une loi émise par le corps législatif, promulguée à bon droit puisqu'il s'agissait uniquement du temporel de l'église de France, d'autant plus juste qu'aucune de ses dispositions ne dérogeait au Concordat qui les renferme toutes dans son esprit. Au fond de toutes ces plaintes pontificales, si l'on apprécie impartialement les événements de cette époque, on trouve un grand dépit de la part de la cour de Rome, de voir que des bornes étaient posées dès le principe à ses empiétements futurs ; Bonaparte, il faut l'avouer, se servit brutalement de son droit, mais c'était son droit de se prononcer comme il l'a fait ; bien plus, en agissant dans un but personnel, il a aussi sauve-gardé les intérêts gallicans. Si le pape et ses con-seillers avaient senti la justice de leur côté, au lieu de se borner à de platoniques réclamations qui vi-saient seulement un oubli des procédés habituels de la diplomatie, au lieu de réunir des consistoires et de mander de longues et douloureuses lettres au cardinal-légat, ils eussent purement et simple-ment rappelé cet ambassadeur, et dénoncé les traités. L'inflexible vieillard de 1810 se fût trouvé devant Bonaparte en 1802. Les ultramontains d'aujourd'hui sont bien mal venus de se refuser à reconnaître la loi du 28 germinal ; ils sont plus méticuleux qu'on ne l'était à Rome à cette époque : une des premières actions du pape, lorsque Bona-parte demanda la création des cardinaux français, fut de donner le chapeau à l'archevêque de Lyon, l'abbé Fesch, l'oncle du premier consul, qui avait quarante ans à cette époque.

Si le pape avait voulu protester d'une façon plus efficace, si la cour de Rome n'avait pas toujours eu pour seul but d'augmenter sa puissance temporelle, en oubliant trop souvent la partie morale du ministère ecclésiastique, elle eût montré au monde indigné l'application trop stricte qui était faite en France de l'article VI du Concordat. Le rude guerrier, le futur despote qui gouvernait alors la France vit dans la dernière phrase du serment imposée aux évêques un moyen disciplinaire excellent pour se former une armée de policiers dévoués.

Lors de cette conspiration, dans laquelle le gouvernement est soupçonné d'avoir pris une aussi grande part que les conjurés eux-mêmes, et qui motiva l'arrestation de Moreau, de Pichegru et de Georges Cadoudal, on ne sait comment qualifier la conduite du chef de l'Etat et des hommes ecclésiastiques ou autres qui le servirent bassement. Certains évêques, en tête desquels se trouvaient le fameux abbé Bernier et M. de Parcemont, pour se montrer bons courtisans envers le nouveau maître, signalèrent à sa sévérité, des curés, des vicaires, des desservants, en les accusant les uns de ne pas accepter le Concordat, les autres d'avoir des relations légitimistes, et ce fut par dizaines que l'on expulsa ces prêtres du territoire français.

Si l'indignation est grande devant de tels agissements, bien plus grande est encore la surprise de voir la cour pontificale impassible, ne pas renier ces évêques délateurs (il n'y avait pas de constitutionnels parmi eux) et ne pas protester du haut de la chair de Saint-Pierre contre le traitement infligé à ces ecclésiastiques condamnés sans même avoir été entendus !

Si comme le prétend aujourd'hui le parti ultramontain, le pape Pie VII n'a pas consenti aux articles organiques, pourquoi est-il venu en personne à Paris sacrer empereur l'auteur de cette loi, alors surtout qu'au nom de la morale, il devait le considérer comme un réprouvé après l'assassinat du duc d'Enghien ? La vérité, c'est que le dogme n'était pas menacé; on le comprenait au Vatican; on y cherchait aussi à obtenir des avantages matériels par des complaisances envers l'homme le plus puissant de l'Europe. Déjà quelques petits territoires et la ville d'Ancône avaient été récupérés par les Etats Pontificaux. Le gouvernement français avait fortement appuyé les réclamations du pape auprès de la cour de Naples. On pouvait espérer à Rome que le traité de Tolentino serait un jour effacé. Les instructions reçues par Caprara, les tentatives du cardinal légat auprès de Napoléon, les conversations du pape et de l'empereur la veille même du sacre et relatées dans le Mémorial de Sainte-Hélène, en sont la preuve. L'homme du 18 brumaire se prodigua en promesses et ne les tint pas; plus tard même il fit preuve d'une notoire ingratitude envers Pie VII; c'est indéniable. Mais il n'avait rien à concéder en matière de religion, et à ce point de vue le Concordat et les articles organiques ne peuvent avoir été invalidés par les utopies, les violences, de l'empereur.

D'ailleurs si le pape ne fut pas récompensé matériellement de son voyage en France, il dut s'estimer heureux de voir les anciens évêques constitutionnels rétracter entre ses mains leurs prétendues erreurs doctrinales. Il n'en fut probablement pas de même pour ses conseillers à Rome, et en tous cas aujourd'hui encore les ultramontains ont oublié cet événement; peut-être songent-ils à la prudence, à la modestie, aux sentiments chrétiens de ces hommes qui depuis 1790 jusqu'en 1804 ne cessèrent de faire preuve d'une abnégation admirable!

Nous rappelons, pour terminer ce chapitre, l'opinion de Consalvi, du cardinal Pacca et de Pie VII lui-même. Ils concourent à approuver l'acte de 1802, ils l'appellent *grand;* ils lui donnent l'épithète de *sauveur*, et citent tous les avantages qu'en a retiré la religion. Le pape même allait jusqu'à dire que c'était « un bienfait dont, après Dieu, il se croyait redevable à Bonaparte. »

CHAPITRE IV

Le clergé de 1801 à 1814.

Un des premiers actes administratifs de Bonaparte, dès qu'il eut projeté de faire de la religion catholique un des marchepieds de son ambition, fut d'établir une sorte de ministère des cultes. Il résolut de confier toutes les affaires concernant le clergé, à un conseiller d'Etat dont les attributions devaient être les suivantes :

1° Présenter les projets de lois, règlements, arrêtés et décisions touchant la nature des cultes.

2° Présenter à la nomination du premier consul les sujets propres à remplir les places de ministres des différents cultes.

3° Examiner avant leur publication en France tous les rescrits, bulles et brefs de la cour de Rome.

4° Entretenir toute correspondance intérieure relative à ces objets.

L'idée était bonne; le choix de Bonaparte la rendit meilleure; il tomba sur un homme d'un grand talent, d'une haute intelligence et d'un caractère conciliant. Gallican de croyance, jurisconsulte émérite, conseiller d'Etat, Portalis avait aussi l'avantage d'avoir prêté ses lumières à la confection du Concordat. Nul plus que lui n'était apte à remplir habilement cette charge difficile de donner à un clergé formé d'éléments si divers une direction unique, et de faire distinguer les attributions du pouvoir civil et celles des autorités ecclésiastiques à une époque surtout où les esprits n'étaient pas encore habitués aux démarcations posées par le code civil. Malheureusement son caractère trop doux le faisait plier devant le premier consul, et dans les dernières années de sa vie, il se prêta trop facilement peut-être aux volontés despotiques de son ambitieux maître. Mais, en 1802, il était réellement l'homme de la situation.

Si l'on ne songeait aux motifs qui ont guidé Bonaparte, on trouverait que la composition du nouveau clergé était bien disparate. Le premier consul voulut y appeler en même temps que les constitutionnels et les insermentés, un certain nombre de prêtres émigrés. Il avait agi ainsi afin de donner plus d'autorité à son clergé et de ramener à lui les forces vives de tous les partis. Mais le manque d'unité dans les opinions des différents membres de l'Eglise française devait produire dans les premières années une diversité d'allures fort choquante qui eût sans doute compromis tous les efforts de Bonaparte si Portalis ne s'était trouvé au pouvoir.

Autant les constitutionels et même les insermentés qui étaient restés en France se montraient tolérants et concillants, autant les prêtres émigrés revenaient de l'étranger pleins de zèle et de fanatisme, bien décidés à conquérir ce que la Révolution leur avait enlevé. On admire la fermeté et la présence d'esprit de Portalis dans sa correspondance de cette époque au sujet des affaires ecclésiastiques : tantôt il calme l'évêque de Vannes qui veut forcer tous les magistrats et dignitaires civils à suivre les offices religieux ; tantôt il étouffe les scandales qui eussent pu nuire au prestige de son clergé ; tantôt il poursuit sans rémission les prêtres qui conseillent aux populations de désobéir aux lois militaires, ou civiles. On peut dire même au sujet de ses derniers, que le faible conseiller d'Etat exécuta souvent à contre-cœur les ordres de son irascible maître, qui lui commandait d'exiler à Rimini, à Fenestrelle, ou d'enfermer dans les prisons de France, beaucoup d'humbles curés ou vicaires de village. La plupart du temps, le seul crime de ces malheureux était d'avoir déplu aux espions mitrés du premier consul, tels que l'évêque d'Orléans.

Cette divergence de sentiments parmi les ecclésiastiques de cette époque se fit sentir dès les premiers moments de l'exécution du Concordat, et surtout lors du décès de mademoiselle Chameroy, cantatrice à l'Opéra, morte sans sacrements. L'abbé Marduel, curé de Saint-Roch, refusa de célébrer un office en son honneur; dès que le convoi se présenta devant l'église, il en fit fermer les portes et refusa de les rouvrir. Les assistants se dirigèrent alors vers la paroisse des filles de Saint-Thomas où le curé Rivière consentit après quelques difficultés, à officier pour la malheureuse artiste. La population parisienne était exaspérée du refus de l'abbé Marduel. « On se croyait revenu au moyen âge, » dit un contemporain. Bonaparte et Portalis ne voulant pas sévir contre un curé, et désirant d'un autre côté éviter à l'avenir de pareils désagréments, insistèrent auprès de l'archevêque de Paris pour qu'il infligeât une punition publique à ce fanatique, et le lendemain ils faisaient imprimer dans le journal officiel la note suivante que nous rappelons aux méditations des ultramontains actuels : « Le

« curé de Saint-Roch dans un moment de déraison
« a refusé de prier pour mademoiselle Chameroy
« et de l'admettre dans l'église. Un de ses collè-
« gues, homme raisonnable, instruit de la vérita-
« ble morale de l'Évangile, a reçu le convoi dans
« l'église des Filles de Saint-Thomas, où le service
« s'est fait avec toute la solennité ordinaire. L'ar-
« chevêque de Paris a ordonné trois mois de re-
« traite au curé de Saint-Roch, afin qu'il puisse se
« souvenir que Jésus-Christ commande de prier
« même pour ses ennemis, et que rappelé à ses de-
« voirs par la méditation, il apprenne que toutes les
« pratiques superstitieuses, conservées par quelques
« rituels et qui, nées dans les temps d'ignorance ou
« créées par des cerveaux échauffés, dégradaient
« la religion par leurs niaiseries, ont été proscrits
« par le Concordat et la loi du 18 germinal. »

Faire respecter le Concordat, telle était alors la grande pensée de Portalis. Il connaissait la manière humble dont on use dans le clergé pour procéder à des empiètements de toute sorte. Il fut inflexible. A peine la religion était-elle rentrée en France, qu'une nuée de congréganistes s'abattit sur elle : le *Cœur de Jésus*, les *Victimes de l'amour de Dieu*, les *Pères de la Foi*, les *Adorateurs de Jésus*, les *Paccanaristes*, ainsi nommés du nom de leur fondateur. La police les poursuivit, et ferma leurs établissements. *Les prêtres de la petite église* qui de concert avec leurs évêques émigrés prétendaient former une association où les pures doctrines de l'ultramontanisme eussent été en vigueur, furent dispersés et quelques-uns emprisonnés.

Mais ces mesures eurent comme conséquence de laisser errer quantité de prêtres dont l'esprit n'était pas favorable au nouvel ordre de choses : les inconvénients en furent compris de suite par Portalis, qui défendit aux évêques de renvoyer de leur diocèse un ecclésiastique sans avoir préalablement reçu l'autorisation du gouvernement de leur délivrer leur exeat.

D'ailleurs le gouvernement fit tout ce qui était en son pouvoir pour assurer le bien-être des curés desservants et vicaires, les *Oblations* furent rétablies en leur faveur. On les exempta de la conscription, du double droit personnel, imposé alors aux célibataires, et du service de la garde nationale. Les sœurs de charité furent installées de nouveau en France et on rétablit le séminaire des Missions étrangères.

L'élévation de Bonaparte à l'empire trouva Portalis au milieu de ce travail de pacification, et Napoléon qui à cette époque avait encore le sang-froid de bien choisir les personnes de son entourage, n'eut garde d'éloigner un homme aussi précieux.

8.

Il le nomma ministre des cultes le 10 juillet 1804.

Après son sacre, la conduite de Napoléon à l'égard du clergé devint tout autre qu'elle ne l'avait été depuis le Concordat. Jusqu'alors on avait pu croire qu'il aurait eu pour but de défendre les institutions civiles contre les prétentions ultramontaines, et réciproquement les ecclésiastiques contre les exagérations de quelques fonctionnaires. Les circulaires aux préfets ou aux évêques prouvent l'esprit impartial qui guidait le gouvernement dans ses décisions. Mais dès que chacun fut en sa place, et que Napoléon se sentit le maître, les projets de l'ambitieux empereur se dévoilèrent, trop tard pour qu'on pût lui résister, trop tôt pour que son pouvoir n'en fût pas sourdement miné.

L'histoire de France à cette époque ressemble à un drame dont le principal rôle aurait été tenu par celui que Pie VII dans sa prison devait appeler « *comediante tragediante.* » Mais cet acteur, auteur de la pièce qu'il jouait, était d'une habileté incomparable et peu de ses comtemporains connurent ou même s'aperçurent des trucs préparés, et des effets ménagés pour la représentation. Le secret du personnage a été livré de notre temps seulement à la curiosité légitime de la postérité. « On n'est trahi que par les siens, » dit avec raison le proverbe. Ce fut Napoléon III qui fit publier la correspondance de son oncle ; ce fut lui qui écarta, inconsciemment, le voile mis volontairement par le premier empereur sur tous ses faits et gestes. Le Mémorial de Sainte-Hélène où le malheureux grand homme, tout en avouant quelques-unes de ses fautes, tâchait de les excuser, de les pallier, reçoit à présent des démentis formels par les lettres antérieures de son véritable auteur. Pour chaque allégation qui atténue, modifie les événements et les circonstances, les preuves se présentent en foule pour affirmer le contraire, preuves irrécusables qui mettent l'histoire en possession de la vérité.

« Napoléon, dit M. de Las Cases, n'a point voulu altérer la croyance de ses peuples ; il respectait les choses spirituelles et les voulait dominer sans y toucher, sans s'en mêler. *Il voulait les faire cadrer à ses vues, à sa politique, mais par l'influence des choses temporelles.* » Certainement, si l'on ne consulte que les allocutions adressées aux évêques du haut du trône, les paroles aimables que l'empereur, lorsque les circonstances s'en offraient, ne ménageait pas aux membres du clergé français, le respect qu'il affichait pour la religion à tout propos, et les circulaires même qu'il adressait aux sommités de l'épiscopat pour faire chanter des « Te Deum » après chacune de ses victoires, on trouve justes les appréciations du secrétaire de Napoléon. Mais lorsqu'il écrivait ou parlait dans ces occasions, il était sur la scène, *il représentait.* C'est dans sa correspondance intime avec sa famille ou ses ministres qu'il faut aller chercher la vérité et le commentaire de la dernière phrase de la citation précédente.

En montant sur le trône, le premier consul voulut jouir de toutes les prérogatives d'un maître, mais d'un maître absolu, n'admettant ni la résistance, ni la contradiction. Il avait ambitionné la première place; arrivé au faîte des grandeurs humaines, il a ambitionné d'en exercer le pouvoir sans aucune entrave, brisant, écrasant de sa puissante main les obstacles qui embarrassaient sa route, jusqu'à ce qu'il fut broyé lui-même par l'exaspération de l'Europe. Dans ces circonstances, le premier désir du souverain devait être d'empêcher qui que ce fût, de prononcer et d'écrire une parole déguisant une critique ou un blâme. Les emprisonnements, les expulsions à Rimini n'eurent pas d'autre cause.

Napoléon voulait tout voir par lui-même; pour les matières dont nous parlons, il avait dans un certain nombre d'évêques une contre-police qui lui permettait de stimuler le zèle de Fouché et de ses acolytes quand il les soupçonnait de négligence:

« On dort, on dort, écrivait-il d'Allemagne, le curé de Beauvais a prononcé un sermon détestable, faites-lui savoir que je ne suis pas content. » Imbu de cette idée que le clergé lui était redevable de toute son influence actuelle, il voulait en compensation qu'il lui rendît tous les services possibles, et qu'il exécutât en tous points le serment d'institution. Aussi considérait-il comme partie intégrante de la mission des membres de l'Église, comme la partie essentielle, nous voulons dire, de ne laisser jamais échapper une occasion de vanter les bienfaits du régime impérial, de louer hautement le maître suprême. Rien n'est plus curieux que de lire la correspondance de Napoléon et de Portalis. Leurs invitations aux évêques pour que, dans les diocèses, on ne négligeât point d'entretenir les populations de ce sujet, sont pressantes et formelles. Souvent même ils prenaient le soin de leur tracer les canevas de leurs sermons ou de leurs lettres pastorales, afin que leurs louanges portassent sur certains détails déterminés propres à exciter l'enthousiasme et l'admiration. Ils leur recommandaient surtout de ne pas ménager leurs invectives contre les ennemis de la France : *les Russes schismatiques, les Anglais hérétiques*, etc. » Monsieur Portalis, écrivait l'empereur à son ministre des cultes le 21 avril 1807, il serait convenable surtout dans la Bretagne et la Vendée, si quelque évêque prenait cela sur lui, qu'il fît un mandement pour faire connaître les persécutions qu'éprouvent les catholiques d'Irlande, et recommander de faire des prières pour nos frères les catholiques persécutés d'Irlande et pour qu'ils jouissent de la liberté des cultes. Il faudrait pour cela prendre connaissance de tout ce qui s'est passé sur ce sujet et que vous en fissiez un bel article pour le *Moniteur* qui pût servir de texte au mandement. » Les exigences de Napoléon sur ce point étaient impératives, et les membres du clergé n'eussent pas osé y résister. Quelques-uns se complaisaient dans ces flatteries; souvent même en les exagérant ils déplaisaient au maître. Il existe à ce sujet une anecdote dont le héros, un évêque, se trouve tristement mêlé quelque temps après dans l'histoire du clergé à cette époque : « Il faut louer davantage l'empereur dans vos mandements, » disait un jour M. Réal, préfet de police, à M. l'abbé de Broglie, évêque d'Acqui, puis de Gand, homme d'ancien régime, doué d'esprit, de savoir et de tact, qui, justement, afin de se tirer des embarras qu'il prévoyait sans doute, venait, à propos de la naissance du roi de Rome, de reproduire textuellement les vœux formés par Bossuet pour l'un des petits-fils de Louis XIV. Il paraît que cela n'avait pas été jugé suffisant.

« Donnez-moi donc la mesure, demanda le prélat étonné? Je ne la sais pas. Est-ce que je devrais en dire autant que tel de mes confrères dont les flatteries déplaisent même à l'empereur par leur énormité? — Ce serait trop, ce serait trop, répondit en riant M. Réal. — Alors, monsieur, donnez-moi exactement, je vous prie, la dose de louange, afin que je puisse toujours l'atteindre sans jamais la dépasser. » Le préfet de police resta court et ne donna point cette mesure à l'évêque de Gand.

Cette manière de procéder indique suffisamment quel rôle Napoléon comptait faire jouer à son clergé. Mais ce n'est pas tout : en despote absolu qu'il était, il défendit à sa presse officieuse, la seule qui existât alors, de parler de quoi que ce fût touchant à la religion. Les journaux ecclésiastiques furent fondus en un seul, le *Journal des Curés*, qui ne survécut lui-même que peu de temps à cette mesure. L'empereur se chargea de régler les fêtes de l'Église et de les détourner de leur but dès qu'il en pouvait tirer quelque avantage : c'est lui qui *installa* la fête de saint Napoléon, le 15 août, et, si nos lecteurs trouvent le terme désagréable puisqu'il s'agit de cérémonies religieuses, nous les prions de ne pas nous accuser trop tôt. Napoléon, d'après sa correspondance, voulut lui-même régler le *prospectus* de cette fête (1808.)

Croit-on que la conscience des évêques se soit révoltée de cette ingérence de Napoléon dans le domaine purement spirituel de l'Eglise ? Croit-on que Rome ait fait quelque observation ? La citation suivante que nous tirons encore de l'ouvrage de M. d'Haussonville (1) retirera toute illusion.

A Nancy, l'évêque, M. d'Osmond, qui était un grand seigneur de l'ancien régime, autrefois émigré en Angleterre avec les princes de Bourbon, se dépêcha en cette occasion d'inviter tous les hommes et tous les jeunes gens de toutes les paroisses de son diocèse à former le plus tôt possible de pieuses associations sous le nom de ce grand saint. L'évêque ne se sentait pas d'aise de son heureuse invention ! Il se rencontra cependant une légère difficulté ; il fallait dans l'office du jour faire tout au moins une mention quelconque de ce bienheureux qui avait l'honneur de recruter tout à coup de si fervents adeptes. Or, personne n'en avait jamais ouï parler en Lorraine. « Nous nous occupons à rechercher la légende de ce saint, écrit monseigneur d'Osmond. Vous le dirai-je ? A la honte de toutes les bibliothèques de la ville de

(1) Si nous empruntons de si fréquents passages à M. le comte d'Haussonville, c'est d'abord pour rendre un respectueux témoignage d'estime à son ouvrage, et parce qu'il ne peut être accusé de haine contre le clergé.

Nancy, vainement nous avons feuilleté tous les volumes qui pouvaient nous en instruire. Les bollandistes sont muets sur son compte et le martyrologe romain lui-même n'en fait pas mention. » Monseigneur d'Osmond, un peu mortifié, s'adressait donc à Paris, à M. Portalis. A Paris même embarras. Le ministre des cultes n'en savait pas davantage. Il fallut avoir recours au cardinal légat qui s'adressa au Saint-Siége. Grâce aux efforts de l'infatigable représentant du Souverain Pontife, on vit enfin paraître à la suite du décret instituant la fête de l'empereur du 15 Août, la légende du saint, désormais si cher, mais la veille encore si inconnu à tout l'épiscopat français. Ce document, tiré des martyrologes et des anciens écrivains, apprit à la France entière qui l'avait jusqu'alors complètement ignoré, que « sous les empereurs Dioclétien et Maximien, pendant la persécution cruelle qu'ils décrétèrent contre les disciples de Jésus-Christ, un nombre considérable de courageux confesseurs avaient souffert le martyre dans la ville d'Alexandrie en Egypte. Parmi eux on rencontrait *Neapolis*, ou *Néapolas*, nom grec qui, d'après la manière de prononcer, introduite en Italie au moyen âge, se serait tranformé peu à peu en Napoleo, puis à l'italienne Napoléone.»

Spectatum admissi, risum teneatis amici ?

9

Mais de qui faut-il rire davantage? de l'évêque courtisan ou du soldat despote qui ne craignait pas de s'encapuciner pour faire encenser sa puissance? On a beaucoup critiqué Napoléon de s'être immiscé dans les affaires spirituelles de l'Église de France. Il faut en convenir et, sur ce point, il a dépassé les bornes surtout dans sa manière de combattre l'ultramontanisme. Mais la cour de Rome aussi bien que l'épiscopat français ne sont-ils pas coupables aussi d'avoir laissé envahir le terrain du dogme et de la foi, d'abord par calcul, par intérêt, ensuite par peur et par lâcheté? Monseigneur d'Aviau, le vénérable archevêque de Bordeaux, le comprit plus tard lorsqu'il écrivit en 1809 : « Principiis obsta, sero medicina paratur. » Le dicton latin s'applique exactement à cette époque et nous n'en voulons pour preuve que la confection du « *Catéchisme impérial.* »

La loi de germinal an X, porte à l'article 39, qu'il n'y aurait plus qu'une liturgie et un catéchisme pour toutes les églises de France. Le Vatican ne fit aucune objection, pour lever même toute difficulté de ce côté, Bonaparte confia d'abord la rédaction de ce livre à un théologien de la légation romaine. Mais cet homme peu au courant des mœurs et des habitudes françaises, ignorant même notre langue, fit un travail insuffisant. Portalis était fort embarrassé. L'abbé Emery, supérieur du séminaire de Saint-Sulpice, vint à son secours; il conseilla de prendre le catéchisme de Bossuet, c'était le meilleur moyen d'éviter une grande responsabilité; on s'empressa de le mettre à exécution. Une commission fut nommée. Le travail était prêt dans les derniers mois de 1803. Portalis en fit même un rapport à Bonaparte, lorsqu'il reçut l'ordre d'attendre et de ne rien publier. Le premier consul se voyait déjà empereur. Le 5 mai 1806, le journal officiel inséra un décret, daté du 4 avril précédent, et approuvé par le cardinal-légat Caprara. Dans le rapport qui fut publié avec le catéchisme, Portalis eut soin de prévenir que l'ouvrage était pour ainsi dire une nouvelle édition de celui de Bossuet. Il aurait dû ajouter : « revue et corrigée » pour les besoins de la cause impériale; car dans sa lettre du 13 février 1806, il disait à l'empereur : « Il s'agit d'attacher la conscience des peuples à l'auguste personne de Votre Majesté dont le gouvernement et les victoires garantissent la sûreté et le bonheur de la France. Recommander en général la soumission des sujets à leur souverain ne serait pas, dans l'hypothèse présente, diriger cette soumission vers son véritable but. » Alors on « *dirigeait la soumission* » des Français; de notre temps on a voulu *faire marcher la France*. Les procédés diffèrent aux deux époques, mais quoiqu'ils partent d'un principe commun, on ne saurait trop auquel donner la palme.

Le catéchisme de Bossuet dont le nouveau n'était, d'après Portalis, que la reproduction exacte, consacrait deux lignes à la définition des devoirs des sujets envers le prince. « Que nous prescrit encore disait une demande, le quatrième commandement? — Réponse : De respecter tous nos supérieurs, pasteurs, rois, magistrats et autres. » Le prévoyant ministre des cultes, aidé de son maître, firent subir de singuliers développements à ce paragraphe et les devoirs des Français à l'égard de l'empereur devinrent le texte d'une longue leçon que nous reproduisons ici.

LEÇON VII. — *Suite du quatrième commandement* (1).

D. Quels sont les devoirs des chrétiens à l'égard

(1) *Catéchisme à l'usage de toutes les églises de l'Empire français ;* 1808, Veuve Nyon. — L'avis suivant était répété deux fois dans les premières pages de ce petit livre :

« *Avis.* — On trouvera dans ce catéchisme les demandes les plus nécessaires à savoir marquées d'un astérisque; et les catéchistes pourront se dispenser d'apprendre aux enfants les moins intelligents les demandes qui n'ont pas cette mardes princes qui les gouvernent et en particulier nos devoirs envers Napoléon Ier, notre empereur?

R. Les chrétiens doivent aux princes qui les gouvernent et nous devons en particulier à Napoléon Ier, notre empereur, l'amour, le respect, l'obéissance, la fidélité, *le service militaire, les tributs ordonnés pour la conservation et la défense de l'empire et de son trône* ; nous lui devons encore des prières ferventes pour son salut et pour la prospérité spirituelle et temporelle de l'Etat.

D. Pourquoi sommes-nous tenus de tous ces devoirs envers notre empereur?

D. C'est premièrement parce que Dieu qui crée les empires et les distribue selon sa volonté, en comblant notre empereur de dons soit dans la paix, soit dans la guerre, l'a établi notre souverain l'a rendu le ministre de sa puissance et son image sur la terre. Honorer et servir notre empereur est donc honorer et servir Dieu lui-même. Secondement

que ; quand l'astérisque est mis au titre d'une leçon, il signifie que toutes les demandes de cette leçon doivent être apprises. »

Nous n'étonnerons personne en disant que la leçon ici reproduite porte cette marque qui lui donne une importance spéciale. Mais on éprouvera le même écœurement que nous lorsqu'en examinant ce catéchisme, au quatrième commandement, l'on verra que les devoirs des enfants envers leurs parents y sont à peine indiqués, et une seule demande sur ce sujet soulignée.

parce que notre Seigneur Jésus-Christ tant par sa doctrine que par ses exemples nous a enseigné lui-même ce que nous devons à notre souverain ; il est né en obéissant à l'édit de César Auguste ; il a payé l'impôt prescrit et de même qu'il a ordonné de rendre à Dieu ce qui appartient à Dieu, il a aussi ordonné de rendre à César ce qui appartient à César.

D. — N'y a-t-il pas des motifs particuliers qui doivent plus fortement nous attacher à Napoléon Ier, notre empereur ?

R. — Oui, car il est celui que Dieu a suscité dans les circonstances difficiles pour rétablir le culte public et la religion sainte de nos pères et pour en être le protecteur. Il a ramené et conservé l'ordre public par sa sagesse profonde et active : il défend l'Etat par son bras puissant ; il est devenu l'oint du Seigneur par la consécration qu'il a reçue du Souverain Pontife, chef de l'Eglise universelle.

D. — Que doit-on penser de ceux qui manqueraient à leur devoir envers notre empereur ?

R. — Selon l'apôtre saint Paul, ils résisteraient à l'ordre établi de Dieu même, *et se rendraient dignes de la damnation éternelle.*

D. — Les devoirs dont nous sommes tenus envers notre empereur nous lieront-ils également envers ses successeurs légitimes dans l'ordre établi par les constitutions de l'empire ?

R. — Oui, sans doute, car nous lisons dans la sainte Ecriture que Dieu, Seigneur du ciel et de la terre par une disposition de sa volonté suprême, et par sa providence, donne les empires non-senlement à une personne en particulier, mais aussi à sa famille.

D. — Quelles sont nos obligations envers nos magistrats ?

R. — Nous devons les honorer, les respecter et leur obéir, parce qu'ils sont les dépositaires de l'autorité de notre empereur.

D. — Que nous est-il défendu par le quatrième commandement ?

R. — Il nous est défendu d'être désobéissants envers nos supérieurs, de leur nuire et *d'en dire du mal.*

Telle fut la rédaction donnée à ce chapitre du nouveau catéchisme par Portalis, peut-être même par Napoléon, en tous cas avec plein consentement de ce dernier. La commission l'accepta sans discussion.

Mais ce n'était pas tout; il fallait obtenir le visa approbatif du représentant du Saint-Siége. Or, le 18 septembre précédent, le cardinal-légat avait reçu de Consalvi une longue lettre où le ministre *de Pie VII l'informait que si le gouvernement voulait composer un nouveau catéchisme et en imposer d'autorité l'usage aux évêques, Sa Sainteté ne pouvait regarder cet acte que comme une injure faite au corps entier de l'épiscopat. .... Qu'il n'appartient pas au pouvoir séculier de choisir ni de prescrire aux évêques le catéchisme qu'il aura préparé......* On peut dire que Rome considérait à cette époque l'acte projeté par Napoléon Ier comme attentatoire à la puissance spirituelle de l'Eglise, et l'on s'attend à voir le Vatican fulminer, le pape écrire lui-même pour empêcher la violation du dogme. Il n'en fut rien. Caprara était aux ordres de l'Empereur. Il ne montra pas la dépêche de Consalvi, et prêta les deux mains à la confection du nouveau catéchisme, tel que le voulait le maître. Une telle désobéissance eut dû lui faire infliger son rappel. Le pape se contenta de lui faire écrire par Consalvi une lettre ambigüe où se trouve le passage suivant : « Sa Sainteté m'ordonne de dire à Votre Éminence que dans des objets aussi importants, elle désire que vous preniez avant tout l'avis du Saint-Siége, puis qu'il vous sera toujours facile de répondre, sans blesser qui que ce soit et avec toute raison, que Votre Éminence a besoin de consulter d'abord Sa Sainteté, et l'on évitera ainsi tout ce qui pourrait causer le moindre déplaisir. » Caprara garda cette seconde dépêche comme la première : nul en France, n'en eut connaissance ; et ce fut tout.

Il faut ajouter d'ailleurs que l'épiscopat français n'accepta pas sans difficulté le catéchisme. Les observations portèrent sur un point de toute importance pour les théories ultramontaines. Tandis que le cardinal-légat recevait de Napoléon la récompense de ses complaisants procédés, les évêques, ayant à leur tête l'archevêque de Bordeaux, firent observer que dans la nouvelle rédaction du catéchisme ne se trouvait point, comme dans celui de Bossuet, la maxime : « *Hors de l'église, point de salut.* » L'opposition du clergé se faisait sentir à l'état latent, il est vrai, mais elle n'en existait pas moins ; elle n'en était pas moins dangereuse ; car le terrain sur lequel elle se basait, cachait mille piéges.

Le cardinal Fesch mit fin à cette situation difficile. Il revenait de Rome où son neveu lui avait fait jouer un rôle assez désagréable auprès du pape ; il avait besoin de recouvrer l'estime de la cour pontificale et du clergé. Il alla trouver l'empereur et parvint à lui faire accepter la maxime susdite au moyen du raisonnement suivant : « Vous voulez la « damnation éternelle pour ceux qui se tiennent « en dehors de votre gouvernement, ou bien qui ont « seulement le tort de n'être pas animés à l'égard

« de Votre Majesté d'un amour suffisant, et vous
« ne voulez pas que l'Église menace d'une peine
« semblable ceux qui ne reconnaissent pas son
« autorité? Cela serait contradictoire. » ...... Et
l'empereur se résigna à envoyer en enfer les
infidèles comme il avait ordonné qu'on y jetât les
conspirateurs.

Pendant que Napoléon s'occupait ainsi du spirituel dans l'Église de France, sans que le Vatican
jugeât convenable d'intervenir, il n'avait pas oublié
le temporel de la cour de Rome : c'est là que sa
brutale ambition devait échouer en réalité. Despote
dans tous ses désirs, il avait encore au lendemain
de son sacre la sagesse de ne pas brusquer l'accomplissement de ses desseins, et, en particulier au
sujet des États pontificaux, il comprit qu'une an-
nexion violente sans prétexte plausible pourrait
lui nuire aux yeux de ses sujets Italiens et Français. Mais il n'en voulut pas moins poursuivre son
but qui était de se faire céder par le pape le territoire romain ou plutôt de donner à son accapare-
ment l'apparence d'un don bénévole de la part du
Saint-Siége afin d'écarter toutes les récriminations
possibles d'où qu'elles pussent venir. Il comptait
sans la patience obstinée d'un homme soutenu par
l'histoire de dix siècles et responsable de ses actes
devant un parti soi-disant religieux dont les

intérêts matériels sont l'unique préoccupation.

Pour arriver à ses fins, il résolut non-seulement de ne rien concéder aux demandes continuelles de Rome, mais encore de se montrer exigeant au delà de toute limite. Ces sourdes hostilités commencèrent lors du divorce du prince Jérôme et comme dès ce moment le pape, désillusionné depuis son voyage à Paris, se montrait récalcitrant à obéir aux ordres du desposte, Napoléon, ne pouvant penser qu'un vieillard sans énergie osât lui tenir tête, crut faire acte d'habile homme en harcelant Pie VII de récriminations, pour obtenir de lui le renvoi de Consalvi et d'autres cardinaux intransigeants, qui étaient la seule cause, suivant lui, du désaccord survenu entre les deux cours. Le pape avait une profonde affection pour son ministre d'État et une grande confiance dans ses conseils et ses talents. Il résista longtemps aux exigences de l'empereur et aux prières mêmes de son ami qui croyait par sa démission écarter un orage imminent. Mais nos défaites maritimes, l'agitation impuissante, mais réelle qu'elles produisaient en Italie, irritaient Napoléon et le poussaient encore plus à s'emparer de ces petits États, repaire, disait-il, de la trahison et de l'intrigue. Entrenus à Rome par la police impériale, de nombreux agents accueillaient avec une facilité extrême les plus légers bruits qui témoignaient de la moindre hostilité contre Napoléon et les transmettaient avec empressement à Paris.

Le 22 février 1806, l'empereur commença à jeter le masque; il écrivit au pape une longue lettre qui se trouve à cette date dans sa correspondance et dans laquelle on peut lire les passage suivants :

« ..... Toute l'Italie sera soumise à ma loi. Je ne toucherai rien à l'indépendance du Saint-Siége; je lui ferai même payer les préjudices que lui occasionneraient les mouvements de mon armée, mais nos conditions doivent être que Votre Sainteté aura pour moi dans le temporel les mêmes égards que je lui porte pour le spirituel et qu'elle cessera des ménagements inutiles envers les hérétiques ennemis de l'Église et envers des puissances qui ne peuvent lui faire aucun bien. Votre Sainteté est souveraine de Rome, mais j'en suis l'empereur, tous mes ennemis doivent être les siens..... Ils en répondront devant Dieu ceux qui retardent l'expédition des bulles de mes évêques (*les évêques d'Italie récemment nommés par lui*)... Je ne refuse pas d'accepter le concours d'hommes doués d'un vrai zèle pour la religion et de m'entendre avec eux..... Je sais que Votre Sainteté veut le bien, mais elle est environnée d'hommes qui ne le veulent pas et qui, au lieu de travailler, dans ces moments critiques, à remédier aux maux qui se sont introduits, ne travaillent qu'à les aggraver..... Ils attirent des malheurs qui finiront par leur être funestes. »

Cette lettre formule d'une façon précise les desseins de Napoléon. Chasser de la cour du Vatican tous ceux qu'il croyait hostiles à sa politique, réduire les États pontificaux au rôle de royaume secondaire et tributaire comme il l'avait fait pour les rois, ses frères, ne laisser au pape qu'une autorité spirituelle, docilement soumise à ses vues et à ses intérêts, enfin prendre par la violence le territoire romain si on résistait à sa volonté, tel était le plan de l'empereur, tel est le résumé de l'histoire de ses démêlés avec Pie VII. A la lettre de Napoléon, le pape répondit par un refus qui s'appuyait sur des doctrines purement spirituelles, immuables comme la foi, absolues comme elle. Il est à remarquer, que pendant les négociations du Concordat et depuis lors, la cour romaine avait toujours invoqué auprès de l'empereur la conscience du Saint-Père et sa responsabilité dogmatique pour ne pas acquiescer à ses demandes, et qu'elle n'en a pas moins cédé et mis son stoïcisme doctrinal de côté, quand elle s'est vue sur le point de perdre des bénéfices réels. En cette occurrence, il s'agissait de la royauté temporelle que chaque pape, en ceignant la tiare, jure de conserver et de remettre intacte à son successeur.

La théorie que l'empereur mettait en avant ne pouvait pas être acceptée à Rome. On avait eu beau l'aduler, en le nommant le successeur de Charlemagne, il ne devait l'être que comme protecteur de la religion, et il avait mauvaise grâce, aux yeux des ministres du Vatican, à venir rappeler que si le pape avait des États, c'était de son prédécesseur qu'il les tenait. La congrégation des cardinaux, consultée par le pape, décida *qu'il fallait sauvegarder à tout prix l'indépendance du Saint-Siége, parce qu'elle était intimement liée au bien de la religion : on devait donc répondre sans tergiverser et avec la plus grande netteté.*

Napoléon considéra comme une félonie d'avoir communiqué sa lettre au Sacré-Collége, et décida qu'il n'écrirait plus au pape directement; ce fut une sorte de déclaration de guerre. M. de Talleyrand fut chargé d'exiger, pour toute réponse, la fermeture des ports pontificaux aux ennemis de l'empereur et d'insister sur le renvoi immédiat des représentants, accrédités à Rome, des cours étrangères en guerre ouverte avec la France. On obéit au Vatican, mais on obéit trop tard ; déjà l'empereur avait fait prendre possession de Civita-Vecchia et d'Ostie, donné en apanage à M. de Talleyrand, la principauté de Bénévent et à Bernadotte celle de Ponte-Corvo. Le pape comprit que sa souveraineté temporelle était réellement menacée. Il se décida à accepter la démission de Consalvi. Cependant Napoléon ne désespérait pas encore d'obtenir du pape une renonciation formelle à son pouvoir temporel. Il essaya par l'intermédiaire de l'évêque d'Arezzo d'en faire une nouvelle tentative, en mêlant cette fois des menaces formidables en cas de refus. Ce fut en vain. Pie VII resta inébranlable. Bien plus, c'est alors qu'il prit pour l'Église d'Italie une résolution semblable à celle qui devait avoir quelques années plus tard des conséquences si importantes pour l'Église de France. Il refusa de donner l'institution aux évêques nommés par l'empereur. Il chargea le cardinal Casoni, son nouveau secrétaire d'Etat, de répondre à une demande de M. Rovera, ministre des cultes en Italie, par une note conçue en ces termes :

« Que personne ne désirait plus vivement que Sa Sainteté de donner de nouveaux pasteurs aux églises qui avaient perdu leurs évêques, mais que l'article du Concordat qui concédait la nomination aux évêchés ne pouvait être mis à exécution de la part de Sa Sainteté aussi longtemps qu'on n'aurait pas fait cesser les violations continuelles, contre lesquelles Sa Sainteté avait tant de fois réclamé auprès de Sa Majesté l'empereur et roi, soit par écrit, soit en lui adressant de vive voix, à Paris, des représentations détaillées par suite desquelles Sa Majesté avait chargé Son Éminence le cardinal Fesch d'une négociation qui cependant était restée sans résultat. »

A quoi Napoléon répondit dans ses lettres au prince Eugène : « Le pape ne veut donc plus que j'aie d'évêques en Italie ! à la bonne heure ! Si c'est là servir la religion, comment doivent donc faire ceux qui veulent la détruire ?» Et un peu plus tard : « Je ne sais quel coup de tête vous voulez que fasse le pape. Vous avez dû mettre des troupes du côté de Bologne, et s'il faisait quelque imprudence, ce serait une belle occasion de lui ôter ses États de Rome. »

La seule imprudence que fit le pape fut de réitérer ses doléances et de refuser de se croire le vassal de l'empereur. Elle suffit à Napoléon. Après un semblant de négociations avec le cardinal de Bajane envoyé à Paris par le pape, pourparlers qui n'eurent d'autre résultat que d'aigrir encore davantage l'un contre l'autre le souverain pontife et Napoléon, celui-ci donna l'ordre au général

Miollis de s'emparer de Rome par ruse et d'y commander en maître en son nom.

L'occupation eut lieu le 2 février 1808. Elle marque le commencement d'une série de violentes persécutions contre le pape et le clergé romain. L'administration des États romains fut confiée au général français; on renvoya dans leur pays les cardinaux qui se trouvaient auprès du Saint-Père qui n'étaient pas ses sujets; il y en eut vingt et un qui se trouvèrent atteints par cette mesure. Les troupes du pape furent incorporées à l'armée française, et aussitôt les ordres exécutés, Napoléon fit de nouveau sommer Pie VII d'entrer dans la confédération italienne, par l'intermédiaire de M. de Champagny, successeur de M. de Talleyrand au ministère des affaires étrangères.

Le pape se contenta pour toute réponse de réunir en consistoire les cardinaux qui se trouvaient encore à Rome, de rappeler ostensiblement le cardinal-légat, et d'envoyer une lettre circulaire à tous les évêques des provinces romaines, dans laquelle il leur traçait la conduite à tenir à l'égard des envahisseurs du pouvoir temporel.

Il serait trop long de relater ici toutes les douloureuses vexations qu'eut à subir Pie VII pendant les quatorze mois qui séparèrent l'envahissement de sa capitale de la prise de possession de

10.

cette ville au nom de l'empereur des Français, roi d'Italie, le 10 juin 1809. Cette fois le pape les supporta dignement, mais sa patience fut poussée à bout, il signa le même jour une bulle d'excommunication contre Napoléon. Il signait en même temps son exil et sa captivité!

Napoléon envoya le baron Radet, général de gendarmerie, s'entendre avec Miollis pour enlever le pape, ce fut le 5 juillet 1809 qu'eut lieu cet attentat. Malgré le secret dont on voulut entourer cette arrestation, la nouvelle s'en répandit de tous côtés, et depuis Rome jusqu'à Grenoble, où Pie VII fut conduit par un singulier malentendu, de tous côtés, les populations accoururent sur son passage. Napoléon comprit la faute qui avait été commise, il donna l'ordre d'enfermer le pape à Savone, où il pensait que sa présence serait moins embarrassante.

Certes, nous sommes loin d'approuver la conduite brutalement odieuse de Napoléon à l'égard du pape, et l'on ne peut s'empêcher d'être pris de commisération pour ce malheureux vieillard, qui avait beaucoup fait pour maintenir de bonnes relations entre la France et le Saint-Siége. Mais on ne peut s'empêcher de trouver étonnant que Pie VII se soit opposé, d'une façon résolue, aux prétentions de l'empereur, seulement le jour où ses États furent envahis, qu'il ait volontairement confondu le spirituel et le temporel pour les défendre l'un par l'autre, et compromis la dignité de l'Église d'abord par cette excommunication, ridicule (1) au dix-neuvième siècle, plus tard par le refus de l'institution canonique aux évêques français.

Quant aux actes postérieurs, le Concordat de Fontainebleau par exemple qui lui fut arraché par la violence, qui oserait lui en faire un reproche ? Qui pourrait soit le blâmer, soit l'approuver ? — Cependant quelle force n'eût-il pas eue s'il n'avait pas cédé à l'exemple de ses prédécesseurs, s'il avait maintenu l'exacte séparation, des deux pouvoirs, s'il avait obéi à ses propres aspirations ! On est en effet tout étonné de trouver dans les Mémoires du cardinal Pacca, ou du moins dans la lettre qu'il écrivit à son frère le 1er novembre 1816 et qui leur sert de préface, des appréciations particulières sur le temporel de la papauté. Il juge sérieusement les abus inhérents et incorrigibles du pouvoir terrestre des papes. « Les souverains pontifes, dit-il, délivrés de ce lourd fardeau, consacreraient désormais tous leurs soins au bien spirituel de leurs fidèles ; l'Église,

____

(1) L'abbé De Pratt, _les quatre Concordats_, tome II, page 304.

privée de l'éclat des richesses et des honneurs, ne verrait plus entrer dans son clergé que ceux qui aspirent au bien, *qui bonum opus desiderant* ; les papes ne consulteraient plus la naissance, les recommandations dans le choix de leurs conseillers ; la foule peu édifiante des prélats fonctionnaires qui pullulent autour du Saint-Siége disparaîtrait...; on n'aurait plus aucun lieu de craindre que les décisions ecclésiastiques fussent jamais influencées par des considérations politiques et matérielles, dont le poids jeté dans la balance aurait pu la faire pencher vers une condescendance excessive ! » Que de révélations dans ces quelques lignes ! et si l'on se souvient que Pacca fut l'ami intime de Pie VII, qu'il publia ses Mémoires du vivant de ce pontife, comment ne pas supposer que c'étaient là les idées de l'ancien cardinal Chiaramonti, évêque d'Imola ?

Quoique Napoléon, dans les conversations qu'il eut à cette époque, semblât tourner en dérision la bulle d'excommunication dont il avait été l'objet, il n'en était pas moins un peu troublé dans son for intérieur et préoccupé de l'influence qu'elle pourrait avoir sur les populations. En Italie, il s'assura la discrétion de ceux qui entouraient le pape à cette époque et en particulier du cardinal Pacca, en les faisant enfermer dans la prison de Fénestrelle. En

France, il excita le zèle de Fouché et fit défendre aux journaux de prononcer même le nom de Pie VII. Il ne craignait pas trop son clergé ; il le tenait en main ; mais les prêtres réguliers lui portaient ombrage, les Missionnaires qui n'appartenaient à aucun diocèse pouvaient colporter sans trop de péril la bulle de Pie VII. La correspondance de l'empereur témoigne encore de ses soucis sur ce sujet. Il fit supprimer les Missions, les conférences de Saint-Sulpice. Enfin il donna ordre à Bigot de Préameneu de faire écrire des ouvrages *soignés* ayant pour titre : *Le Concordat de Léon X;* l'autre : *Histoire des guerres que les papes ont faites à la puissance qui avait la prépondérance en Italie et spécialement à la France.* Dans ce dernier livre on devait s'appesantir sur ce point : « que les papes ont fait constamment la guerre à toute puissance qui acquérait de la prépondérance en Italie, qu'alors ils employaient les armes spirituelles pour soutenir le temporel : de là, des désordres incalculables dans l'Église ; que les papes n'ont jamais été engagés dans des guerres, que dans des vues mondaines et pour donner des souverainetés à leurs neveux (1). »

D'ailleurs, quels que puissent être à cet égard

____

(1) Correspondance de l'empereur, 3 octobre 1809.

les préoccupations de Napoléon, il avait bien augué des dispositions de son clergé. Les difficultés relatives à son second mariage le lui prouvèrent bientôt. Sans parler, ce qui ne rentre pas dans notre sujet, des motifs qui décidèrent l'empereur en cette occasion, sans rappeler avec quelle platitude les plus grands corps de l'État et les hommes les plus distingués obéirent à ses volontés; nous devons dire comment il s'y prit pour faire dissoudre son mariage religieux.

L'embarras de l'empereur était grand, en effet, devait-il s'adresser au pape? Son clergé serait-il assez influent, ou du moins assez indépendant aux yeux du public, pour prononcer la nullité de son union avec Joséphine de Beauharnais. Il demanda un rapport à Bigot de Préameneu sur cette matière, en lui ordonnant de relever tous les exemples de divorce qu'avaient donnés les anciens souverains de France. Il put y lire que Henri IV et Louis XII avaient requis, pour ce faire, l'autorisation papale, mais que Louis VII, Louis VI et Charlemagne s'en étaient passé. Ces trois derniers précédents, quoique un peu éloignés, suffirent à Napoléon. Cambacérès installa sur son ordre trois officialités différentes ; l'une diocésaine, l'autre métropolitaine et la troisième primatiale. La création de ces nouvelles juridictions avait paru utile pour donner

aux yeux des populations plus de force et un semblant d'indépendance à une décision qui importait
tant à l'empereur, qui leur était dictée d'avance
et qu'elles allaient bientôt rendre. Ce fut à l'officialité
diocésaine à parler la première. Elle se composait
de quatre ecclésiastiques, MM. Seycas, Boilesve,
Carpet et enfin l'abbé Rudemare qui, dans une
relation mouvementée, a transmis à la postérité
les craintes de ces malheureux, juges malgré eux.
Ils résistèrent un instant à Cambacérès se déclarant incompétents et n'acceptant de se prononcer
qu'à la condition d'y être autorisés par le comité
ecclésiastique. Ce comité avait été réuni pár les
soins de Napoléon, afin de chercher les mesures
à prendre, sans l'aide du pape, pour arranger les
affaires religieuses; il comptait, comme membres,
les cardinaux Fesch et Maury, l'archevêque de
Tours, les évêques de Nantes, de Trèves, d'Evreux,
de Vercell, et l'abbé Emery, supérieur du séminaire
de Saint-Sulpice. Ce dernier, ainsi que le cardinal
Fesch, ne voulut pas assister aux séances où fut
traitée cette affaire : mais les vœux de l'empereur
n'en furent pas moins réalisés en tout point, car
lorsqu'on analyse la conduite du clergé, à cette
triste époque, plus on s'élève dans son ordre hié-
rarchique, sauf de rares exceptions, plus on y
trouve la faiblesse et la soumission servile.

L'officialité demanda alors les pièces nécessaires constatant le mariage de l'empereur et son baptême; l'archi-chancelier les leur refusa en disant qu'elles étaient inutiles, puisque pour se prononcer sur la question ils avaient à ne pas suivre les formes habituelles. Napoléon n'aimait pas les lenteurs administratives et judiciaires; l'officialité se soumit et, presque sans désemparer, *en quatre jours*, elle entendit les témoins désignés par Cambacérès, écouta les rapports de son promoteur, rendit sa décision et l'envoya à l'officialité métropolitaine : celle-ci ne fit pas longtemps attendre la sienne : le surlendemain le mariage de Napoléon avec Joséphine était déclaré *nul par défaut de consentement du côté de l'empereur*. En d'autres termes, l'officialité de Paris reconnaissait que Napoléon, la veille de son sacre (jour de son mariage religieux avec Joséphine), avait trompé le pape, sa femme Joséphine, et enfin son oncle le cardinal Fesch qui lui avait donné la bénédiction matrimoniale.

Le mariage de Napoléon avec Marie-Louise eut lieu le 1ᵉʳ avril 1810.

Six semaines auparavant, Napoléon avait fait réunir à l'empire les Etats romains, par un simple sénatus-consulte rendu le 17 février, que nous donnons en entier parce qu'il servit de base à

Napoléon dans ses négociations avec le pape, en
1813.

1° Les États pontificaux formeront deux départements : le département de Rome et celui de Trasimène.

2° Le département de Rome enverra sept députés
au corps Législatif et celui de Trasimène quatre.

3° Il sera établi une sénatorerie dans les départements de Rome et de Trasimène.

4° La ville de Rome aura le titre de seconde ville
de l'empire.

5° Le maire de Rome sera présent au serment
de l'empereur, à son avénement.

6° Le premier rang ainsi que les députations de
la ville de Rome, dans toutes les occasions, immédiatement après les maires et députations de la
ville de Paris.

7° Le prince impérial portera le titre et recevra
les honneurs de *Roi de Rome*.

8° Il y aura à Rome un prince du sang impérial
ou un grand dignitaire qui tiendra la cour de l'empereur.

9° Après avoir été couronnés dans l'église Notre-
Dame de Paris, les empereurs seront couronnés
dans l'église Saint-Pierre de Rome avant la
dixième année de leur règne.

10° La ville de Rome jouira de privilèges et d'immunités particuliers qui seront déterminés par l'empereur Napoléon.

11° Toute souveraineté étrangère est incompatible avec l'exercice de toute autorité spirituelle dans l'intérieur de l'empire.

12° Lors de leur exaltation, les papes prêteront serment de ne jamais rien faire contre les quatre propositions de l'église gallicane; arrêtées dans l'assemblée du clergé en 1682.

13° Les quatre propositions de l'église gallicane sont déclarées communes à toutes les églises catholiques de l'empire.

14° Il sera préparé pour le pape des palais dans les différents lieux de l'empire où il voudra résider. Il en aura nécessairement un à Paris et un à Rome.

15° Deux millions de revenus en biens ruraux, francs de toute imposition, et sis dans les différentes parties de l'empire, seront assignés au pape.

16° Les dépenses du Sacré-Collége sont déclarées impériales.

Cet acte despotique entraînait une grande responsabilité pour celui qu'il l'avait pris et de plus une difficulté d'exécution presque insurmontable. Le clergé italien résista aux avances, aux menaces et aux poursuites de l'empereur. En quelques mois il y eut treize cardinaux italiens dépouillés de leurs biens et de leurs insignes, disséminés dans les villes de provinces françaises. Dix-neuf évêques expulsés d'Italie, un grand nombre de chanoines et de grands vicaires et plus de deux cents prêtres déportés en Corse. Tous les autres ecclésiastiques s'étaient soumis. En France, Napoléon donna ordre aux évêques qu'il avait nommés et qui n'avaient pas encore l'institution canonique, refusée par le pape, de prendre immédiatement possession de leurs évêchés ; le cardinal Maury s'empressa de se rendre à l'archevêché de Paris qui lui était désigné.

Si le clergé italien résistait plus que celui de France aux ordres de Napoléon, c'est qu'il y était singulièrement aidé par les idées ultramontaines des populations et par les secours d'argent qu'il recevait de tous côtés.

Cet exemple fut même suivi en France. Napoléon dans le Mémorial de Sainte-Hélène se plaint de l'esprit de certaine coterie qu'il appela *la petite église* (1), et que l'on retrouve sous la Restauration

(1) Napoléon a confondu : La petite Église est tout-à-fait différente de la Congrégation ; ce fut bien cette dernière association qui se mit au service du Pape prisonnier à Savone. On a donné le nom de *Petite Église* à ce petit nombre d'évêques qui, après avoir refusé le serment civique en 1790,

sous le nom de « la congrégation ». Sans être précisément redoutable au puissant despote, elle déployait une sourde opposition à ses ordres, opposition d'autant plus irritante pour lui qu'elle était insaisissable. Lorsque le pape fut retenu à Savone, la congrégation s'empressa de se mettre à ses ordres et de lui envoyer quelque argent.

Cette association présidée par l'abbé Duval comptait sur ses listes les noms de grandes familles de France et d'Italie, et la plupart des directeurs de séminaires et de congrégations. Le but que voulaient atteindre ses membres était de se mettre en communication avec le Saint-Père et de porter ses ordres à destination. Un grand nombre de jeunes gens étaient prêts à se transformer en courriers pour transmettre de ville en ville les lettres

émigrèrent, refusèrent leur démission en 1801 et ne ménagèrent pas leurs objurgations à Pie VII. Ils étaient au nombre de vingt, et conservèrent toujours des relations avec leurs anciennes ouailles. Voici leurs noms : Talleyrand, archevêque de Reims, oncle du prince de Bénévent ; Lafare, évêque de Nancy ; Bonac, évêque d'Agen ; De Celleau, évêque de Châlons-sur-Saône ; Coucy, évêque de la Rochelle ; Latour, évêque nommé de Moulins ; Villedieu. évêque de Digne ; Amelot, évêque de Vannes ; Vintimille, évêque de Carcasonne ; Thémine, évêque de Blois. Les six premiers donnèrent leur démission en 1816. En 1820, le dernier seul vivait encore et il aimait à répéter qu'il était le *seul évêque en France.*

pontificales qui leur étaient livrées par les domestiques ou les quelques fidèles visiteurs du prisonnier de Savone.

C'est par ce moyen que l'abbé d'Astros, vicaire capitulaire du chapitre de Notre-Dame, put informer le pape de l'intrusion du cardinal Maury dans l'archevêché, et lui demander des instructions personnelles pour guider sa propre conduite. Le pape répondit par un bref à l'adresse de Maury, dont il envoya copie à l'abbé d'Astros, et, où il déclarait que, pour enlever tout sujet de doute, et pour plus grande précaution, il ôtait à l'archevêque nommé tout pouvoir et toute juridiction, déclarant nul et sans effet tout ce qui serait fait de contraire sciemment ou par ignorance.

La copie seule parvint à son adresse ; le bref fut intercepté par la police impériale. La colère de Napoléon fut grande. L'abbé d'Astros quelques jours après fut conduit à Vincennes où il resta jusqu'à la chute de l'empire, et les persécutions contre le pape redoublèrent : tous les papiers furent saisis, toute correspondance lui fut interdite, et toutes les lettres à son adresse furent décachetées et examinées : ses dépenses mensuelles réduites pour lui et sa maison à douze cents francs par mois, toutes les personnes en qui il avait confiance, même son vieux valet de chambre, furent chassés d'auprès de lui et quelques-unes enfermées comme prisonniers d'État.

Ces actes de violence et de dureté ne suffirent point à Napoléon; un moment il songea à régler purement et simplement par voie législative, avec le seul concours du Sénat et des députés, la question de l'institution canonique des évêques. Il fit même réunir à cet effet les fortes têtes de son conseil d'État et leur soumit son nouveau projet. Ce ne fut pas sans peine que Cambacérès et Merlin parvinrent à le détourner de cette idée et lui firent adopter celle de soumettre certaines questions à une commission ecclésiastique, la même qui avait eu à décider la compétence de l'officialité diocésaine dans l'affaire du divorce, et dans laquelle exerçaient une influence prépondérante l'archevêque de Tours, M. de Barral, et l'évêque de Nantes, M. Duvoisin, ancien élève des Jésuites, membres tous deux du clergé de l'ancien régime, mais entièrement ralliés à l'empire et surtout dévoués à l'empereur.

Ces questions se divisaient en trois séries :

1° *Questions qui intéressent toute la chrétienté.*

2° *Questions particulières à la France.*

3° *Questions sur la position actuelle.*

Le point essentiel de ces questions, le nœud gordien de la situation, était l'institution canonique à donner aux évêques. Après bien des tergiversations, des craintes et des réticences, la commission conseilla à l'empereur de réunir un concile national, et de lui poser les questions suivantes, sans que la commission pourtant préjugeât ses réponses :

1° Toute communication entre le pape et les sujets de l'empereur étant interrompue quant à présent, à qui faut-il s'adresser pour obtenir les dispenses qu'accordait le Saint-Siége ?

2° Quand le pape refuse persévéramment d'accorder les bulles aux évêques nommés par l'empereur pour remplir les siéges vacants, quel est le moyen canonique de leur donner l'institution ?

Napoléon se rendit à cette idée, sans toutefois la mettre à exécution de suite. Une conversation qu'il eut avec M. Émery, et dans laquelle cet abbé lui dit la vérité, lui fit douter de l'efficacité du palliatif qu'il voulait employer pour l'institution canonique de ses évêques, et il se décida à faire de nouvelles ouvertures de conciliation au pape. Les prélats choisis par l'empereur pour être députés auprès du pape furent NNgrs Duvoisin et de Barral, accompagnés de l'évêque de Trèves, monseigneur Mannay, autorisés à s'adjoindre le patriarche de Venise. Ils avaient pouvoir de signer deux conventions distinctes, l'une relative aux affaires particulières de l'Eglise de France, c'est-à-dire à l'institution canonique des évêques, l'autre concernant les affaires générales de la chrétienté et la personne même du pape. Chacune de ces conventions devait être absolument indépendante de l'autre et traitée par acte séparé (1).

Les conférences, si l'on peut donner ce nom à ce qui eut lieu à Savone, durèrent du 9 au 18 mai. Ce n'est pas sans une indignation profonde qu'on étudie l'histoire de ces neuf jours. Jamais patient soumis à la torture du moyen âge n'eut tant à souffrir. Jamais le despotisme cruel d'un tyran n'a déployé autant d'astuce et de méchanceté. Les évêques députés, le préfet du département, M. de Chabrol et un sieur Porta, médecin du pape acheté par la police impériale, tous bassement serviles, us'rent de ruse, d'artifice, de violence pour arrac..r à Pie VII le consentement que demandait l'e .pe-reur. Sous cette pression inquisitoriale, la têt. 'u pauvre captif semblait éclater. Après des r'.'. énergiques, il céda. Il signa le 18 mai des prélimi-naires de conciliation, que les trois prêtres, fuyant comme trois larrons, s'empressaient d'aller déposer aux pieds de leur maître.

Le lendemain, le pape tombait malade, le som-

(1) Correspondance de Napoléon, 28 avril 1811.

meil le quitta, et la santé ne lui revint que lorsque désavouant sa défaillance, il fit promettre à M. de Chabrol de faire part de ce désaveu au ministre des cultes.

Qu'importait à Napoléon? Avec ce commencement de preuves par écrit certifiant la bonne volonté du pape à tout concilier, il comptait bien faire agir le concile comme bon lui semblerait. Il se trompa.

Dans la foule des vils flatteurs qui se pressèrent dans la nef de Notre-Dame, nous devons rappeler à la mémoire de la postérité le courageux exemple donné par quelques âmes fières. Elles furent bien rares, hélas! et elles payèrent chèrement leur attachement à leurs principes et leur haine contre le despotisme. Parmi ces esprits d'élite, se trouvait un homme d'esprit, de grand talent et d'un caractère élevé, dont le nom s'est déjà trouvé sous notre plume dans cette rapide narration, monseigneur Maurice de Broglie, ancien évêque d'Acqui, récemment appelé à l'évêché de Gand.

Le jour de l'ouverture du Concile, le 17 juin 1811, les membres du concile étaient au nombre de quatre-vingt-quinze, ne représentant en réalité que la moitié des siéges réunis de France et d'Italie. M. de Boulogne fut chargé de faire le discours d'ouverture. C'était une tâche ingrate.

Napoléon avait voulu en prendre connaissance quelques jours auparavant, afin de s'assurer que rien n'y serait prononcé de contraire à ses idées. Il comptait sans l'émotion toute naturelle qui devait animer toute cette assemblée, et sans ce phénomène psychologique par lequel les plus timides trouvent du courage lorsqu'ils ne se sentent plus isolés. M. de Boulogne subit cette influence, et, dans sa péroraison, il ne craignit pas d'émettre l'opinion suivante qui, fortement applaudie par la grande majorité des évêques, fut comme un coup de foudre pour le président du concile, le cardinal Fesch, et pour la minorité des prélats soumis à l'empereur. « Jamais, disait M. de Boulogne, jamais, nous ne vous détacherons de ces premiers anneaux sans lesquels tous les autres se dérouleraient et ne laisseraient plus rien que confusion, anarchie et ruine. Jamais nous n'oublierons tout ce que nous devons de respect et d'amour à cette Eglise romaine qui nous a engendrés en Jésus-Christ. » *Cette profession de foi fut suivie d'un serment de fidélité au pape et aux droits du Saint-Siége.*

L'irritation de Napoléon était extrême, il fit reculer la seconde congrégation du concile au 20 juin, il profita de ce répit pour prendre les mesures nécessaires à la surveillance de ce concile réfractaire à ses intentions. Il décida que son ministre des cultes y lirait un message impérial où il ferait connaître les volontés du maître, et que ce ministre ferait partie d'une commission chargée de *la police de l'assemblée.*

On se figure facilement l'effarement des évêques et leur indignation. Ils ne manquèrent pas de faire sentir leur mauvaise humeur dans la nommination des commissions chargées de préparer les travaux du concile, et où toutes les propositions de l'empereur furent contredites et la plupart du temps fortement amendées, surtout par M. de Broglie. Enfin, lorsque le concile se réunit, une des premières propositions émises fut de demander la mise en liberté de Pie VII, et la commission chargée d'examiner l'affaire de l'institution des évêques, répondit à l'empereur, par une note conçue en ces termes : « La congrégation particulière nommée par le concile, pour répondre au message de Sa Majesté, pense que le concile, avant de se prononcer sur les questions qui lui sont proposées, agissant d'après les règles canoniques et suivant ce qui s'est pratiqué de tout temps dans l'Eglise, ne peut se dispenser de solliciter de Sa Majesté la permission d'envoyer au pape une députation qui lui expose l'état déplorable des églises de l'empire français et du royaume d'Italie, et qui puisse conférer avec lui sur les moyens d'y remédier. »

De cette résistance si tenace l'empereur était profondément blessé. Mais, il faut le dire, à cette époque de sa vie, surtout en ce qui concerne les affaires ecclésiastiques, son esprit n'avait plus cette netteté qui faisait remarquer ses décisions dans la première partie de sa vie. D'ailleurs si le souverain était exaspéré de ne pas voir plier ces prêtres sous sa volonté, le soldat ne pouvait pas s'empêcher d'estimer le courage de ses adversaires. Ces éclairs de raison, qui sont comme de pâles reflets de l'âme du général Bonaparte, on les voit de temps en temps apparaître dans les conversations qu'il avait à cette époque avec les personnages influents de son entourage. Mais ils étaient rares et son indécision finissait toujours par laisser le champ libre au despotisme et à la violence. Il fit suspendre la séance du concile le 10 juillet et en prononça la dissolution. Le 12 du même mois, à trois heures du matin, il fit saisir dans leurs lits et enfermer à Vincennes, messieurs de Broglie, évêque de Gand, de Boulogne, évêque de Troyes, et Hirn, évêque de Tournai.

Pendant l'intervalle qui sépara les deux sessions, les membres du concile furent de nouveau convoqués.

Napoléon mit tout en œuvre pour s'assurer la bonne volonté des évêques, terrifiés déjà par l'incarcération de leurs collègues et fortement adoucis par mille promesses matérielles qui leur furent données.

Enfin malgré les protestations de l'archevêque de Bordeaux et de quelques autres prélats, la déclaration suivante fut votée à une grande majorité par des évêques qui se parjurèrent :

Art. 1er. Conformément à l'esprit des saints canons, les archevêchés et évêchés ne pourront rester vacants plus d'un an pour tout délai ; dans cet espace de temps, la nomination, l'institution et la consécration devront avoir lieu.

Art. 2. L'empereur sera supplié de continuer à nommer aux siéges vacants conformément aux Concordats, et les nommés par l'empereur s'adresseront à notre Saint-Père le pape, pour recevoir l'institution canonique.

Art. 3. Dans les six mois qui suivront la notification faite au pape, par les voies d'usage, de ladite nomination, le pape donnera l'institution canonique conformément aux Concordats.

Art. 4. Les six mois expirés sans que le pape ait accordé l'institution, le métropolitain, ou, à son défaut, le plus ancien évêque de la province ecclésiastique procédera à l'institution de l'évêque nommé. S'il s'agit d'instituer le métropolitain, le plus ancien évêque de la province conférera l'institution.

Art. 5. Le présent décret sera soumis à l'approbation de notre Saint-Père le pape, et à cet effet, Sa Majesté sera suppliée de permettre qu'une députation de six évêques se rende auprès de Sa Sainteté, pour la prier de confirmer ce décret qui seul peut mettre un terme aux maux des églises de France et d'Italie.

Telle fut la fin du fameux concile de 1811. Nous n'avons pas craint de nous étendre peut-être un peu longuement sur cette période de l'histoire ecclésiastique de France, elle est féconde en enseignements pour la lutte engagée aujourd'hui entre l'élément civil et l'élément clérical.

Il est un fait surtout qui est remarquable. Autrefois les martyrs chrétiens avaient donné leur sang pour défendre leurs principes. Les évêques et les cardinaux du premier Empire ont fait plier leur stoïcité doctrinaire devant la crainte d'une simple incarcération ou la perte de leurs bénéfices. Mais ce qui est le plus à déplorer selon nous, ce sont les effets de la brutale tyrannie de Napoléon. C'est lui qui a tué l'Église gallicane, c'est lui qui a rejeté l'épiscopat sous l'influence de Rome. On verra pendant les cinquante années qui vont suivre, les dernières convulsions de l'Eglise de Bossuet et les progrès incessants de l'esprit ultramontain, arrêté pendant certaines périodes, mais recouvrant peu d'années après tout le terrain perdu. Certes, nous n'avons pas la prétention de nous prononcer ici, sur ce point de savoir si le concile avait ou non le droit d'accepter les décisions de Napoléon, au sujet de l'institution des évêques. Mais il est une considération qui appartient à tout le monde, parce qu'elle est du domaine de l'histoire; nous la donnons sans commentaires : c'est pour sauver son temporel que Pie VII a refusé l'institution canonique : c'est pour sauver leur temporel que les évêques ont cédé aux volontés impériales. Les réflexions qui découlent de ces faits sont tristes pour l'esprit humain : et si l'on compare cette époque avec la nôtre, on trouve amèrement ridicules les prétentions actuelles du parti ultramontain.

Il nous reste à parler des dernières relations du pape avec l'empereur. Elles n'intéressent que peu notre sujet, car l'Église de France ne s'en ressentira pas. Malgré le déploiement d'intrigues et de ruses dont on se servit en cette occasion, Pie VII resta inébranlable, et la députation d'évêques et de cardinaux ordonnée dans la déclaration du concile échoua complétement.

La désastreuse campagne de Russie allait commencer, Napoléon fit transférer le pape à Fontainebleau. Là, près de deux ans plus tard, il se servit de son influence personnelle sur le faible pontife pour lui arracher un Concordat qui porte le nom de la ville et qui est rédigé à peu près dans les mêmes termes que le décret du Sénat de février 1810. Rétracté quelques temps après, il n'eut pas même de commencement d'exécution, et Napoléon, forcé par les événements qui l'accablaient, se décida à renvoyer Pie VII à Rome. Déjà les alliés avaient envahi la France, et ce fut dans la salle même où il avait tyrannisé le pape, que l'empereur signa son abdication en avril 1814.

La première partie de cet aperçu se trouve terminée. La réaction contre le Concordat va commencer.

SECONDE PARTIE

Réaction déclarée contre le Concordat
de 1814 à 1830

CHAPITRE V.

La Restauration.

Nous venons de voir dans le chapitre précédent, le clergé, mâté par la main vigoureuse de Napoléon, ne pas lui résister, s'affaisser aux pieds de son trône et donner, sauf quelques rares exceptions, le spectacle de l'avilissement le plus complet devant la toute-puissance humaine. Ce que, de nos jours, on a appelé le parti clérical ne faisait que poindre à l'horizon ; on peut dire même que s'il a eu une grande influence de tous temps depuis la fondation de l'ordre de Loyola, sous le premier Empire son existence était devenu fort précaire.

12.

La police de Fouché et le despotisme du maître ne supportaient guère les intrigues. Avec la restauration des Bourbons, le parti prêtre comme on disait alors, s'empara du pouvoir : nous tâcherons de le démontrer dans ce chapitre, mais auparavant il est utile d'examiner l'état du clergé en 1814.

Il est une brochure ultra-catholique parue alors, écrite sous le couvert de l'anonyme par un des hauts dignitaires de l'Église, dont nous ne nous permettrons pas de dire le nom (car elle a été attribuée à plusieurs auteurs, et nous voulons, suivant notre méthode, avancer uniquement des faits indéniables). Le titre de ce petit factum résume admirablement la position, les sentiments et les prétentions des différentes classes de prêtres et de prélats qui se trouvaient en présence à la rentrée des Bourbons.

« Trois différents clergés en France depuis le Concordat :

« 1° Les évêques et prêtres constitutionnels condamnés comme hérétiques et schismatiques par Pie VI et l'Église dispersée.

« 2° Les évêques et prêtres concordatistes devenus par leur réunion avec les constitutionnels fauteurs d'hérésie et de schisme au premier chef.

« 3° Les prêtres vraiment catholiques restés constamment fidèles à la foi et au roi. »

Ces lignes font déjà comprendre la division que les ecclésiastiques posaient eux-mêmes dans leur corporation. Comme tous les émigrés, les prêtres qui avaient quitté la France en 1790, n'avaient rien appris depuis lors : eux aussi s'irritaient contre les événements survenus; leur colère les poussait jusqu'à se révolter contre le pape et le roi; nous verrons Pie VII obligé de défendre le Concordat contre ces fanatiques. Dès le lendemain de la victoire, malgré toute la puissance qu'ils ont acquise, ils se plaignent de n'en avoir pas assez : « Nous espérions qu'en mettant le pied dans son royaume, *il (le roi) se jetterait dans les bras de la religion véritable* qu'il y avait laissée, qui avait résisté à de si longues et si terribles persécutions, qui avait toujours été fidèle au roi légitime et devait une partie de ses tourments à cette fidélité..... Que nous avons été cruellement déçus! »

Quelle était cette déception? en quoi consistait-elle? On est effrayé des prétentions que cachent ces quelques mots, si l'on songe surtout que cette brochure, est datée de 1814, et que Louis XVIII se trouvait à cette époque exactement circonvenu *par les bras de la religion.* Auprès de sa personne même étaient placés comme chapelain, M. de Bréau; comme grand aumônier, l'archevêque duc de Reims, Talleyrand-Périgord; tous deux avaient émigré en 1790 et avaient refusé leur démission en 1801 ; tous deux étaient plus royalistes que le roi, plus catholiques que le pape. Ils étaient d'avis qu'une commission d'ecclésiastiques devait être réunie, dans laquelle siégeraient des évêques et de simples prêtres *pour concilier tous les intérêts.* Ils le persuadèrent au roi qui chargea son grand aumônier d'assembler, dans ce but, neuf ecclésisastiques et de les présider.

En 1814, en effet, beaucoup de cures et d'emplois ecclésiastiques étaient vacants par suite des démêlés de Napoléon avec Pie VII. Certains prêtres de *deuxième ordre* (1) quittant les retraites où ils s'étaient cachés depuis la révolution, se répandirent dans les campagnes, reprirent les autels à eux confiés d'après une investiture ancienne. Dans beaucoup d'endroits même, ils cherchèrent à déposséder les nouveaux titulaires, prêchant partout que le Concordat devait être considéré comme n'ayant jamais existé : de là des désordres regrettables dans certains départements.

Cette scission existait également au sein de la commission ; elle était ainsi composée : trois évêques non démissionnaires, trois évêques démissionnaires non occupants, trois évêques ou repré-

(1) Abbé Jauffret, 3ᵉ volume.

sentants d'évêchés. Il s'en suivit des discussions dogmatiques interminables où la mauvaise humeur contre le pape et l'opposition à ses actes passés se faisaient souvent sentir. La commission ne put rien décider dans ses premières réunions ; tous ses membres furent pourtant du même avis lorsqu'il s'agit de combattre, dès l'abord, les articles organiques, le code civil et le code pénal.

Elle demanda au roi de faire autoriser le culte extérieur tel qu'on le pratiquait autrefois. Le 7 juin, parurent les deux ordonnances suivantes du comte Beugnot, préfet de police, ancien ministre sous Napoléon qui, comme tant d'aûtres, avait trouvé dans sa garde-robe, un *costume de rechange*, comme disait spirituellement Louis XVIII en parlant du prince de Talleyrand (1).

La première ordonnait à tous les habitants, *quelle que fût leur religion*, d'orner la façade de

(1) Il est nécessaire de donner quelques-uns des considérants qui précédaient ces deux ordonnances ; on jugera ainsi de l'esprit qui animait le gouvernement et le clergé.

« Considérant que l'observation des jours consacrés aux solennités religieuses est une loi qui remonte au berceau du monde... qu'il y a été pourvu pour la France par différents règlements de nos rois *qui ont seulement été perdus de vue durant les troubles.....* Pour attester à tous les yeux le retour des Français à l'ancien respect de la religion et des mœurs et à la pratique des vertus, qui peuvent seules fonder pour les peuples une prospérité durable..... Ordonnons. »

leurs maisons sur le chemin des processions, autorisées de nouveau à parcourir les villes, malgré les défenses faites par la loi sur les cérémonies extérieures du culte.

La seconde défendait, sous de fortes peines, aux ouvriers et artisans de travailler les dimanches et fêtes ; à la plupart des marchands, de laisser leurs boutiques ouvertes et de faire aucun commerce ; de faire faire aucun travail, sauf ceux de la moisson et ceux que l'état de la saison ou la crainte des intempéries, ou un péril imminent rendrait urgents ; aux vendeurs et étalagistes d'exposer en vente leurs marchandises ou de les colporter ; aux maîtres de café, de jeux de paume, de billards, de tenir leurs boutiques, cabarets et autres établissements ouverts pendant l'heure des offices ; enfin, aux saltimbanques, faiseurs de tours, chanteurs et joueurs d'instruments d'exercer leur métier sur la voie publique ou ailleurs, avant cinq heures du soir. Les réunions pour la danse ou la musique ne pouvaient également avoir lieu avant la même heure, dans aucun établissement ouvert au public. Cette seconde ordonnance fut convertie en loi (1) le 18 novembre suivant, par les soins de M. de Bonald, ultramontain mystique, qui se fit une

(1) Cette loi tombée en désuétude n'est cependant pas encore abrogée (février 1870).

spécialité à la Chambre introuvable, de proposer des projets de loi dans ce genre. Il y avait eu en effet, des juges pour refuser d'appliquer les peines portées par elle à des malheureux qui n'avaient réellement pas enfreint la loi.

Tous les tribunaux, hélas ! n'étaient pas aussi scrupuleux.

Celui de Nancy entre autres. Il y fut répondu par un refus à une demande de divorce introduite au mois de juin 1814, et nous croyons devoir rappeler certains attendus de ce jugement qui est un des premiers à notre connaissance, depuis le commencement du siècle, infectés de l'esprit clérical :

« Attendu qu'aucune infraction publique et légale aux dogmes de la religion catholique ne peut avoir lieu depuis la publication de la Charte, parce que l'Etat reconnaissant cette religion pour sienne, ne peut consacrer par ses actes et revêtir du sceau de l'autorité publique ce qu'elle défendait comme illicite. »

« Attendu que les tribunaux ne peuvent déclarer dissous un mariage que la religion d'Etat regarde comme subsistant, ni autoriser une union que cette religion regarde comme nulle et défendue, etc. »

Mais, ce n'était pas assez d'avoir la police et la magistrature à ses ordres. La commission fit rendre au conseil d'Etat, composé d'amis et peu

exposé aux indiscrétions du public, la connaissance de toutes les affaires contentieuses concernant le clergé, que Napoléon lui avait retirée en
janvier 1813. Enfin, elle mit la main sur l'instruction publique.

Le baron Jourdan, membre du conseil d'État,
avait été chargé des cultes; il fit signer au roi, le
5 octobre 1814, une ordonnance portant que les
écoles ecclésiastiques pourraient être placées à la
campagne et dans les lieux où il n'y aurait ni lycée
ni collége communal : *que là, où il y aurait un de
ces établissements, les élèves seraient dispensés
d'en fréquenter les leçons, qu'en venant aux
écoles eccléstastiques ils seraient dispensés non-
seulement des rétributions universitaires, mais
de celle due pour le grade de bachelier ès-lettres,*
enfin que toutes les écoles de ce genre seraient
susceptibles de recevoir legs et donations en se
conformant aux lois.

Ce ne fut point assez de donner ces avantages aux
élèves qui quitteraient l'Université, Louis XVIII
introduisit l'ennemi dans la place même et donna
au clergé la haute main sur des institutions universitaires. Son règlement sur l'instruction publique parut en janvier 1815. Le nombre des
académies était réduit; elles prenaient le nom
d'universités ; les lycées, celui de colléges royaux.

Les évêques faisaient de droit partie des conseils de facultés, des collèges royaux et communaux, ainsi que de tous les bureaux d'instruction publique de leur diocèse. Enfin le grand-maître de l'Université était remplacé par un conseil royal dont le président avait la direction exclusive de tous les travaux. Ce poste si important fut confié, on n'en sera pas étonné, à l'évêque non démissionnaire M. de Bausset, le futur cardinal, qui, nous devons l'ajouter pour rester dans la vérité, avait un esprit remarquable par sa science, sa distinction et sa franchise.

Le pouvoir ainsi accaparé, les ultramontains levaient la tête haute et ne craignaient plus de montrer en toute occasion leur haine contre la loi civile et les principes de la Révolution. Lanjuinais a qualifié leur conduite dans un opuscule publié en 1821. — « Ils se révoltent en 1791 contre la loi de la Constitution civile ; en 1802, contre l'accord du pape et de l'empereur qui réconciliait sans rétractation ; depuis et actuellement contre Louis XVIII en combattant, par leur conduite et par leurs écrits, les libertés de l'église gallicane malgré les ordonnances du roi, en voulant faire obéir à de prétendus brefs qui n'ont point l'attache du gouvernement, et entraîner tout le clergé dans leur défection. » Et si l'on n'accepte pas le témoignage

13

de Lanjuinais, qu'on nous permette de reproduire une autre citation d'une brochure qui fut publiée en 1814 par l'abbé Vinson, l'un des plus violents sectaires de cette époque, et qui a pour titre : *Adresse aux Chambres* « Vous décréterez, con-« seille ce fanatique, que les nouveaux évêques « établis à cette époque dans la République fran-« çaise par son chef usurpateur, ne seront point « requis de donner leur démission, parce qu'ils « sont canoniquement destitués de droit par leur « intrusion, et civilement destitués de fait par la « restauration de la monarchie légitime. »

Les premières victimes de cet esprit de repré-sailles furent en effet les prêtres concordatistes et parmi eux surtout les anciens constitutionnels. Il faut lire dans Lanjuinais (1) les poursuites exer-cées contre ces malheureux, coupables de s'être soumis aux lois de leur pays ou d'avoir obéi aux prescriptions de leur conscience : contre ces persécutions, aucune ressource : l'appel comme d'abus était dérisoire, il se trouvait supprimé de fait.

Un événement survenu au mois de janvier 1815, donne une idée nette de l'esprit du clergé à cette époque, et du changement de sa situation dans

(1) Œuvres complètes, tome 1er, p. 394 et suiv. Paris 1832, 4 vol. in-8.

l'État. Mademoiselle Raucourt, la célèbre actrice de la Comédie-Française, mourut sans avoir reçu les sacrements de l'Église. Quand son convoi se présenta pour être reçu à St-Roch, le curé de cette paroisse refusa de le laisser entrer et fit fermer les portes de l'église. C'était la reproduction de la même scène qui s'était passée, lors du décès de mademoiselle Chameroy, dans le même lieu. Mais les circonstances étaient bien différentes ; les manœuvres du clergé avaient exaspéré la population : on entra de force dans le sanctuaire, on alluma les cierges et l'on disposa tout ce qui était nécessaire pour le service. Ici deux versions se présentent dans les écrits du temps. D'après l'une, le roi, informé du désordre envoya son aumônier prononcer les prières pour les morts ; d'après l'autre les assistants se saisirent d'un prêtre qui passait au même moment et le forcèrent à officier. La seconde nous semble préférable, car elle nous est transmise par l'ouvrage du très-véridique abbé Jauffret. Quoi qu'il en soit, les conséquences de ces désordres qui sont toujours affligeants, ne furent pas les mêmes qu'en 1803. Louis XVIII n'ordonna point à l'archevêque de Paris de réprimander le curé intolérant ; il n'y eut point de note insérée au journal officiel, mais dès ce jour commencèrent les récriminations du clergé pour provoquer la révision du code pénal, et obtenir la fameuse loi sur le sacrilège.

On comprend que, dans ces circonstances, lors du retour de Napoléon, pendant les cent jours, ces poursuites qu'on appelle toujours des *persécutions* quand il s'agit d'ecclésiastiques, se soient renouvelées.

Bien des curés, il faut le dire, n'attendirent pas l'ordre du ministre des cultes pour recommencer leurs prières et leur « *Te Deum* » en faveur de l'empereur : presque tous ceux-là furent des constitutionnels ou des concordatistes qui avaient déjà eu à souffrir des exigences ultramontaines. Mais les prêtres ralliés au mouvement imprimé par le haut clergé de la première restauration, refusèrent avec insistance le « *salvum fac imperatorem* » exigé par le Concordat. Aussi dans bien des villes et des communes (1) eurent-ils à passer des moments fort désagréables. Tantôt les soldats poursuivaient la baïonnette au canon, malgré tous les efforts des officiers pour les arrêter, de malheureux vicaires que la fuite seule sauvait du danger d'être massacrés. Tantôt les officiers eux-mêmes fermaient les yeux et restaient indifférents aux dévastations que la soldatesque commettait

(1) Abbé Jauffret.

dans les cures, et aux coups dont elle rouait les desservants. D'ailleurs partout des menaces, partout des injures. Une lettre de Bigot de Préameneu à Fouché, ministre de la police, peint admirablement la situation : « Les ecclésiastiques sont justement effrayés de voir circuler des journaux renfermant des réflexions des plus indécentes, les injures les plus grossières contre la religion et ses ministres. » En un mot, il arriva au clergé en 1815 après le 20 mars, ce qui lui était survenu pendant la Révolution. Sa complète opposition aux sentiments, aux aspirations de la France, fit tourner contre lui la colère du peuple, colère condamnable quand elle en vient aux emprisonnements et aux massacres (car l'homme qui n'est pas une brute ne doit jamais s'abaisser à employer les moyens de persuation des fauves). Il faut l'avouer : le clergé s'est montré hostile aux vœux de tout un pays, il a renié les pures doctrines du christianisme dont les principes moraux étaient la base du système de la Révolution, d'où l'Empire est sorti aussi bien que la République, il ne doit pas se plaindre. Nous le répétons encore, nous le répétons bien haut, car c'est notre conviction intime après l'analyse approfondie de tous les faits qui se sont passés depuis la Révolution jusqu'à nous : si les hauts prélats français avaient accepté comme la plus grande partie du bas clergé, les théories chrétiennes de 1789, non-seulement la lutte actuelle entre le cléricalisme et la société civile n'eût jamais existé, mais l'esprit de la Révolution eût fait chez nous des progrès plus rapides encore que ceux qu'il a d'ailleurs accomplis en moins d'un siècle, et cela sans éprouver les terribles secousses qui l'ont souvent dévoyé d'un côté ou de l'autre à différentes reprises.

Cet enseignement tiré des événements fut inutile ; le clergé ne put ou ne voulut pas en profiter. Après Waterloo, il revint avec son *Roy;* il revint orgueilleux, puissant et plein de haine; si les partisans de la monarchie, dite légitime, plus royalistes que le roi, ont assumé la plus grande part de la responsabilité lors des massacres de la terreur blanche, une bonne partie aussi en est acquise à ces catholiques plus ultramontains que le pape, qui gouvernaient alors Louis XVIII et la France.

Voici ce que Vaulabelle rapporte des fameux comités royalistes : « Ces comités ne se composaient pas toujours, ainsi qu'on pourrait le croire, d'anciens privilégiés rêvant le retour des avantages politiques ou sociaux dont la Révolution les avait dépouillés. Il y avait là des fonctionnaires destitués sous la République et sous l'Empire, pour incapacité ou malversation, des propriétaires endettés ou ruinés par les dissipations ou par le jeu, des négociants en état de faillite, quelques femmes décriées, *jusqu'à des abbés*, tous impatients de venger leurs rancunes ou leurs injures, de rétablir leur influence ou leur fortune perdue. » Des chefs de bandes royalistes furent chargés dans certaines contrées de *procéder à l'épuration*. On devine ce que durent être ces horreurs, et c'est à tort que l'on voudrait attribuer à l'exaltation des idées républicaines le monopole de l'assassinat. La terreur blanche vaut la terreur rouge : toutes deux sont le résultat des passions poussées à un paroxysme bestial.

Mais cette façon de procéder ne suffit pas au clergé. Des missions prétendues apostoliques, (l'abbé Jauffret dit : *vraiment* apostoliques) dont l'institut fut fondé par l'évêque Forbin-Janson, parcoururent les provinces, elles devaient prêcher le dogme pur, la *foy* que tant d'événements avaient affaiblie. Sous ce prétexte, un véritable incendie fut allumé dans l'ouest et dans le midi. La police et la force armée étaient impuissantes à retenir les sicaires. Dans la Sarthe, l'Aude, dans le Gard et l'Hérault, on vit la guillotine se promener de ville en ville du 27 mai au 30 juillet 1816. Dans le midi principalement, Servan, Truphémy, Trestaillons,

Quatretaillons firent florès. Les protestants furent assassinés en grand nombre et beaucoup de dames protestantes dépouillées de leurs vêtements furent flagellées avec des verges sur lesquelles étaient fixées des pièces en fer représentant des lys.

Il était impossible que de telles atrocités passassent sans soulever au moins une protestation devant les tribunaux et devant la Chambre. Les magistrats firent quelques exemples. A la Chambre des députés, dès le 23 octobre 1815, M. Voyer d'Argenson avait fait entendre un cri d'indignation. Il ne trouva pas d'écho : on fut indulgent *pour ces fermes soutiens du trône et de l'autel.* On n'en sera pas étonné d'ailleurs si l'on se rappelle la composition de cette Chambre, que Louis XVIII qualifia *d'introuvable* dans un accès de bonne humeur, en voyant tant d'individus partager ses idées, et qu'il fut forcé de dissoudre le 15 septembre 1816.

Au moment de la Révolution, beaucoup de prêtres insermentés s'étaient cachés et quelques-uns passèrent dans Paris même toute la période de la Révolution. Parmi eux se trouvait l'abbé Delpuits, ancien jésuite, qui avait groupé autour de lui un certain nombre d'ultramontains. Il était leur directeur spirituel. Ce prêtre, obéissant aux statuts de sa Compagnie, profita de la circonstance ainsi que de la conformité d'opinions et de position du plus grand nombre de ses pénitents, pour former une *congrégation* où chacun mit, pour ainsi dire, au service de ses *confrères*, son influence et ses relations.

Sous le premier Empire, des rapports existaient entre quelques-uns de ces personnages et des employés de différentes administrations publiques. Ces rapports furent étendus, on parvint même à en établir avec les bureaux de la sûreté, ou pour mieux dire, de la police générale. Un des membres était-il menacé d'une visite domiciliaire, d'une arrestation ? Prévenu à temps, il prenait ses précautions ou se mettait à l'abri. C'est dans la bibliothèque de l'ancien Hôtel des Missions étrangères, acheté par mademoiselle de Saron, qu'eurent lieu ces conciliabules, dès les premiers temps. A la mort de cette personne, l'immeuble fut acquis par mademoiselle de Polignac. L'abbé Delpuits eut de même pour successeur l'abbé Legris-Duval attaché à la famille Doudeauville. En 1815, les membres marquants de la Congrégation étaient messieurs de Montmorency, Jules de Polignac, le marquis de Rivière, de Puyvert, de Castelbajac, etc. Louis XVIII consentit même à en faire partie, mais le véritable chef, dès cette époque, en fut le comte d'Artois, le futur Charles X.

Or il arriva que quelques-uns de ces associés furent nommés à l'assemblée : MM. de Puyvert, de Castelbajac, de Rouge et l'avocat Piet. La Congrégation comprit tout l'avantage qu'elle pouvait tirer de cette situation. Une grande propagande, mais menée avec une extrême prudence, fut faite dans la Chambre. Bientôt se joignirent à ceux que nous avons nommés MM. de Villèle, de Corbière, de Bouville, de Marcellus, de Puy-Maurin, et tous les députés du midi que M. de Vitrolles avait voulu réunir pour composer le centre de l'assemblée. C'est dans ce cénacle dirigé par un jésuite que s'assemblaient chaque soir les députés de la majorité. Là étaient élaborés et discutés les projets de loi, surtout ceux qui concernaient le clergé, et les mesures nécessaires pour lui rendre son ancienne splendeur et une toute nouvelle influence.

Aussi l'histoire de la Chambre introuvable est curieuse à étudier au point de vue qui nous occupe. Le parti clérical y étale ses aspirations sans déguisement, et l'on juge déjà de ce qu'il devait faire dans l'avenir, lorsqu'il serait parvenu au pouvoir, par ses néfastes intentions en 1816 ; une des premières propositions qui se produisirent, ce fut de rendre au clergé l'état-civil : la situation qui eût été ainsi faite aux juifs et aux protestants, n'arrêta point les membres de la Congrégation : eux seuls comptaient en France, eux et leurs amis. Le projet fut accepté à une grande majorité, et il en sera de même pour tous ceux dont nous parlerons. La loi sur le divorce, que déjà des tribunaux trop catholiques refusaient d'appliquer, fut abrogée. La loi sur le sacrilége, obtenue seulement sous Charles X, fut dès lors demandée par M. de Bonald qui réclamait comme châtiment la mort du coupable. Mais comme l'exécution par la guillotine rappelait trop la révolution, M. Duplessis, de Grénédan, réclama, pour toutes les peines capitales, l'ancien gibet plus expéditif et moins coûteux avec toutes les anciennes prérogatives. « Heureux les peuples, ajoute-t-il, dans une échappée oratoire, heureux les peuples, chez lesquels la tache d'un seul crime se transmet de père en fils. »

Les brèches par lesquelles on avait, lors de la première restauration, ouvert l'université au clergé ne suffisaient plus à l'impatience des ultramontains : on décida que la religion serait désormais la base de l'éducation : les colléges, les pensions se trouveraient sous la surveillance immédiate des archevêques et évêques qui en réformeraient les abus. Les évêques pourraient augmenter le nombre des séminaires selon les besoins de la religion, les ressources et la population de leurs diocèses. Ils nommeraient aux places de principal dans les colléges et pensions. Le principal choisirait les professeurs ; néanmoins, les évêques pourraient renvoyer parmi ceux-ci « *les sujets incapables, ou dont les principes seraient reconnus dangereux.* » Les universités dépendraient du ministre de l'intérieur. *On devait aviser aux moyens d'allier la religion et les mœurs au soin de faire fleurir les talents littéraires.* Enfin on supprimerait la commission centrale d'instruction publique qui remplaçait le grand-maître dans ses pouvoirs et attributions.

On le voit, la Congrégation ne voulait plus aucune entrave. D'ailleurs si ce projet ne fut pas mis à exécution par suite de la résistance libérale de la Chambre des pairs, les résultats furent à peu près les mêmes : on appliqua les mêmes idées par d'autres moyens. Quelques années plus tard, M. Frayssinous, évêque *in partibus* d'Hermopolis, devenu ministre de l'instruction publique, écrivait dans une circulaire aux évêques : « Depuis que Sa Majesté m'a fait l'insigne honneur de m'élever au poste redoutable de grand-maître de l'Université, j'ai été vivement frappé de deux pensées : la première, que l'éducation est une chose plus morale et religieuse que littéraire et scientifique. La seconde, que pour faire refleurir la piété et les bonnes mœurs dans les établissements d'éducation publique, *il faut que le zèle et les efforts continuels des principaux fonctionnaires de l'Université trouvent un appui dans l'assistance du clergé et surtout de ces premiers pasteurs*, qui gouvernent avec autant de sagesse que de dévouement les diverses portions de l'Église de France. Il importe d'ouvrir devant la jeunesse la carrière des connaissances humaines, et de donner à son esprit un essor généreux pour la rendre capable d'exercer avec honneur les différentes professions; *mais il importe encore plus de la prémunir par des habitudes vertueuses contre l'abus des lumières et des talents.* »

Si à cette époque, il n'y avait eu une véritable disette de prêtres et d'ecclésiastiques, disette d'autant plus grande qu'il en fallait de tous côtés et dans toutes les administrations, l'Université était perdue à jamais. Sous prétexte de principes subversifs de l'ordre moral, on en eût chassé tous les professeurs laïques pour les remplacer par des congréganistes. Voici un dernier fait qui prouve ce que nous avançons : une maison d'éducation laïque et privée dans le Midi était ouverte à tous les cultes ; le directeur y faisait professer la liberté religieuse comme le voulait la charte. On l'admonesta d'abord, puis on fit fermer son établissement, *parce que l'on y pervertissait la jeunesse* (1).

D'ailleurs, pendant la session (1815-1816) de la Chambre introuvable, ce fut au moment de la discussion du budget que les haines et les prétentions ultramontaines se firent le plus vivement sentir. On supprima les pensions attribuées par Napoléon aux prêtres mariés, pour en affecter les revenus aux prêtres bien pensants ; on rétablit les biens de main-morte, malgré l'article 906 du code civil. Enfin, on décida que la dotation de l'Eglise catholique, apostolique et romaine, se composerait désormais :

« 1° Des allocations portées au budget pour dépenses du culte et pour rentes viagères aux pensions ecclésiastiques montant ensemble à 41,621,307 francs, lesquelles allocations seront immobilisées et converties en une rente perpétuelle d'égale somme payable à dater du 1er janvier 1816. »

« 2° Des bois et autres biens provenant de l'ancien clergé et actuellement entre les mains du gouvernement, lesquels bois et biens seront immédiatement affectés à titre de propriété incommutable aux établissements ecclésiastiques. »

(1) Montlosier. Les Jésuites, les congrégations et le parti prêtre, 1827, in-8, Paris.

Heureusement, dans la Chambre des pairs, on pouvait opposer à ce débordement de passions fanatiques quelques éléments de raison. La plupart des projets de la Chambre introuvable y furent rejetés ou vigoureusement amendés. Nous rappellerons ici seulement le discours prononcé le 10 février 1816, par Châteaubriand qui ne peut être suspecté d'un libéralisme outré : « C'est par locution vicieuse, disait-il, que l'on dit *biens du clergé*. Le clergé n'a jamais rien possédé. Il ne peut posséder rien. Ce sont les églises qui sont seules propriétaires ; le clergé n'est que l'administrateur d'un patrimoine dont un tiers appartient à l'autel, un tiers aux pauvres, et dont le dernier tiers est destiné à l'entretien des ministres. » Plus tard, dans la même enceinte, il prononçait ces mots qui forment un aveu utile à retenir: « Homme privé, je suis sans alarmes sur les prétentions de la cour de Rome; pair de France et ministre d'État, je ne puis oublier que les parlements n'existant plus, que le Concordat ayant étendu en deçà des Alpes l'action immédiate du Saint-Siége, les libertés de l'église gallicane sont plus exposées, et le clergé plus nécessairement placé sous l'influence d'une autorité temporelle étrangère. »

Mais l'échec que les propositions ultramontaines subirent dans la Chambre haute ne découragea pas leurs auteurs. La dissolution prononcée par Louis XVIII contre les députés de 1815, n'éloigna pas pour toujours les membres de la Congrégation ; ils revinrent au nombre de cent dans la nouvelle assemblée. Celle-ci eut à s'occuper du fameux Concordat de 1817.

La commission ecclésiastique nommée par le roi en 1814 pour régler les différends qui s'étaient élevés entre le clergé du Concordat et le clergé de l'émigration n'avait eu aucun succès. Dans son zèle intransigeant elle demanda au pape par l'intermédiaire de Monseigneur de Pressigny, évêque non démissionnaire, envoyé en qualité d'ambassadeur auprès du Saint-Siége, de déclarer le Concordat de 1801 nul et non avenu, et de rétablir le même nombre d'évêchés qu'avant la Révolution. Pie VII refusa, il ne pouvait se déjuger ; d'ailleurs, il avança cette théorie, que le privilége de nommer suppose celui d'exclure (1) ; se déclarant d'autre part tout prêt à seconder le zèle du roi pour augmenter les siéges épiscopaux.

Louis XVIII se décida à envoyer un plénipotentiaire spécial à Rome pour arrêter un nouveau Concordat : le comte Blacas d'Aulps. Après de longues négociations, voici la convention qui fut

____

(1) Abbé Jauffret, 3ᵐᵉ vol.

signée par Consalvi et l'envoyé français, 11 juin
1817.

Le concordat passé entre Léon X et François Ier était rétabli. Celui de 1801 et les articles
organiques de 1802 demeuraient abrogés. Tous les
siéges épiscopaux supprimés en 1801 seraient
rétablis en tel nombre qu'un arrangement subsidiaire le déterminerait. Ces siéges ainsi que ceux
existants obtiendraient une dotation semblable.
Le roi s'obligerait à employer tous les moyens en
son pouvoir pour faire cesser le plus tôt possible
les désordres et les obstacles qui s'opposaient au
bien de la religion et à l'exécution des lois de
l'Eglise. Enfin les abbayes, prieurés et autres bénéfices qui pourraient être établis seraient gouvernés par des règlements prescrits par le Concordat de François Ier. Telles furent les propositions
du pape que le comte Blacas crut pouvoir accepter.
Il pensait même en cette occasion avoir fait acte
d'habile diplomate, car Consalvi l'avait effrayé en
réclamant le droit d'annates, que la Révolution
avait supprimé, et la possession d'Avignon et du
comtat venaissin, que le traité de Vienne n'avait
pas osé enlever à la France.

Le duc de Richelieu n'osa pas présenter ce Concordat devant les Chambres ; il fit une sorte de
projet organique qu'il soumit aux représentants

14.

du pays ; il avait eu soin d'y introduire celui des articles organiques qui défendait la circulation en France, sans l'autorisation du pouvoir exécutif, de tous brefs, rescrits ou bulles du pape. Dans son discours, lorsqu'il parla d'augmentation du nombre des évêchés, il fit remarquer que l'Assemblée constituante avait reconnu la nécessité d'en proportionner le nombre à la division civile. « Si vous en trouvez davantage, ajouta-t-il, c'est qu'il a paru bon de relever ces siéges qui ont fait à la fois l'honneur et la gloire de la France. »

Enfin, il s'étendit longuement sur l'article 13 du Concordat de 1801. Cet article contenait une disposition d'une grande importance. Le pape y déclarait que ni lui ni ses successeurs ne troubleraient en aucune manière les acquéreurs des biens ecclésiastiques aliénés, qu'en conséquence la propriété de ces mêmes biens, les fruits et revenus y attachés, demeureraient incommutables dans leurs mains ou celles de leurs ayant-cause. « Le roi a voulu, faisait remarquer le ministre, qu'il fût expressément déclaré dans le projet de loi que, si le Concordat de 1801 cessait d'avoir son effet, c'était sans préjudice des résultats qu'il avait produits, et sans porter atteinte à la disposition contenue dans l'article 13 de cet acte. » Enfin, M. de Richelieu termina en disant que le roi avait nommé des titu-

laires à quarante-deux nouveaux siéges archiépis-
copaux et épiscopaux et qu'il soumettrait à
l'examen des Chambres les deux bulles qui accom-
pagnaient le Concordat, avant de les mettre en
circulation.

Le mécontentement fut grand dans tous les
partis, mais surtout parmi les ecclésiastiques qui
ne s'étaient pas rallié au Concordat de Napoléon.
Quelques-uns, restés en Angleterre, critiquèrent
vivement le nouveau pacte dans une brochure qui
porte pour titre : *Convention du 11 juin 1817 développée, l'Eglise concordataire continuée, avec
des notices sur les nouveaux amalgamés*. L'archevêque de Londres ne put tolérer davantage
leurs récriminations : il les fit appeler chez lui et
exigea d'eux la signature de la déclaration suivante : « Je soussigné reconnais et déclare que je
suis soumis au souverain pontife, le pape Pie VII,
comme chef de l'Eglise, et que je communique avec
tous ceux qui sont en communion avec sa Sainteté
comme avec les membres de l'Eglise. » Tous n'y
consentirent pas, ou bien voulurent y apporter des
restrictions. Ils furent interdits de suite, et leur
interdiction confirmée par la cour de Rome.

En France, les discussions étaient vives. Les
ultramontains purs critiquaient l'article premier
du nouveau Concordat ainsi conçu : « Le roi seul

nomme en vertu d'un droit inhérent à la couronne, aux archevêchés et évêchés dans toute l'étendue du royaume. » Les libéraux, et Lanjuinais parmi eux, blâmaient cette augmentation d'évêchés, au moment où le budget était si obéré par les dépenses et les indemnités des guerres. Ils étaient irrités de voir, dans la bulle de circonscription des diocèses, que le pape élevait encore des prétentions sur Avignon et le Comtat venaissin.

Les travaux de la commission chargée par la Chambre d'examiner le projet, se ressentirent de cet état tumultueux de l'opinion. Enfin, après de longs pourparlers avec le ministre, on était à peu près d'accord ; le rapporteur, M. Rivière, procureur général près la cour royale d'Agen, était prêt, lorsqu'on apprit que le pape, dans un bref, anathématisait les travaux de la commission. Voici ce qui s'était passé :

Il y avait dans la commission deux membres de la congrégation, MM. Marcellus et Trinquelague. La conscience ultramontaine de ces représentants de la France ne leur permit pas d'accepter les modifications introduites par leurs collègues et par le ministre lui-même, au contrat intervenu entre MM. de Blacas et Consalvi. M. de Marcellus écrivit une lettre de soumission à son véritable chef, le pape, pour lui demander s'il était résolu à maintenir le Concordat du 11 juin ainsi que les bulles y annexées, et « *si un chrétien pouvait obéir à une loi qui serait en contradiction avec les dispositions primitivement convenues avec le Saint-Siége.* »

Pie VII s'empressa d'envoyer une réponse complimenteuse à ce fils dévoué ; nous n'avons pas besoin d'ajouter qu'il lui défendait d'obéir aux lois de son pays concernant la discipline du culte, et l'engageait à s'opposer avec courage à l'adoption du projet ; dans cette lettre, se trouve la phrase suivante que certainement le pape n'aurait pas écrite dix ans auparavant, même lorsqu'il supportait la dure prison de Savone : « Avide comme vous êtes de la vérité, il est impossible que vous ne reconnaissiez point qu'il est tout à fait déplacé que des décisions, données par le Saint-Siége sur des notions religieuses, soient ensuite soumises à la délibération d'un conseil de laïques quelque illustre qu'il puisse être. » M. de Marcellus s'empressa de porter cette lettre au grand aumônier en le priant de la soumettre au roi. Louis XVIII, réunit son conseil des ministres. On convint de retirer le projet. M. Lainé fut chargé d'opérer ce retrait, mais il ne le fit pas sans se répandre en récriminations contre M. de Marcellus.

Deux jours après la clôture de la session du Corps Législatif, le comte Portalis, fils de l'ancien ministre des cultes sous Napoléon, partit pour Rome avec une mission, soit de faire un nouveau Concordat, soit d'en conclure un nouveau, soit enfin de prendre un arrangement provisoire. Cet expédient temporaire reposait sur deux bases ;

1° Laisser les prélats en exercice, régir leurs diocèses respectifs, sans qu'il fût apporté aucun changement, ni dans les limites des diocèses, ni dans leurs rapports métropolitains :

2° Autoriser les évêques promus aux siéges existants avant 1817, à gouverner de même leurs diocèses dans l'état où ils se trouvaient avant la nouvelle bulle des circonscriptions.

Après trois mois de négociations, le pape désira connaître l'opinion des évêques de France sur la mesure proposée. Mais toutes ces dilations avaient des conséquences funestes pour l'Eglise de France. Chaque année, pour ainsi dire, on avait de nouveaux décès à enregistrer et les vacances des siéges épiscopaux devenaient plus nombreuses. Le pape allait se décider, lorsque survint la chute du ministère Richelieu et l'élévation du duc Decazes à la présidence du cabinet; ce ministre, d'après Vaulabelle, méprisait tout le monde, excepté le clergé. Une commission d'évêques titulaires, d'archevêques et de cardinaux français fut réunie, pour être interrogée sur la transaction proposée par le comte Portalis au pape. La discussion fut vive; l'assemblée prit la résolution d'interroger les évêques nommés en 1817 et qui se trouvaient à Paris, sans emploi, au nombre de vingt-six. L'opposition de ces prélats fut encore plus grande que celle des premiers. Ils demandèrent l'exécution stricte du Concordat de 1817, s'en remettant d'ailleurs au Saint-Siége s'il croyait devoir prendre d'autres dispositions.

Pie VII comprit enfin que toutes ces lenteurs nuisaient à la religion et même à l'influence de Rome, bien plus que l'accord proposé par Louis XVIII. Il demanda au roi de s'engager par écrit à créer de nouveaux évêchés, à mesure que les pensions ecclésiastiques s'éteindraient, et au reçu de cette garantie, il signa la convention provisoire du 19 août 1810.

La position du ministère à cette époque est fort curieuse et la discussion du projet apporté à la tribune par le comte Siméon la mit vivement en lumière. D'un côté, il se trouvait harcelé par les libéraux qui combattaient courageusement pour l'exécution stricte et loyale de la Charte. De l'autre, il était sapé par des hommes qui l'estimaient trop libéral et trop peu énergique pour la défense des saintes doctrines catholiques. Dans ce dernier parti fut choisie la commission chargée d'examiner la loi qui était soumise aux Chambres.

Le ministère avait dû, le 23 décembre précédent, faire supprimer par le roi, sur avis conforme du conseil d'Etat, un mandement de l'évêque trop zélé de Poitiers, à la suite duquel ce prélat s'était permis d'imprimer un bref du pape sans avoir demandé à ce sujet l'autorisation du gouvernement comme l'exigeaient les articles organiques de 1801. Le parti clérical ne devait pas pardonner aux ministres cette juste application de la loi, dont ses incartades seules le rendaient victime. Le comte Siméon avait proposé d'établir de suite douze nouveaux siéges épiscopaux. La commission en voulut trente, ne pouvant supporter qu'on subordonnât la création des évêchés à la mort des prêtres pensionnés. D'ailleurs, elle niait la nécessité pour le roi de consulter la Chambre sur ce sujet; le rapporteur, M. de Bonald, reprenait la thèse que Pie VII avait indiquée dans sa lettre à M. de Marcellus : « La Chambre, disait-il, n'est qu'un *pouvoir pécuniaire* qui fournit l'argent nécessaire aux évêchés sans avoir à se préoccuper de leur nombre déterminé par le roi et le pape seuls... Votre commission s'est proposée d'éviter que l'établissement des évêchés fût pour les consciences timorées, une nouvelle occasion de troubles et d'inquiétudes, ce qui arriverait peut-être, si la loi que nous allons rendre rappelait dans ses termes dès époques et des lois qu'il faut oublier, et autorisait à supposer que la Chambre des députés, assemblée laïque, veut assigner des limites au pouvoir du roi et à celui du Saint-Siége. » On ne pouvait injurier plus directement la Charte, et le cabinet eut beaucoup de peine à faire réussir son projet qui, examiné et voté rapidement par la Chambre des pairs, fut bientôt mis à exécution.

Tandis que les congréganistes députés luttaient avec ce succès dans l'Assemblée, dont ils formaient un des groupes les plus nombreux, la propagande de la société s'étendait de plus en plus. L'abbé Legris-Duval était mort en 1819 ; il fut remplacé comme directeur de la Congrégation, par le père Ronsin, de la Société de Jésus, qui rentré subrepticement en France sous le nom des Pères de la Foi, ne cachait plus aujourd'hui, ni son nom, ni ses tendances. En 1821, ses membres avaient déjà un certain nombre d'établissements d'éducation à Lyon et dans d'autres villes, et n'avaient pas craint de fonder une maison-mère de novices-jésuites, à Paris même, dans le quartier de Montrouge.

Sous l'habile impulsion de son directeur, la Congrégation avait fait des progrès rapides. Tandis qu'elle établissait deux importantes succursales, l'une à Lyon, gouvernée par l'abbé Franchet, l'autre à Amiens, par l'abbé Renneville, elle installait autour d'elle une quantité de petites sociétés qui relevaient d'elle ; on notait surtout la société des bons livres, la société des bonnes lettres, la société des bonnes études. La création de ces *petites confréries* avait un double but : le premier, de réagir contre les idées et les principes de la Révolution, le second, de confondre, en la cachant derrière elle, l'existence de la Congrégation politique, et de dérouter ainsi les observations trop curieuses de l'esprit libéral, aussi faut-il bien distinguer *l'affiliation* à ces associations subsidiaires et *l'initiation* à la Congrégation.

La société des bons livres avait pour but d'expurger les bibliothèques, d'en faire chasser tout ce qui tenait de loin ou de près à la philosophie du dix-huitième siècle. Celle des bonnes lettres avait pour but de réunir des jeunes gens poètes ou prosateurs, et de leur apprendre à bien dire, en respectant le dogme, la foi et les idées ultramontaines. Enfin, celle des bonnes études devait revoir les auteurs latins, grecs et français, et en enlever tout ce que la morale et surtout la pruderie jésuitique réprouve (1). Ces trois sociétés étaient ainsi chargées de s'emparer de l'esprit de la jeunesse, et des

(1) Chaque association particulière avait une administration spéciale qui se composait uniformément d'un ecclésias-

hommes faits, tandis que par les établissements d'instruction et les frères de la doctrine chrétienne établis en 1820, on s'emparait de celui des enfants. La Congrégation personnellement avait pour but de s'attaquer à tous les postes du gouvernement et de l'administration, et d'y placer ses initiés pour conquérir le pouvoir.

Sous le directeur général, le père Ronsin, venaient deux directeurs laïques, appelés *coryphées,* c'étaient MM. Jules de Polignac et Mathieu de Montmorency. Les séances de la Congrégation avaient toujours lieu dans l'ancien hôtel des Missions étrangères; dans la chapelle on célébrait la messe avant toute séance ; le *portier* prenait les noms de tous les membres qui voulaient communier, et, une fois la messe dite, la chapelle se changeait en salon de conversation. Dans les commencements, à chaque réunion, on y faisait l'appel nominal des membres; plus tard, lorsque ceux-ci furent trop nombreux, le directeur chargea des inspecteurs, connus de lui seul, de signaler l'ab-

tique directeur et de cinq dignitaires, ayant le titre de préfet ou président, vice-préfet ou vice-président, trésorier, vice-trésorier, et secrétaire, enfin six ou huit conseillers laïques. Ces titres se renouvelaient tous les ans le 8 décembre, anniversaire de l'Immaculée-Conception. La Congrégation avait de plus un lecteur, un portier, un sacristain, un vice-sacristain.

sence des manquants. En 1821, le nombre des initiés à la Congrégation proprement dite était de deux cent quatre-vingt-dix. Il se décomposait ainsi :

Trois membres de la famille royale : Louis XVIII et le duc de Bourbon, qui faisaient partie plutôt nominalement qu'effectivement de la Société ; le comte d'Artois, qui était avec le Père Ronsin le véritable chef de la Congrégation.

Un prince.

Deux ducs.

Quinze marquis.

Trente-quatre comtes.

Huit vicomtes.

Vingt-et-un barons.

Trente-cinq chevaliers.

Quatre-vingt-onze membres dont les titres sont compris dans les suivants : ministre, pair, député, lieutenant-général, maréchal-de-camp, conseiller à la cour de cassation royale, etc.

Mais il existait à Paris même une succursale plus nombreuse, intitulée *Congrégation de Saint-Nicolas-du-Chardonnel*, dont le curé de cette paroisse était le chef, et dont les membres étaient recueillis dans tous les corps de métiers et dans toutes les professions.

Les initiés avaient pour devise celle qui était

inscrite sur la bannière de la Congrégation : « *Cor unum, anima una,* » et pour signe de ralliement, un anneau d'argent ou d'or sur le chaton duquel était gravé un cœur de Jésus : l'anneau du père Ronsin, par humilité sans doute, était en argent.

Pour être admis dans la Congrégation, la première condition était d'être présenté par un père jésuite. Le candidat recevait alors le titre de *probationnaire* et était admis aux réunions de quinzaine pendant un certain laps de temps qui permettait à des inspecteurs secrets de le juger. Il était enfin admis membre et prêtait serment, aussitôt après avoir entendu la messe et communié dans la chapelle de la société. Voici la traduction de ce serment dont la formule était en latin :

« Sainte Marie, Mère de Dieu et Vierge, moi (le récipiendaire prononçait ici son nom) je te choisis aujourd'hui pour ma maîtresse, ma patronne, mon avocate, et m'engage fermement *à ne jamais te délaisser, à ne dire ou faire jamais aucune chose contre toi, ni à permettre que par mes subordonnés aucune chose soit faite contre ton honneur.* Je te supplie donc de m'accepter pour ton serviteur perpétuel, assiste-moi dans toutes mes actions, ne m'abandonne pas à l'heure de ma mort. Ainsi-soit-il. »

Il est facile de juger de la puissance que le directeur de cette Société devait acquérir d'après les termes mêmes de ce serment. Or, comme le directeur, jésuite lui-même, en avait prononcé un plus complet encore comme *anéantissement* personnel, on est effrayé de la force dont disposait la Société de Jésus sous la Restauration. Pourtant ces armes pour combattre la Révolution ne lui suffisaient pas. De tout temps elle avait aimé, ce qui est dans ces statuts d'ailleurs, à grouper autour d'elle un grand nombre de laïques connus sous le nom de Jésuites de robe courte. Voici ce que dit à ce sujet Lacretelle, un historien éminemment royaliste, on ne peut pas le nier (1).

« Cette Thébaïde (établissement de Montrouge) retentissait perpétuellement du fracas des voitures.

« Plusieurs grands étaient aussi assidus à ce pélerinage qu'aux visites des Tuileries. Les croix d'or et les cordons brillaient au milieu des cellules. Là, on pouvait voir les novices jésuites assujettis, non aux austérités des frères de la Trappe, mais à un genre de servage plus dur. Ce n'était pas leur corps, c'était leur volonté qui était torturée par des ordres capricieux, contradictoires, par des pratiques qui changeaient de quart d'heure en quart d'heure. Le travail auquel ils étaient le moins propres, pour

____

(1) Histoire de la Restauration, tome II, chapitre XX.

lequel ils montraient le plus de dégoût était celui qui leur était le plus fréquemment imposé. Il semblait qu'on les rendait esclaves pour leur faire goûter mieux le plaisir, de se créer à leur tour des esclaves parmi les puissants de la terre. Aussi leur procurait-on la consolation de voir nombre d'hommes titrés et recommandables même à d'autres titres que celui de la naissance, acheter, par d'humiliantes et bizarres épreuves, la faveur de participer aux grâces répandues sur l'ordre d'Ignace de Loyola et d'être reconnus, au milieu du monde et de la cour, *Jésuites* de robe courte. Une de ces épreuves était que le néophyte devrait au jour de sa réception recueillir les miettes de la table délicate où les jésuites étaient assis. Des âmes ainsi brisées par cet asservissement volontaire devaient conserver peu de goût, peu de respect pour la liberté civile et politique, et faire une guerre secrète à nos institutions, même en se couvrant de leur appui. »

C'était, en effet, une véritable guerre, un véritable assaut livré aux charges de l'État et surtout au ministère où, à cette époque, la congrégation avait déjà réussi à faire entrer comme ministres sans portefeuille, le 22 décembre 1820, MM. de Villèle et de Corbière, et à faire attribuer à ce dernier la présidence du conseil royal de l'instruction publique. Elle profita de la présence de ces deux membres dans le cabinet, pour faire donner à des royalistes ultramontains la présidence de la plupart des colléges, où devaient avoir lieu des élections, pour le renouvellement partiel de la Chambre, en 1821. Aussi, à la rentrée des Chambres, après les élections, ses partisans se trouvèrent-ils en assez grand nombre pour renverser le duc de Richelieu. Le 14 décembre suivant prenait en main le pouvoir un ministère dont cinq portefeuilles appartenaient à des membres de la Congrégation. MM. Mathieu de Montmorency (affaires étrangères), Corbière (intérieur), de Villèle (finances), de Peyronnet (justice), de Clermont-Tonnerre (marine). Les deux seuls ministres qui ne fussent pas des initiés étaient MM. de Lauriston (maison du roi), et le maréchal Victor duc de Bellune (guerre). Un des premiers actes du nouveau ministère fut de remettre à quatre de leurs confrères en Congrégation, quatre des services les plus importants : à M. Franchez-Despery la direction générale de la police, à M. Delaveau la préfecture de police, au duc Doudeauville la direction générale des postes, à M. le lieutenant-général comte de Coutard, le commandement de la première division militaire. La magistrature était envahie depuis longtemps. Il est légendaire cet ecclésiastique qui, juge d'instruction au tribunal de Melle en 1818, lançait des mandats d'amener après avoir rempli ses fonctions de prêtre et dit sa messe (1).

Encore plus assuré qu'autrefois du gouvernement, le parti de la contre-révolution continuait sa propagande avec plus d'audace et de violence. Les missions dans l'église des Petits-Pères à Paris, provoquèrent des troubles, et l'intervention de la force armée. « On nous demande s'écriait M. de Caumartin, lors de la discussion du budget en 1822, des augmentations pour la gendarmerie. Est-ce donc pour l'employer à former l'escorte de ces caravanes religieuses qu'un prosélytisme perturbateur met partout en mouvement ? » Si l'un des députés de la gauche interpellait le gouvernement pour faire cesser la cause des désordres, il se buttait à un refus sous prétexte que les prédications se faisaient dans l'intérieur des églises. C'est à ce propos que M. de Chauvelain s'écria un jour : « Faire écorcher tout Paris pour le bon plaisir de quatre jésuites !! »

D'ailleurs, la presse cléricale enregistrait avec orgueil les conversions produites par ces sermons, en simulant les tenir pour bonnes et véritables. « Toute la garnison de Périgueux, imprima un de

(1) Vaulabelle, Histoire des deux Restaurations.

ces journaux, s'est convertie sous les paroles évangéliques de Monseigneur l'Évêque qui s'est rendu dans ce but dans les casernes, assisté de quatre autres prélats. » C'est à cette époque que se produisit cette scandaleuse affaire dont fut victime M. Donglas-Loveday, un Anglais protestant retiré en France depuis la Restauration. Forcé de retourner en Angleterre pour quelques jours, il avait eu l'imprudence de laisser sa fille et sa nièce, protestantes comme lui, dans une congrégation catholique; il ne les retrouva plus à son retour; elles étaient converties. Sa nièce revint chez lui, mais sa fille le laissa sans nouvelles : elle avait disparu sans que rien ne put faire deviner le couvent où elle s'était retirée. M. Loveday adressa une pétition aux Chambres. On lui répondit par une fin de non-recevoir. Le député Manuel demanda le renvoi au ministre de la justice, il ne fut pas écouté. M. de Bonald dit pendant cette discussion, que « le prosélytisme étant de l'essence de la religion catholique, tout fidèle avait pour devoir de ramener ses semblables dans le giron de l'Eglise : qu'on avait eu le droit d'agir ainsi qu'on l'avait fait; que si les personnes accusées méritaient quelque reproche, ce serait d'avoir montré trop de tiédeur. « Trop de tiédeur! » messieurs, répliqua Manuel; trop de tiédeur! lorsque la nièce de

M. Loveday, convertie comme sa fille, a été baptisée, confessée, admise à la communion le 4 juin ! »

Cependant le parti clérical, si affermi qu'il fût, craignait *ces générations élevées à l'école de la Révolution et de l'usurpation.* Déjà la présence de M. de Corbière, comme président, au Conseil de l'Instruction publique, avait donné l'entrée de l'Université à quantité de prêtres : le ministère congréganiste nomma l'abbé Nicolle recteur de l'Académie de Paris, et rétablit le titre de grand-maître en faveur de l'abbé Frayssinous, tout dévoué aux jésuites. A son entrée en charge, cet abbé envoya une circulaire à ses subordonnés où se trouve le passage suivant. « Celui qui aurait le malheur de vivre sans religion, ou de ne pas être dévoué à la famille royale régnante, devrait bien sentir qu'il lui manque quelque chose pour être un digne instituteur de la jeunesse. Il est à plaindre ; même il est coupable. Je n'ai pas le droit d'interroger les consciences, mais, certes, j'ai bien celui de surveiller l'enseignement et la conduite. Les maîtres pourraient-ils oublier que le vrai moyen de donner à l'enfance et à la jeunesse des habitudes religieuses, c'est d'en avoir eux-mêmes, et qu'ici l'autorité sans exemple demeure sans force. »

Mais en même temps que l'on protégeait l'enseignement clérical, il fallait tuer celui qui était donné par des maîtres laïques ; on supprima une subvention de cinquante mille francs qui jusqu'alors avait toujours été accordée à un établissement d'instruction primaire mutuelle : le fondateur en était le comte Alexandre Laborde, membre de la gauche, et on poussa l'infamie jusqu'à confisquer toutes les lettres qui lui étaient adressées avec ce titre. L'école normale supérieure fut supprimée, Royer-Collard et Guizot destitués de leurs chaires de professeurs de Faculté. Enfin la librairie fut soumise à la surveillance méticuleuse de la police.

Enfin on poussa l'audace jusqu'à déposséder des officiers ministériels, des avoués, des huissiers mal pensants. Il fallait épurer toutes les branches de l'administration : tous les greffiers de l'arrondissement de Céret furent destitués. Dans le seul département du Haut-Rhin, il y eut trente-huit huissiers changés. Le président du tribunal refusa même de recevoir le serment des jeunes notaires, prêts à entrer en charge, parce qu'ils n'avaient pas répondu d'une façon correcte aux questions suivantes : « Aimez-vous la famille des Bourbons? aimez-vous la légitimité ? »

Cependant le parti prêtre n'avait pas encore osé violer ouvertement la Constitution. La raison en était que la Chambre élue pour cinq ans devait être renouvelée par cinquièmes; il craignait de voir, à la moindre infraction à la Charte, le pays augmenter le nombre des députés de la minorité, et d'un autre côté il sentait que la majorité, ne fût-elle pas déplacée, un espace de cinq ans était insuffisant pour mettre ses projets à exécution. Il prit la résolution de faire prononcer la dissolution par le ministère et de provoquer des élections pour la création d'une nouvelle Chambre qui se déclarerait septennale : il voulait ainsi changer l'article 37 de la Charte.

M. de Villèle avait failli se faire renverser par son opposition à l'intervention en Espagne : il était resté au poste éminent qu'il occupait grâce à son adhésion de la dernière heure à la guerre faite contre la révolution au-delà des Pyrénées. Il avait donc à racheter les bonnes grâces de la congrégation par une soumission empressée, et, le 24 décembre 1823, il apportait la dissolution tant désirée avec un décret convoquant les électeurs pour le mois de février suivant.

Nous n'avons pas à apprécier ici la conduite du ministre ni de ses agents pour obtenir les élections conformes à ses volontés. Nous devons uniquement tâcher de démêler qu'elle a été la part du clergé dans cet amas de vilenies. Les documents ne manquent pas ! Les évêques savaient bien qu'il s'agissait de faire triompher l'influence cléricale.

Tous les mandements de l'époque se ressemblent dans le fond, et varient seulement pour la forme ; les uns ordonnent, les autres menacent, d'autres enfin, mais en plus petit nombre, semblent supplier. Mais la plus curieuse lettre pastorale qui nous soit tombée sous les yeux est celle du cardinal Clermont-Tonnerre, archevêque de Toulouse. Sans ambiguïté aucune, sans déguisement d'aucune sorte, le prélat y parle des projets du gouvernement; il fait entendre que si on travaille pour le trône, l'Eglise compte bien aussi avoir sa part dans le butin : il étale avec complaisance les revendications que le clergé entend faire après la victoire, et quant à lui, fort des derniers sentiments exprimés par le Saint-Siége, il compte demander les modifications suivantes à apporter à la Chartre et au Code :

1° Abrogation ou changement des lois relatives à la tenue des registres de l'état-civil;

2° Le rétablissement des synodes diocésains et des conciles provinciaux ;

3° Réhabilitation des fêtes solennelles supprimées;

4° Rétablissement des ordres religieux ;

5° Indépendance des ministres du culte ;

6° Rétablissement des attributions, des officialités diocésaines et métropolitaines ;

7° Réorganisation des chapitres ;

8° Suppression des articles organiques.

Le jour du vote arriva. On vit des curés se mettre en tête de leurs paroissiens pour aller au scrutin et surveiller leur passage devant l'urne. La majorité en faveur du ministère fut écrasante : treize libéraux à peine furent élus. Ils avaient été près de soixante-douze avant le mois de décembre 1823. Aussi la nouvelle Chambre reçut-elle le nom de Chambre retrouvée.

Le résultat de ces élections se fit sentir dès le jour où fut votée la réponse à l'adresse du roi ; les deux phrases suivantes y avaient été insérées :

« La religion réclame pour le culte des lois protectrices, pour les ministres une existence plus digne d'eux. »

« L'éducation sollicite un appui nécessaire. »

Mais on comprit encore mieux quelque temps après les tendances du parti clérical et les intentions du ministère : deux projets de loi furent simultanément portés devant le parlement ; à la Chambre des pairs fut soumis celui de la septennalité des députés; à ceux-ci on demanda la conversion de la rente.

Le changement de l'article 37 de la Charte, rencontra peu de résistance à la Chambre des pairs et aucune à celle des députés. Il n'en fut pas de même du second projet de loi.

M. de Villèle proposa de changer le 5 p. % dont le cours variait à cette époque de 101 à 102, 50 en 3 p. % dont il fixait le capital à 75 francs. En d'autres termes, c'était une réduction de 1 p. % avec cette différence que les rentiers avaient la faculté de refuser la conversion, et d'exiger le remboursement de leur rente 5 p. % au pair.

Si la plupart des rentiers avaient usé de cette disposition, l'opération serait devenue impossible, car il eût fallu rembourser un capital de près de trois milliards. Aussi l'effroi fut grand. Peu habitués aux opérations financières telles qu'il serait possible au gouvernement de les présenter aujourd'hui, les rentiers en 1824 assimilaient cette réduction aux anciennes suppressions arbitraires des quartiers de rente. Tous les raisonnements échouaient devant le souvenir des désastres causés dans les patrimoines privés par les mesures financières de ce genre : « Il résultait en effet des « citations faites par les journaux de l'opposition, « qu'une rente de dix-huit mille francs achetée « cinquante ans auparavant en échange d'un ver- « sement de trois cent quatre-vingt mille francs, « se trouvait réduite en 1824 par les réductions « successives d'intérêt à trois mille francs d'in- « térêt d'un capital de soixante mille francs. M. de « Villèle faisait descendre ces trois mille francs

« à deux mille quatre cents francs qui donnaient
« droit, il est vrai, à un titre nouveau qui élevait
« le capital de ces deux mille quatre cent francs,
« à soixante-quinze mille francs. »

Cette augmentation de capital était l'appât sur
lequel M. de Villèle fondait ses espérances pour
arriver au but qu'il s'était proposé. Il ne s'agissait,
ni pour lui, ni pour la congrégation, de faire béné-
ficier le trésor d'une diminution de vingt-huit
à trente millions d'intérêt annuel; le véritable
motif de cette opération financière était de « fermer les dernières plaies de la Révolution, » ce
qui voulait dire en langage dévôt « rembourser
aux émigrés le prix de leurs biens vendus. »
Trente mille francs de rentes 3 p. % émises au
taux de soixante-quinze francs donnent en capital
nominal un milliard. C'était ce milliard que M. de
Villèle entendait distribuer aux émigrés.

Le projet passa sans aucune difficulté à la
Chambre des députés. Mais il devait échouer devant la Chambre des pairs. C'est là que commençait
à se former une opposition sérieuse contre le fanatisme du parti prêtre; cette opposition se composait
de tous les royalistes mécontents que la congrégation avait peu à peu chassés de leurs hautes fonctions, de tous les partisans sincères de la monarchie qui voyaient avec effroi cet envahissement

clérical et enfin de quelques membres libéraux qui y avaient été introduits comme par erreur lors de la seconde Restauration. Cette opposition pourtant n'osait pas se ranger ouvertement du côté des membres de la gauche qui avaient repoussé le projet de conversion par des discours vigoureux, on eût dit qu'elle attendait une impulsion, un mot d'ordre. Il lui fut donné par M. de Quélen, l'archevêque de Paris. La congrégation, voyant la naissante résistance de la Chambre des pairs, s'était empressée d'exiger de M. de Villèle, l'introduction dans cette assemblée d'un certain nombre d'ecclésiastiques au commencement de 1823. Les cardinaux étaient assis au rang des ducs, les autres prélats au rang des comtes ; le 30 mars 1824, il y en avait neuf. Deux ans après on comptait dix-huit congréganistes dans la Chambre des pairs. Quel motif poussa M. de Quélen dans cette circonstance ? Son discours fut-il inspiré par la commisération qu'il disait éprouver pour le sort fait par la nouvelle loi aux petits rentiers, comme ses actions le furent en 1832 par les terribles maux engendrés par le choléra ? Vaulabelle pense qu'il céda à la pression de plusieurs société religieuses qui avaient beaucoup d'argent placé sur l'État. Il est difficile de se ranger à cet avis ; à cette époque, les intérêts de la congrégation primaient tous les autres. L'archevêque céda-t-il à un mouvement de cupidité personnelle ? Malgré l'accusation infamante portée plus tard contre lui par un autre ecclésiastique, nous en doutons. Le temps seul permettra peut-être de bien connaître cette époque de la vie de M. de Quelen. En tout cas, il est fort curieux de voir qu'en 1817, un fanatique ultramontain, M. de Marcellus, en 1824 un des premiers prélats de France contre-carrèrent, par leur conduite légère ou calculée, deux des projets que souhaitait le plus le parti clérical. L'abolition du Concordat de 1801 qui demeura intacte puisque celui de 1817 ne put recevoir d'application, et le projet de conversion de rente qui avait été une des causes principales de la dernière dissolution de la Chambre.

Cet échec ne découragea pas la majorité des députés. Vers la fin de la session, le 9 juillet 1821, M. Ferdinand de Berthier, dans un discours bouillant, annonçait le programme de l'avenir : « Devenus Chambre septennale, disait-il, nous avons plus de temps que la Chambre de 1815 pour méditer et activer ces différents objets. A la vérité, que de nécessités à satisfaire ! Abroger les lois impies de la Révolution et punir le sacrilège ; rendre aux liens du mariage toute leur sainteté en faisant précéder l'acte civil de la cérémonie religieuse ; donner au clergé une existence indépendante telle que l'exigent l'intérêt du clergé et celui des pauvres ; consoler le roi de la spoliation de ses compagnons d'infortune ; revoir nos codes et les mettre plus en harmonie avec nos senti- ments religieux et nos institutions monarchi- ques : diminuer les rouages de l'administration : Quel vaste champ à parcourir ! »

Pendant ce temps, le ministère congréganiste continuait son œuvre. Les journaux libéraux avaient été muselés par le rétablissement sévère de la censure ; les journaux royalistes non cléri- caux qu'on ne pouvait faire taire par ce moyen, furent achetés.

C'est ainsi, que les feuilles dont le titre était la *Foudre*, l'*Oriflamme*, le *Drapeau blanc*, la *Ga- zette de France*, le *Journal de Paris*, les *Tablettes*, devinrent des journaux officieux du gouvernement. Seuls, le *Courrier* et la *Quotidienne*, les plus puis- sants des journaux de l'opposition royaliste, firent bonne contenance. M. Corbière se crut assez fort pour leur faire un *procès de tendance*. Mais déjà la magistrature commençait aussi à voir clair dans le rôle qu'on lui faisait jouer : elle acquitta les deux journaux.

D'ailleurs, l'envahissement des charges publi- ques continuait. Le conseil d'État fut régénéré. On élimina un certain nombre de membres promus par les précédents ministères, et on les remplaça par des députés congréganistes. De plus, on admit deux archevêques et un évêque, afin *d'introduire un nouvel élément* dans la composition de ce corps administratif. Enfin, sur les instances de M. l'abbé Liautard, Louis XVIII rétablit le ministère des cultes (qu'on aurait voulu nommer le *ministère de la religion*) et il le confia à l'abbé Frayssinous qui avait déjà entre les mains l'instruction publique.

Cette ordonnance fut une des dernières signées par Louis XVIII. Depuis deux ans il n'était plus roi que nominalement. Son frère, assisté de ses ministres, gouvernait à sa place. Charles X prit le titre de roi en septembre 1824 : il n'oublia pas un instant qu'il était membre de la congrégation ; aussi n'est-ce pas sans raison que ses contemporains ont appelé son règne le gouvernement des curés ; il eût été cependant encore plus juste de dire le règne des jésuites. L'histoire de ces quelques années fait apprécier quelle haine anima le parti clérical contre les idées et les principes de la Révolution et jusqu'où peut aller son hypocrisie.

Voici un extrait du discours prononcé par Charles X en montant sur le trône :

« J'ai promis comme sujet de maintenir les institutions que nous devons au roi dont le ciel vient de nous priver. Aujourd'hui que le droit de ma naissance a fait tomber le pouvoir entre mes mains, je l'emploierai tout entier à consolider pour le bonheur de mon peuple le grand acte que j'ai promis de maintenir. »

Le 29 septembre, comme pour donner sanction à cette promesse, la censure était abolie. La joie fut grande dans Paris, mais aussi de courte durée. Les esprits clairvoyants s'aperçurent bientôt que rien n'était transformé : un fait surtout, qui en rappelle deux autres, déjà rapportés dans ce volume, le donna à entendre.

L'acteur Philippe mourut d'une attaque foudroyante d'apoplexie, par conséquent sans avoir reçu les sacrements. Comme il avait beaucoup d'amis, son convoi fut nombreux. Déjà il prenait le chemin de l'église paroissiale, lorsqu'un gendarme vint annoncer qu'on eût à se diriger directement au cimetière. L'indignation des assistants fut augmentée par celle de la foule; on se rappela les scènes qui s'étaient passées à l'enterrement de mademoiselle Raucourt, et l'on crut que le roi avec ses bonnes dispositions ferait justice. Le corps fut transporté aux Tuileries et une députation demanda à parler à Charles X. M. Corbière la reçut. Il répondit aux plaignants qu'il lui était impossible de s'opposer à une décision prise par un ministre du culte. Enfin, sur l'insistance des délégués, le roi fit prévenir que tout était arrangé, qu'il avait pris les dispositions voulues. Sur cette parole à double sens, le convoi repartit en effet, espérant que les portes de l'église allaient s'ouvrir, et qu'un prêtre dirait pour Philippe les prières habituelles. Mais le préfet de police avait eu le temps de prendre ses mesures. Lorsque le convoi arriva à la hauteur de la porte Saint-Denis, des soldats dispersèrent la foule, s'emparèrent du corps et le menèrent directement au cimetière.

Le 22 décembre suivant commença la première session législative du nouveau règne. Dès l'abord, on reprit le programme annoncé ; coup sur coup, deux projets furent présentés à la Chambre des pairs. Le premier était relatif aux communautés religieuses des femmes : le ministère demandait pour elles, entre autres immunités, qu'elles fussent autorisées à s'établir sur une simple ordonnance royale et à recevoir librement par donation ou testament. Lanjuinais s'éleva vigoureusement contre ce projet : — « Qu'est-ce qu'une communauté, dit-il ? un être fictif auquel on attribue une capacité civile et des priviléges fort étendus. Or, pour établir une *fiction légale* il faut une *loi*, et cette loi les Chambres seules peuvent l'édicter. » Et comme on lui répondait que la matière était trop peu importante pour qu'on y fît intervenir le pouvoir législatif, et que les couvents étaient trop pauvres pour qu'on leur fît subir tous les retards d'une longue procédure, il repartit : « Trop peu nombreux ? on compte dix-huit cents communautés en France et deux cents dans un seul département. Trop pauvres ? Tel couvent que je pourrais vous dire a coûté cinq cent mille francs d'acquisition. »

Le duc Pasquier vint à l'aide de Lanjuinais et leurs efforts l'emportèrent sauf quelques modifications de détails. Il ne devait pas en être de même du second projet : la fameuse loi sur le sacrilége. La proposition du ministère contenait les phrases suivantes :

« La profanation des vases sacrés et des hosties consacrées est crime de sacrilége.

« Toute voie de fait commise sur les vases sacrés ou sur les hosties est déclarée profanation.

« La profanation des vases sacrés est punie de la mort simple ; la profanation des hosties consacrées de la peine de parricide. »

Déjà en 1824 le ministère avait proposé la loi, devant la Chambre des pairs ; mais le premier projet était trop indulgent au gré de l'évêque de Troyes, et M. de Villèle l'avait retiré ; cette fois, il avait tenu à rentrer en grâce. Il pria M. de Bonald de soutenir la loi; cet ultramontain d'un autre âge ne craignit pas de terminer son discours par cette pensée : « Quant au criminel sacrilège, que faites-vous par une sentence de mort? sinon de l'envoyer devant son juge naturel.

La loi fut votée par cent vingt-sept voix contre quatre-vingt-douze, et lorsque le quinze avril suivant, on la présenta à la Chambre des députés, elle fut adoptée à une majorité de cent quinze voix.

Les ecclésiastiques de la Chambre des pairs avaient voté la loi, quoique l'Évangile défende de verser le sang, sous prétexte que leur ministère sacré ne leur interdisait pas d'accomplir leurs devoirs de pairs; aussi ces hommes, qui se prétendaient les représentants sur la terre du Dieu de bonté et de charité, admirent ces dispositions sanguinaires par une capitulation de conscience digne des casuistes dont la compagnie tenait sous son joug le gouvernement et le pays !

Après le sacre de Charles X, la puissance du clergé était arrivée à son plus haut degré. Violent, inquisitorial, confiant dans le pouvoir que lui donnait la possession de la plupart des charges de l'État, il se croyait assez fort pour enrayer la marche des idées, les faire rétrograder jusqu'avant 1789 et obliger les nouvelles générations à revenir au vieil ordre religieux et politique. Dans ce but, l'absolue soumission des esprits devenait une nécessité, et la contrainte, le meilleur moyen. « On tourmente toutes les consciences, disaient les journaux de l'opposition à cette époque, on ne peut ni naître, ni vivre, ni mourir en paix. » Chaque matin ils enregistraient de nouveaux faits de prosélytisme, d'intolérance; tantôt il s'agissait de jeunes filles enlevées à leur mère par leur confesseur, ou par quelque catholique ardente et qui venaient de s'enfermer dans un couvent, tantôt de jeunes protestants qui se dérobaient à la surveillance paternelle pour se réfugier dans quelque établissement pieux où ils abjuraient la croyance dans laquelle ils étaient nés. Ici, on refusait le mariage religieux ou le parrainage à des citoyens notés pour ne pas accomplir leurs devoirs de catholiques. Là, on n'accordait l'aumône qu'aux porteurs de billets de confession. Pendant les processions, les passants, sous peine de se voir maltraités, fussent-ils juifs, turcs, ou calvinistes, devaient se découvrir et s'agenouiller. Enfin le zèle fut poussé si loin, que des missionnaires ne craignirent pas de faire concurrence aux représentations théâtrales. Ils recommencèrent en grand les jongleries qu'ils avaient employées avec un si funeste succès en 1790. Voici ce que dit Vaulabelle à ce sujet:

« A plusieurs reprises et dans différentes localités du département de la Meurthe, entre autres, les missionnaires annoncent pour l'exercice du soir un sermon sur le jugement dernier, trois ou quatre mille auditeurs accourent à l'église, un missionnaire monte en chaire : il parle longtemps, sa parole s'échauffe par degrés : puis, lorsqu'au milieu du profond silence des assistants et de l'obscurité qui règne dans l'édifice, il arrive à retracer la comparution des morts devant le souverain juge, il tonne contre les impies, il s'emporte, il menace; à ce moment, de soudaines détonations produites par l'explosion de boîtes de pétards, par la décharge de pistolets et de fusils éclatent en arrière du chœur, la lueur des coups illumine comme des éclairs, les vitraux de l'église. »

Pendant ces exhibitions sacrées, les théâtres représentaient le Tartuffe de Molière, malgré les retards volontaires apportés par les préfets pour la formalité de l'autorisation, souvent même contre le gré de ces fonctionnaires. En plus d'une ville, on eut à déplorer des collisions regrettables que les missionnaires eussent évitées en suspendant leurs prêches, mais qu'ils semblèrent ne vouloir arrêter jamais. D'ailleurs le clergé favorisait tout ce système de tyrannie fanatique. A Rouen, l'archevêque ne craignit pas dans un mandement de rappeler en ces termes, une vieille loi tombée en désuétude :

« Le dernier concile de Rouen ordonne que les curés observent avec un grand soin si leurs paroissiens assistent fidèlement aux offices divins les dimanches et fêtes ; qu'ils s'informent des causes de leurs absences et les fassent surveiller par quelqu'un, afin que si après leur avoir fait les remontrances convenables, ils persistent à ne pas y assister, ils les dénoncent à leur évêque : nous enjoignons en conséquence à tous les pasteurs et confesseurs de veiller exactement à l'observation de cette antique loi de l'Église (1). »

L'année 1826 s'annonça sous d'heureux auspices pour les ultramontains. Le jubilé autorisé par le pape eut lieu avec une pompe exceptionnelle dont l'éclat, paraît-il, surpassait celui des mêmes cérémonies au moyen âge. Charles X et la famille royale assistaient aux processions comme de simples pèlerins, de longues files de moines et de séminaristes étonnaient les rues de Paris, déshabituées de telles parades. Pendant ce temps le ministère continuait son œuvre de contre-révolu-

(1) Nous ne pouvons relater ici tous les faits du despotisme ecclésiastique qui encombrent les auteurs les plus véridiques qui ont écrit sur cette triste époque de notre histoire : nous renvoyons nos lecteurs à Vaulabelle, liv. VIII, chap. 8, et à Montlosier. « Les Jésuites, les congrégations et le parti prêtre. » 1827, Paris. In-8°, p. 60, 61, 62, 63, qui les ont résumés à peu près tous.

tion, et à l'ouverture de la session législative, il proposa à la Chambre des pairs le fameux projet pour le rétablissement du droit d'aînesse, projet qui ne fut pas accepté. Cet échec fut le commencement d'embarras plus graves.

Le comte de Montlosier, ancien émigré attaché aux prérogatives du trône et de la maison des Bourbons, était au nombre de ces royalistes qui voyaient avec terreur le gouvernement envahi par les jésuites et les ultramontains. Très-religieux, mais gallican convaincu, il détestait l'esprit et la conduite des disciples de Loyola.

Peu confiant dans son talent d'écrivain et désirant avant tout donner une grande publicité aux documents qu'il avait entre les mains, M. de Montlosier sollicita d'abord le concours de M. de Châteaubriand dont la plume était si sympathique à tous leurs contemporains. La lettre qu'il lui écrivit à ce sujet (lettre confidentielle qui se trouve dans les Mémoires d'Outre-Tombe), dit en propres termes : « Il faut la préserver (la France) de l'erreur de ses prêtres, préserver ces prêtres eux-mêmes de la pente funeste où ils se sont placés..... C'est de la prépondérance ecclésiastique se disant religieuse qu'il nous reste à préserver l'État et le Roi. » M. de Châteaubriand, entraîné comme il l'avait été dans une des sociétés créées autour de la Congrégation, ne pouvait s'en faire l'accusateur public; il déclina l'offre de son ami.

M. de Montlosier, devant ce refus, après avoir inutilement tenté de faire voir aux ministres l'abîme vers lequel ils poussaient la royauté, se décida à en appeler à la conscience de ses concitoyens et en particulier à celle des magistrats. Il lança son fameux *Mémoire à consulter*, œuvre indignée dont les assertions acquéraient, par le caractère même de son auteur, un plus grand poids et devaient avoir une incontestable portée. La première partie de cet ouvrage rappelait l'organisation de la congrégation, sous la domination des jésuites, comme nous l'avons rapporté dans le courant de ce chapitre. Puis l'auteur continuait ainsi :

« Il ne suffit pas à la congrégation de s'être emparée des postes, des deux polices, du ministère. Sa domination dans toutes les parties du royaume donne lieu à un nouveau système de surveillance. L'espionnage était autrefois un métier que l'argent condamnait à la bassesse. Par les devoirs que la congrégation impose, on assure qu'il est devenu de conscience ; on est prêt à lui donner des lettres de noblesse. »

« Les classes inférieures de la société furent traitées à cet égard comme les classes supérieures. Au moyen d'une association dite de Saint-Joseph,

tous les ouvriers sont aujourd'hui enrégimentés,
et disciplinés. Il y a dans chaque quartier une
espèce de centenier qui est un bourgeois considéré
dans l'arrondissement. Le général en chef est
l'abbé L... jésuite secret. Sous les auspices d'un
grand patronage, il vient de se faire livrer le
grand commun de Versailles. Là il se propose de
réunir comme dans un quartier général huit à
dix mille ouvriers des départements.

« En même temps que les ouvriers ont été disciplinés, on n'a pas oublié les marchands de vin.
Quelques-uns d'entre eux ont été désignés pour
donner leurs boissons à meilleur marché. Tout en
s'enivrant on a des formules faites, de bons propos
à tenir ou de prières à réciter. Il n'y a pas jusqu'au placement des domestiques dont on a eu soin
de s'emparer. J'ai vu à Paris des femmes de
chambre et des laquais qui se disaient approuvés
par la congrégation. »

La conclusion de l'ouvrage était celle-ci :

« Les quatre grandes calamités signalées au
« présent Mémoire, savoir : la congrégation, le
« jésuitisme, l'ultramontanisme, et le système
« d'envahissement des prêtres, menacent la sûreté
« de l'État, celle de la société, celle de la religion.
« Elles sont notées par nos anciennes lois ; ces lois

« ne sont ni abrogées ni tombées en désuétude.
« L'infraction qui leur est portée constitue un
« délit. Ce délit, par cela qu'il menace la sûreté
« du trône, celle de la Société, et celle de la reli-
« gion, se classe parmi les crimes de lèse-majesté,
« crime pour lesquels l'action ou dénonciation
« civique n'est pas seulement ouverte, mais com-
« mandée. »

Le comte de Montlosier ajoutait qu'il adressait
cette dénonciation à toutes les cours royales de
France. L'effet fut immense, mais il fut doublé par
l'apparition, le 8 mars suivant, à l'occasion du jubilé, d'un mandement de l'archevêque de Besançon, à la suite duquel était imprimé l'extrait
suivant du règlement de l'association pour la
propagation de la foi. A. M. D. G.

Articles 1. 2. 3. Il est fondé en France une association pieuse prenant le titre d'association pour
la Propagation de la Foi, qui a pour but d'étendre
la Société des fidèles catholiques en aidant de tous
les moyens en son pouvoir les missionnaires
chargés de répandre les lumières de la foi. Elle se
compose de fidèles des deux sexes.

Art. 4 et 5. L'association est partagée en divisions, centuries et sections. Dix membres forment

une section, dix sections une centurie, dix centuries une division.

Art. 6. L'association est dirigée par un conseil supérieur établi à Paris, par deux conseils centraux, l'un à Paris, l'autre à Lyon, par des conseils généraux dans chaque ville métropolitaine, par des conseils particuliers dans chaque diocèse.

Cette association se plaçait sous le patronage de saint François-Xavier.

L'agitation des esprits était à son comble. Le 15 mai 1826, M. Agier en prit texte pour faire une interpellation au ministère congréganiste : aucun des ministres n'osa répondre. M. de Villèle baissa la tête le premier. Dix jours se passèrent sans qu'une voix du gouvernement ne vint rassurer les esprits. Enfin le 25 mai M. Frayssinous, qui n'était pas engagé officiellement avec les Jésuites monta à la tribune. Il parla avec onction, avoua qu'il y avait une congrégation, que le clergé même désirait recouvrer l'état-civil, mais que jamais les membres de l'épiscopat et aucun des membres du clergé n'avait eu l'intention de conspirer contre le gouvernement ; que c'était une calomnie, une persécution à ajouter à toutes celles que l'Église avait déjà subies, et qu'on devait être sûr qu'en travaillant pour la gloire de Dieu, on travaillait au bonheur de la France. Tout ce discours embarrassé, vague, flottant, indécis, ne répondait pas, quoiqu'il fît de précieux aveux, aux accusations précises portées par M. de Montlosier. Bien plus, M. de Frayssinous n'avait pas osé parler des Jésuites. Mais cette compagnie se sentait assez forte pour braver l'opinion, et faire pour ainsi dire sanctionner son existence en dépit de la loi. Le ministre des cultes en fut probablement prévenu pendant la nuit, et le lendemain il revenait à la Chambre avouer qu'en effet les disciples de Loyola étaient rentrés en France, mais qu'il ne fallait pas oublier que leur expulsion avait été la première cause du mouvement philosophique au XVIIIe siècle et enfin de la Révolution. Ces aveux suivis de cette étrange justification irritèrent les députés libéraux qui demandèrent le 5 juillet suivant, si le ministre ne comptait pas appliquer les lois : le 6, au début de la séance, M. Corbière monta à la tribune pour prononcer la clôture de la session.

Mais cette manière de fermer la bouche à ses adversaires ne devait guère servir au parti clérical. La Cour royale de Paris, toutes les Chambres réunies, répondit à la dénonciation contenue dans le Mémoire à consulter, en se déclarant incompétente, à une majorité de plus de vingt voix.

« Attendu qu'il n'appartient qu'à la haute police du royaume de supprimer et de défendre les congrégations, associations et autres établissements de ce genre, qui sont ou seraient formés au mépris des arrêts, édits, lois et décrets ci-dessus énoncés. »

Cet arrêt ne modifia en aucune façon les projets et les manœuvres de la congrégation et de ses partisans. Elle continua, d'exaspérer tous les esprits raisonnables et tous les cœurs français par des procédés inqualifiables. Dans l'armée, la protection accordée aux militaires faussement ou réellement dévots était si flagrante, l'action des aumôniers si despotique, que les démissions arrivaient en foule. Au Panthéon, des missionnaires réunissaient dans la crypte de Sainte-Geneviève les jeunes gens enrôlés dans la société des bonnes études, et là attisaient leur zèle par des discours d'un fanatisme et d'une audace incroyables. Un jour, un de ces prêtres poussa l'impudence jusqu'à terminer sa diatribe contre les libéraux qui étaient traqués de tous côtés par ces mots : « *Mon Dieu, jette un regard de miséricorde sur ton Église! Le temps de Néron et de Dioclétien...* (Néron, c'était peut-être M. de Montlosier, mais Dioclétien, à qui prêtait-il son nom ?) *sont reve-*

nus, et comme tes fidèles réunis dans les catacombes de Rome, tes jeunes serviteurs sont forcés pour se soustraire à l'œil persécuteur de l'impiété de t'apporter leurs hommages dans cette église souterraine. » — Dans le Midi, de petits livres de dévotion ultramontaine étaient répandus en foule ; ils contenaient dans les dernières pages des formules de testament qui presque toutes commençaient par ces mots : « Détaché des biens de ce monde, dont tout chrétien ne doit user que pour se préparer les voies du salut éternel, sain de corps et d'esprit, je déclare que je lègue.... »

Un tel système de gouvernement devait nécessairement amener l'avilissement le plus complet des caractères, non-seulement dans le corps des fonctionnaires publics, mais aussi parmi tous ceux qui aspiraient à en faire partie. Les premiers ne faisaient plus exhibition de zèle en accusant leurs concitoyens ou leurs subordonnés d'être anti-royalistes ou révolutionnaires ; les griefs qu'ils savaient le plus utiles à faire valoir, c'était l'impiété ou les mauvaises mœurs. Désirait-on une place déjà occupée, on accusait son titulaire d'irréligion ou de libertinage.

La magistrature seule semblait rester pure de ces infamantes compromissions de conscience qu'elle aimait à flageller en toute occasion. Lors de la rentrée de la Cour royale d'Amiens le 6 novembre 1826, le procureur général Morgan de Béthune démasqua, dans son discours d'ouverture, l'hypocrisie devenue la vertu du jour nécessaire aux ambitieux : « Quel est cet individu, s'écria-t-il, qui entre dans le temple aux grands jour de fête vêtu d'un costume remarquable et qui, s'avançant lentement pour être mieux aperçu, psalmodie des lèvres les louanges de la divinité ? C'est un hypocrite par calcul dont quelques personnages pieux et trop confiants vanteront la conversion et qu'ils recommanderont avec chaleur à l'autorité. Mais ses démarches affichées ne nous séduiront pas. Nous le ferons suivre dans l'obscurité dont il va bientôt se couvrir, on lui arrachera son masque sur le seuil même du vice auquel il doit sacrifier. »

Il était difficile au parti clérical d'imposer silence aux magistrats ; il ne l'essaya même pas. Il voulait d'abord réduire à néant la presse libérale. Depuis deux ans, les évêques, les curés aussi bien que les missionnaires, étaient unanimes dans leurs protestations contre la liberté de la presse. Après la publication du Mémoire à consulter, leurs plaintes redoublèrent, et ils réclamèrent contre tout écrit un peu indépendant une pénalité rigoureuse. Le ministère céda aux exigences de ses amis. Le 30 avril 1827, à l'ouverture de la session législative, M. de Peyronnet présenta à la Chambre des Pairs un projet de loi draconien qui enchaînait la presse et en même temps ruinait l'imprimerie. La commission modifia complètement le projet du ministre qui devant ce premier échec le retira, ne voulant pas en subir un second pendant la discussion générale. Il avait d'ailleurs pris un parti extrême : le 22 juin, il prononça la prorogation et trois mois après la dissolution de la Chambre des députés. Son but était de travailler aux nouvelles élections pour éliminer de la Chambre toute espèce d'opposition fût-elle royaliste ou libérale, et de créer soixante-seize nouveaux pairs, pris dans les rangs des congréganistes ou de leurs amis. Pour atteindre ce double résultat, il choisit avec un soin extrême les présidents des colléges électoraux et nomma pairs de France cinq archevêques (ceux de Tours, d'Alby, d'Auch, d'Avignon, d'Amasie), et soixante et onze congréganistes, en tête desquels se trouvaient MM. de Rougé, Chifflet, de Sesmaisons, de la Bouillerie. Pendant qu'il s'assurait ainsi la majorité dans la haute Chambre, il comptait déconcerter l'opposition en fixant les élections à bref délai, quinze jours après la dissolution toutes ces manœuvres furent déjouées : l'opposition se disciplina admirablement. Ce fut la première fois que l'on vit apparaître en France *les candidats constitu-tionnels*, c'est-à-dire nommés par toutes les nuances d'électeurs, excepté des cléricaux, pour défendre la Constitution. La victoire de l'opposition fut complète : soixante voix de majorité. Devant ce résultat, M. de Villèle comprit qu'il devait se retirer. Mais abandonder entièrement le pouvoir eût été trop dur; il chercha à faire nommer des créatures à lui, qui eussent gouverné nominativement en sa place, mais réellement sous ses ordres et sous ceux de la congrégation. Son choix ne fut pas heureux. M. de Martignac, M. Feutrier et leurs collègues, quoique pris parmi les monarchistes ultramontains les plus éprouvés, étaient français et honnêtes; ils voulurent se montrer libéraux, puisque c'était là le vœu du pays et le salut de la monarchie : leurs bonnes intentions aux prises avec le mauvais vouloir du roi congréganiste Charles X devaient être inutiles. Devant l'exaltation publique et son exaspération contre les Jésuites, le nouveau ministère, nomma une commission de neuf membres sous la présidence du comte Portalis le ministre de la justice, pour examiner les mesures que pouvait nécessiter l'exécution des lois du royaume dans l'enseignement des écoles ecclésiastiques secondaires. En même temps, le portefeuille de l'instruction publique était séparé de celui des cultes et confié à M. de Vatimesnil, catholique exagéré, qui, comme ses collègues, trouva son chemin de Damas en allant prendre possession de son ministère.

Dix jours avant l'ouverture de la session législative, le clergé s'était livré à ses pratiques ordinaires : tel évêque recommandait dans une circulaire de faire une neuvaine à Saint-Ignace pour la conservation des Jésuites; tel autre recommandait les prières en usage pour la dévotion au Sacré-Cœur de Jésus et au Sacré-Cœur de Marie. Partout dans les sermons, les curés présentaient la défense de la Compagnie, et anathématisaient les misérables qui la persécutaient.

Si ces prières ne furent pas entendues par le ciel, elles le furent de la commission présidée par le comte Portalis. A la majorité de cinq voix, contre quatre, elle avoua que les Jésuites avaient en effet, huit écoles secondaires en France (Bordeaux, Aix, Saint-Acheul, Sainte-Anne-d'Auray, Bellou, Dôle, Forcalquier, Montmorillon); mais, considérant que la direction des écoles ecclésiastiques appartenait exclusivement aux évêques, que les prêtres chargés de l'administration des huit établissements, plus haut désignés, avaient été choisis par les évêques des diocèses auxquels ils ressortissaient, que si ces prêtres suivaient pour leur régime intérieur la règle de Saint-Ignace, la liberté civile et religieuse, proclamée par la Charte, ne permettait à personne de scruter le for intérieur de chacun pour rechercher le motif des règles et des pratiques auxquelles il se soumettait, du moment que ces pratiques et ces règles ne se manifestaient par aucun acte extérieur contraire à l'ordre et au roi, elle conclut qu'il n'y avait pas lieu à délibérer. La commission réfutait donc le jugement du tribunal, et cela, à la majorité d'une voix.

La colère fut grande dans la Chambre et dans le pays. Le ministère trompé dans son attente, et accusé de complicité avec la commission, proposa à la signature du roi deux Ordonnances. La première soumettait au régime de l'Université toutes les écoles ecclésiastiques, et défendait de leur donner pour directeurs d'autres individus n'appartenant à aucune congrégation religieuse et après qu'ils en auraient donné l'affirmation par écrit. La seconde limitait le nombre des écoles ecclésiastiques dans chaque département, fixait à vingt mille le chiffre des élèves qu'elles pouvaient avoir, leur interdisait de recevoir des externes et les obligeait à faire porter à leurs élèves l'habit ecclésiastique à l'âge de quatorze ans ; enfin elle fondait huit mille bourses de 150 francs, dans ces différentes écoles. Le roi refusa de signer, et ne se décida à se soumettre que sur la menace du ministère de donner sa démission.

Telles sont ces célèbres Ordonnances. Elles ne contiennent rien de plus, rien de moins, et l'on peut juger des avantages qu'elles laissaient aux Jésuites. Mais c'était déjà trop que de toucher indirectement à leur Institution. Leur presse officieuse se répandit en injures, surtout contre l'abbé Feutrier, le ministre des cultes : « Applaudissez, écrivait-elle, race d'impies et de sacriléges, écrivains factieux, applaudissez ! Voilà un prêtre qui vous livre le sanctuaire, voici un magistrat qui vous livre le pouvoir ! Vous vouliez que l'épiscopat fût enchaîné, on l'immole : ce que la Révolution n'eût jamais songé à arracher à Bonaparte, deux ministres le font faire à la monarchie légitime. Tous les deux rivalisent de zèle pour exterminer le sacerdoce dans sa racine et pour anéantir l'œuvre de l'épiscopat. » A ces extravagances succéda une déclaration de l'épiscopat dont la portée était plus grande et plus grave. M. de Quelen en tête, les évêques signèrent et envoyèrent au roi un factum dont le passage important est celui-ci :

— « Ils ont examiné dans le secret du sanctuaire, en présence du souverain juge, avec la prudence et la simplicité qui leur ont été recommandées par leur divin maître, ce qu'ils devaient à César comme ce qu'ils devaient à Dieu. Leur conscience leur a répondu qu'il valait mieux obéir à Dieu qu'aux hommes, lorsque cette obéissance qu'ils doivent premièrement à Dieu ne saurait s'allier avec celle que les hommes leur demandent, ils ne résistent point, ils se contentent de dire avec respect comme les apôtres : Non possumus. »

Cette déclaration ne suffit même pas à quelques-uns d'entre eux : l'évêque de Marseille entre autres écrivit au ministre des cultes, qu'il ne pouvait admettre *un système qui blessait les droits de sa charge.*

L'embarras du ministère fut grand. Il était inutile de chercher à vaincre cette résistance épiscopale avec un roi qui au fond en était tout aise. On prit le parti de s'adresser à Rome. On expédia M. Lasagni pour traiter spécialement cette affaire, car M. de Châteaubriand, alors ambassadeur de France auprès du Saint-Siége, eût peut-être laissé les négociations traîner en longueur. Le pape approuva les Ordonnances. M. Feutrier en fit part aux évêques : tous se soumirent, à l'exception du cardinal duc de Clermont-Tonnerre, qui répondit orgueilleusement au ministre des cultes, par un billet laconique, dans lequel il lui rappelait la devise de sa maison : *Etiamsi omnes ego non*. Charles X fit montre d'une grande colère contre cet archevêque qui tenait tête à son pape et à son roi ; il prit un parti aussi violent qu'il pouvait se permettre de le faire eu égard à la qualité du délinquant : il interdit au cardinal de paraître à la cour.

On pourrait s'étonner de cette résistance de la part du clergé contre ces Ordonnances qui lui assuraient chaque année un million deux cent mille francs de bourses. La raison en est qu'il dédaignait une aussi faible somme ; il avait d'autres revenus. Dans la seule année de 1827, il avait reçu en legs, *par acte authentique*, 8,587,688 francs.

La lutte continua entre le ministère harcelé par les libéraux et le roi soutenu par la congrégation. Elle était trop inégale pour n'avoir pas comme conséquence la chute du ministère Martignac et l'élévation de M. de Polignac. C'est là le commencement des fautes auxquelles Charles X a été poussé par le parti clérical et qui ont amené sa chute. Un des premiers soins du nouveau ministère fut de proroger les Chambres, dès l'ouverture de la session, lors de l'adresse votée par les deux cent vingt-et-un, et de dissoudre celle des députés le 16 mai suivant. Pendant ce temps, les mandements, les discours, les violences des ultramontains continuaient : leurs journaux imprimaient des articles dont le sens était celui-ci : « Plus de concession, le combat est rétabli entre la royauté et la Révolution. » Les évêques reprochaient tantôt aux colléges électoraux d'avoir *vomi* (sic) dans la Chambre une tourbe de factieux, tantôt aux Chambres d'avoir l'imprudente audace de dicter des lois au souverain. Partout on confondait les intérêts du clergé avec les prétentions de la couronne, et lorsque vint le moment des nouvelles élections, on représenta l'Eglise honorée ou avilie selon que la royauté serait triomphante ou vaincue. Malgré toutes ces menaces, malgré la proclamation du roi qui eut la sottise de descendre aussi dans la lice, l'opposition obtint une majorité écrasante.

Le clergé ne comprit pas l'avertissement. Le 9 juillet survint; on apprit la prise d'Alger. Charles X commanda un *Te Deum* pour le surlendemain 11 juillet, jour de la fête du Sacré-Cœur de Jésus. Dans cette solennité, M. de Quelen fit une homélie dans laquelle il prononça ces mots : « Trois semaines ont suffi pour humilier et réduire à la faiblesse d'un enfant, ce musulman naguère si superbe. Ainsi soient traités partout et toujours les ennemis de notre seigneur et roi, ainsi soient confondus tous ceux qui osent se soulever contre lui. » Ce fut le dernier conseil public, que le clergé donnait au roi, ce fut un conseil de résistance, un conseil de perdition : le 26 juillet parurent les fameuses Ordonnances, le 30 Charles X cessait d'être roi de France.

Ce fut la fin du règne des Jésuites. Ils avaient entraîné la ruine de Charles X : mais eux, ils rentrèrent prudemment dans l'ombre.

TROISIÈME PARTIE

Réaction occulte contre le Concordat
de 1830 à 1870

CHAPITRE VI

Règne de Louis-Philippe.

La chute de la monarchie en 1830 est un des grands enseignements que donne le dix-neuvième siècle. Elle montre non-seulement l'impuissance des gouvernements qui veulent lutter contre les aspirations de tout un peuple, mais aussi, et surtout, l'abîme qu'ils creusent sous leurs pas, quand ils achètent l'appui du clergé en lui livrant le pouvoir. Depuis le quatorzième siècle, les tendances du peuple français se trouvent, au point de vue qui nous occupe, comme quintessenciées dans l'esprit des parlements et dans les actes de ses rois. Qu'on suive notre histoire : depuis 1301 jusqu'en 1789 (les exceptions qu'on pourrait citer sont rares), chaque page est un témoignage de cette résistance aux idées ultramontaines ; à notre connaissance, jamais aucune révolte, aucun soulèvement n'a été occasionné par les moyens souvent durs qui ont été employés pour réprimer les aspirations du despotisme clérical.

Au contraire, dans notre siècle, un roi est assez faible pour céder aux empiétements jésuitiques, il est renversé de son trône et honni par tous les hommes de raison.

Nous ne nous appesantirons pas sur ces considérations qui sortent un peu de notre sujet. La question qu'il nous faut traiter en premier lieu se pose d'elle-même : Quelle fut l'attitude des cléricaux et du clergé après la chute de Charles X ? On les a vus tyranniques, surtout depuis le ministère de Villèle, on les a vus battre le beau sol de France, depuis la ville jusqu'à la moindre bourgade, pour y tuer la liberté et encapuciner les citoyens. Leurs victimes se révoltent et les chassent : que diront-ils ? Leur conduite fut telle qu'elle a toujours été dans de pareilles circonstances ; le clergé officiel se renferma dans un silence mécontent, excitant en sous-main ses partisans à crier au martyre.

Un écrivain ultra-catholique, M. Alphonse Pépin, a écrit sur cette époque dont il a été le contemporain, les lignes suivantes que nous reproduisons fidèlement : « On laissait impunis les renversements de croix, le pillage des églises ; les prêtres catholiques étaient bannis partout de l'enseignement ou sifflés dans leurs chaires, sans que l'autorité parût s'émouvoir des atteintes violentes portées à la religion et au culte du plus grand nombre ; quelques-uns même étaient insultés, honnis pas les enfants du peuple, *s'ils avaient le courage de paraître revêtus de l'habit sacerdotal*, à d'autres époques objet de déférence et de vénération pour toutes les classes de citoyens; *les séminaires étaient démolis ou convertis en casernes ; les églises étaient enlevées à leur destination* et le culte des hommes proclamés grands y remplaçait, ridiculement, le culte du Dieu des chrétiens. »

Si le livre de ce fanatique se trouvait exister seul dans quelques centaines d'années, ceux de nos petits neveux qui auraient le courage de le lire, ne pourraient-ils pas croire que les journées de Juillet ont complètement fauché le culte catholique en France ? Nous avons souligné les absurdes exagérations de « ce petit morceau » et nous l'avons cité parce qu'il représente le moyen de polémique préféré pár le parti clérical. Il parlera de l'envahissement de Saint-Germain-l'Auxerrois et du sac de l'archevêché, mais il se gardera de dire que le clergé a fait *l'office d'agent provocateur dans ces deux malheureuses circonstances*, si bien que le gouvernement n'osa pas intervenir. Il se gardera surtout de rappeler qu'un certain abbé Paganel a accusé non pas le peuple, mais M. de Quelen, l'archevêque de Paris, d'avoir profité du désordre pour dérober un million destiné aux pauvres, qui se trouvait au siége archiépiscopal au moment de l'émeute. Il s'empressera de crier au martyre, mais il ne dira pas que pendant huit années il a martyrisé la France; il n'avouera pas que la colère du peuple, souvent désordonnée et terrible, a toujours sa raison d'être.

En examinant d'un autre côté quelle fut pour la doctrine catholique le résultat de la Restauration, on le trouvera encore fort naturel. M. de Montlosier dans son « Mémoire à consulter » n'hésite pas à attribuer les réformes exigées par le peuple en 1789 (réformes qu'il abhorre comme tout bon gentilhomme), non pas aux philosophes du XVIIIe siècle, mais aux fautes accumulées des Jésuites et du clergé tant régulier que séculier. Si l'on ne peut accepter qu'en partie cette opinion quand il s'agit de notre grande Révolution, il faut avouer qu'elle est souverainement juste si on l'applique au mouvement religieux après 1830. Les excès commis par les ultramontains chassèrent de l'église romaine beaucoup d'âmes pieuses, mais franches, qui se trouvèrent complètement désillusionnées. De là se formèrent bien des sectes, dont les utopies ont pu faire rire ceux qui ne se sont pas donné la peine de les étudier de près, mais dont on doit reconnaître la plupart du temps sinon l'esprit pratique, du moins l'honnêteté et la sincérité. Certes on ne trouvait pas beaucoup de voltairiens parmi les fidèles de l'abbé Châtel et de Saint-Simon; c'est dans les rangs du mysticisme catholique qu'en général ces deux novateurs ont recruté leurs ouailles. Une des meilleures preuves que l'on en puisse donner est le programme même de l'abbé Châtel : « Les ecclésiastiques, disait-il, formant l'église catholique française, se proposent entre autres réformes de célébrer aussitôt que les circonstances le permettront, toutes les cérémonies du culte en langue vulgaire. Les ministres de cette nouvelle église exercent les fonctions de leur ministère *sans imposer aucune rétribution. Les offrandes sont entièrement libres. On n'est pas même tenu de *payer les chaises; aucune quête ne vient troubler le recueillement des fidèles pendant la célébration des* *saints offices. Nous ne reconnaissons d'autres empêchements du mariage que ceux qui sont établis par la loi civile.* En conséquence nous donnons la bénédiction nuptiale à tous ceux qui se présentent à nous, munis d'un certificat constatant le mariage à la mairie : lors même, que l'une des parties contractantes est de la religion réformée ou de tout autre. » Ainsi le parti clérical, même au point de vue de la religion, ce qui le préoccupe fort peu d'ailleurs, a fait fausse route pendant les quinze années de la Restauration. Mais comme il n'a jamais eu ni la franchise de changer de route, ni celle de s'avouer ses erreurs, il ne fit aucun profit de cette leçon que lui donnèrent les événements.

Le haut clergé en 1831 était représenté par quatorze archevêques, dont douze étaient devenus pairs de France, par le fait de M. de Villèle. Ils n'avaient plus siége à la haute Chambre il est vrai. Ils se confinèrent dans leurs palais ne voulant faire aucune ouverture à Louis-Philippe, mais en essayant silencieusement de reprendre quelque influence; car ceci est encore à remarquer : le clergé se dit de notre temps légitimiste; nous l'admettons. Mais nous croyons aussi qu'il y a dans cette attitude plus de calcul que de foi. Le clergé n'a qu'une ligne politique fixe : la contre-révolution ; le retour aux avantages matériels dont il jouissait avant 1789. Il fait, il a fait et il fera de l'opposition à tout gouvernement qui ne facilitera pas ses vues. S'il obtient quelques concessions qui secondent ses projets, il se ralliera, flattera, encensera officiellement sauf à combattre en sous-main le gouvernement assez faible pour lui céder, soit une monarchie, soit une république, jusqu'à ce qu'il ait pris possession du pouvoir comme sous Charles X.

La monarchie de Juillet de son côté, ignorant d'où elle était sortie, hésitant à prendre des mesures énergiques, ne fit aucune démarche dans les premières années pour se rapprocher dn clergé. Elle fut même heureuse de laisser commettre les dévastations de Saint-Germain-l'Auxerrois et de l'archevêché, pour faire croire au parti clérical et légitimiste qu'elle était impuissante à réprimer la haine soulevée par les ministres du roi exilé. D'ailleurs elle s'empressa, dès que l'occasion s'en offrit, de faire au Saint-Siège des protestations de fidélité et de dévouement. Lors du commencement des troubles dans les États romains, l'ambassadeur de France, auprès du pape, M. de Saint-Aulaire, fit passer une note au cardinal Bernetti, secrétaire d'État, pour l'assurer de l'appui que la France était prête à lui fournir contre les insurgés. Le pape ne devait pas oublier cette aimable soumission de Louis-Philippe, et, comme pour le récompenser dès l'abord, il condamna dans une encyclique de 1832 les doctrines émises par quelques ultramontains militants dont nous devons parler dès à présent.

Soit de bonne foi, soit par tactique politique, un certain groupe du parti clérical en tête duquel se trouvait l'abbé de Lamennais, commença une campagne avec son journal l'*Avenir*, pour essayer un rapprochement impossible entre le suffrage universel et la papauté. Leurs théories peuvent ainsi se résumer : l'Eglise indépendante de l'Etat; la juridiction et l'enseignement du pouvoir; le clergé soumis directement au Saint-Siège; les prêtres payés par les fidèles; enfin condamnation de la maxime gallicane, qu'un prince, une fois établi sur le trône, peut tout sur le temporel de l'Eglise. D'un autre côté, ils applaudissaient aux résistances justes contre la force brutale, s'avouaient partisans de la souveraineté du peuple en politique, mais ils niaient les principes d'élection qui ont fait la gloire de l'Eglise primitive. Outre l'abbé Lamennais, on comptait aussi, parmi les rédacteurs de l'*Avenir*, Lacordaire, le comte de Montalembert et enfin M. de Genoude à qui Louis XVIII *donna du de par devant et par der-*

rière (1). Quand le parquet, ému des doctrines émises par ces jeunes gens, voulut requérir contre eux, M. de Montalembert, le chef futur du parti clérical, se réclama de sa qualité de pair de France pour être jugé par la haute Chambre. On fit droit à sa demande; et les accusés ne furent condamnés que pour la forme par des préjugés trop indulgents. Le pape fut plus sévère, et, le 15 août 1832, il ordonna aux rédacteurs de l'*Avenir* de rentrer dans le giron de la pure doctrine ultramontaine, qui donne au pape la souveraineté sans aucun partage. MM. Lacordaire, de Montalembert et de Genoude se soumirent. Ce dernier prit en main la polémique du parti légitimiste clérical dans son journal, la *Gazette de France;* polémique mordante, faisant une opposition à outrance qui, avec celle de M. de Cormenin ne devait laisser de répit à aucun des ministres de Louis-Philippe.

Quoi qu'en disent les écrivains ultra-catholiques, on voit que le clergé avait assez de vitalité et de puissance malgré la retraite hypocrite dans laquelle semblaient se tenir ses hauts chefs. Il ne

(1) Le père de M. de Genoude s'appelait Genou. Cet écrivain fut annobli en 1828, en récompense des services qu'il rendit à la Congrégation, dans son journal « l'Étoile » pour l'élévation de M. de Villèle au ministère.

faut pas croire davantage qu'il fût dénué d'influence sur le pouvoir législatif et judiciaire. Jusqu'en 1835 on peut relever quantité de faits, plus ou moins saillants qui prouvent l'appui secret prêté au clergé par les Chambres, la magistrature et l'administration.

Un prêtre, desservant de la commune de Saint-Gaudens, l'abbé Bougené, se permit de dire en chaire que Charles X était seul roi légitime, qu'il serait roi *malgré les fauteurs et les menteurs de Paris;* que les Bourbons étaient pour les Français un bouquet odoriférant et Louis-Philippe un fouet pour les châtier. Le parquet intervient; il poursuit le délinquant pour outrages au gouvernement. L'abbé Bougené est renvoyé des fins de la plainte.

Lors des procès contre les complots légitimistes, le capitaine Galeran, cité comme témoin et interrogé sur les causes des troubles en Bretagne, répond en pleine cour d'assises à Blois : « La noblesse n'est qu'une cause secondaire de désordre ; les nobles ont bien perdu de leur influence. Les curés seuls font tout le mal ; seuls ils mènent tout ; il y en a peut-être de bons, mais ils sont bien rares. » Cet avertissement ne fut pas entendu. On préféra laisser vivre la source des conspirations plutôt que de s'attaquer au clergé et, si quelque curé se trouva trop compromis, on le fit changer de résidence, ou, traduit devant le tribunal, il fut acquitté.

Ces quelques faits prouvent *l'influence passive du clergé*, s'il est possible de s'exprimer ainsi, c'est-à-dire la protection dont se trouvait couvert le clergé en tout et partout. Nous allons rapporter d'autres événements qui dénotent son influence *active* dans l'État, du consentement du gouvernement ou contre son gré.

Quelques jours après la révolution de Juillet, *après les trois glorieuses*, MM. Caillot et Saint-Yves, missionnaires de Sainte-Geneviève (on se rappelle de quelle espèce de mission ils étaient chargés) se présentent au commissaire de police du quartier Saint-Jacques, M. Blavier, pour lui demander la permission d'enlever de cette église, rendue à sa véritable destination, des effets et des objets dont ils se disaient les propriétaires. Ils prétendaient même avoir reçu l'autorisation verbale de M. Girod de l'Ain. M. Blavier répondit qu'il ne pouvait obéir qu'à des ordres écrits ; qu'il allait d'ailleurs en référer à ses supérieurs et qu'il exécuterait leurs ordres. Le préfet de police lui adressa en effet en quelques mots, placés en marge de la lettre du commissaire, l'autorisation requise et il ajoutait : « mais l'enlèvement de ces objets aura lieu sous la *surveillance personnelle* de M. Blavier. »

Quiconque lit cette phrase, s'imagine que le préfet de police, connaissant les manœuvres occultes de tous les missionnaires possibles, voulait ainsi empêcher ses ordres d'être méconnus, si un employé inférieur avait présidé à cette opération. Point du tout. Le préfet de police par cette phrase à double entente sauvait les apparences et cherchait à réaliser de secrets désirs. Peu de temps après la réponse du préfet, M. Blavier reçut la visite de M. Delalau, député, qui lui intima d'avoir non seulement à favoriser, mais pour ainsi dire à obéir aux missionnaires, en ajoutant que l'un de ces deux prêtres était son directeur spirituel et l'autre celui de M. Girod de l'Ain, et que *dans son intérêt* il lui conseillait de ne pas se départir de cet avis. M. Blavier, honnête homme à toute épreuve, exécuta comme il l'avait promis les ordres écrits du préfet de police, fit assister le gardien et le concierge de l'église à l'enlèvement des effets des missionnaires, en dressa l'inventaire, et refusa de laisser sortir de Sainte-Geneviève tout autre objet. La colère de MM. Caillot et Saint-Yves dut être grande; elle ne tarda pas à se manifester. Dans le courant du mois d'août, M. Blavier qui avait été choisi commissaire de police par les notables de son quartier, fut envoyé en disgrâce dans une commune suburbaine malgré les protestations et les suppliques des électeurs du quartier Saint-Jacques (1).

Un prêtre, M. Dumonteil, voulut se marier ; son père lui refusa son autorisation : il plaida en première instance, en appel, en cassation ; il fut partout condamné. Le comte Portalis, ému de cette inapplication des lois, fit une proposition à la Chambre des députés le 23 février 1833, ainsi conçue : « Il est interdit aux tribunaux d'admettre dans aucun cas d'autres empêchements au mariage que ceux qui sont nominativement énoncés au titre V du code civil. » Il appuya cette demande d'un discours où se trouvent les saines idées que voici : « Non, messieurs, il n'entrera jamais dans ma pensée de m'immiscer dans les affaires religieuses, mais je veux me maintenir sur le terrain indépendant du code civil. Je désire que les canons de l'Eglise ne deviennent pas des règles de notre droit. Je signale à des législateurs l'étrange empiétement de la puissance religieuse et je réclame l'exécution de la loi. » Cette exacte interprétation de notre code civil fut combattue par MM. Gaëtan de la Rochefoucault et Joubert, et la commission char-

(1) Nous avons entre les mains les pièces authentiques qui prouvent ce fait de pression cléricale, et nous connaissons des témoins auriculaires de la conversation entre M. Blavier et M. Delalau.

gée d'examiner la proposition refusa de souscrire au vœu de M. Portalis sous prétexte qu'une décision prise dans ce sens ferait double emploi.

La même année, au mois de juin, lors de la discussion de la loi sur l'instruction primaire, on eut soin de donner au curé, en même temps qu'au maire, la haute main dans l'école du village.

En un mot, si depuis 1830 le clergé se renfermait dans un silence boudeur, son influence n'en était pas moins grande dans toutes les parties du pouvoir exécutif. C'est alors que de prétendus conservateurs unis aux cléricaux inventèrent ces mots de spectre rouge et de péril social : on parla de grands principes, non plus de ceux de 1789, mais de ceux-là qu'on a appelé les bases fondamentales de la société que n'ont jamais pu définir leurs partisans et qui se réduisent, examinés de près, à l'égoïste intérêt de chacun d'eux.

En 1835, lors de l'attentat de Fieschi, le clergé entra en relations amicales avec le gouvernement de Louis-Philippe ; le 31 juillet, le roi écrivit à tous les évêques du royaume pour leur demander des prières publiques pour les victimes du 28. L'archevêque de Rouen, et l'évêque d'Orléans n'avaient pas, il est vrai, attendu cette invitation. Mais il n'en avait pas été de même à Paris ; les manifestations du haut clergé de la capitale furent plus lentes. Il se demanda quelle conduite il devait tenir. Le gouvernement ne paraissait pas avoir fait aucune démarche auprès de lui pour demander sa coopération. Enfin l'on craignait que faute d'intervenir, l'église métropolitaine ne fût dépossédée en fait de son privilége d'église officielle au profit d'une autre église de Paris. Mais ces craintes n'auraient pas réussi à l'emporter sur une haute résistance, si le chargé d'affaires auprès du Saint-Siége n'avait fait entrevoir les conséquences fâcheuses pour le bien de la religion, qui pourraient résulter d'une opposition aux vœux du pays dans une circonstance aussi solennelle et si le gouvernement n'avait paru déterminé à se passer de ce qu'on ne lui offrirait pas. L'intérêt l'emporta. le 2 août, l'archevêque accompagné de ses vicaires généraux se rendit aux Tuileries. Le jour désigné pour les prières publiques, M. de Quelen tint au roi le discours suivant: « Sire, la religion *écarte en ce moment le voile de ses douleurs.* Elle découvre son noble front : elle lève vers le ciel ses yeux *encore humides de larmes :* elle unit sa voix à la nôtre pour rendre au Tout-Puissant de solennelles actions de grâces. En voyant aujourd'hui le chef et les corps de l'État, *doublement avertis par le malheur et par le bienfait,* venir apporter aux pieds des saints autels un

20

juste tribut de remerciments et d'hommages. *Elle espère!* elle espère pour la France, *car l'ingratitude envers Dieu a le funeste privilége d'arrêter le cours de ses dons;* la *reconnaissance* de la foi a le pouvoir au contraire de les multiplier et de les faire couler avec abondance sur les princes et sur les peuples. »

La réponse de Louis-Philippe fut faite en termes embarrassés. Mais s'il ne dit rien qui put irriter les libéraux et les républicains, il n'en voulut pas moins remercier le parti clérical par des actes. Après les fameuses Lois de Septembre, il créa trente-deux nouveaux pairs choisis pour la plupart parmi ces personnages qui, sous la Restauration, avaient occupé de hautes fonctions ou avaient siégé au centre droit de la Chambre des députés.

Leurs sentiments, il est inutile de le dire, étaient beaucoup plus conformes aux idées de M. de Polignac qu'aux principes exposés en 1830 par le gouvernement. Parmi les nouveaux pairs enfin, se trouvait Charles Forbes, comte de Montalembert, l'ancien collaborateur de M. de Lamennais. « Tout enfant, dit Sainte-Beuve, en parlant de lui, il avait fait contre l'Université le serment d'Annibal, et lui avait juré haine et guerre éternelles. Ce fut là, pendant dix-huit ans, sa conclusion réitérée et acharnée, son *delenda Car-*

thago comme pour Caton. Il avait retourné le mot de Voltaire, et il s'écriait lui aussi : « Ecrasons l'infâme. »

A partir de ce moment, on peut dire que l'alliance fut conclue entre Louis-Philippe et le parti clérical; alliance bizarre, dans laquelle le roi bourgeois joue un singulier rôle. Pressé d'un côté par les violentes aspirations du parti clérical, il ne pouvait les contenter, tenu qu'il était en respect de la Charte par les libéraux et par la fameuse maxime : « Le roi règne et ne gouverne pas. »

Dès ce moment, les ultramontains recommencèrent à lever la tête. Les processions recommencèrent malgré la loi, dans bien des endroits où le culte catholique se trouvait en présence d'autres religions.

A Paris, la réouverture de Saint-Germain-l'Auxerrois se fit dans un grand appareil. Dans certaines provinces, les missions reprirent leurs cours; elles occasionnèrent même des troubles à Reims. Enfin la polémique des journaux du clergé devenait plus âpre et plus mordante qu'elle ne l'avait été depuis 1830. Elle n'épargnait même pas Louis-Philippe, de qui elle espérait par ses menaces continuelles, obtenir l'accomplissement de ses plus chers désirs. Le résultat de ces violences était de décrier le gouvernement de Juillet, mais ce n'était là qu'un moyen de *contre-révolution* : le clergé avait compris que le système des Jésuites était le meilleur pour combattre les idées modernes. Il fallait s'emparer de l'enseignement secondaire pour inoculer aux jeunes gens les préceptes de l'utramontanisme de même qu'on les insufflait dans l'intelligence des enfants par l'instruction primaire. La lutte contre l'Université commença. Le parti clérical joua d'une arme terrible qui était doublement utile. Il demanda la liberté de l'enseignement secondaire. Depuis longtemps déjà par ses journaux, il faisait mille avances aux républicains ; ceux-ci n'y répondaient pas. Ils comprenaient, pour la plupart, le piége tendu à leur bonne foi et à la société civile. Les arguments artificieux qui ont servi à soutenir cette liberté ne trompent plus personne aujourd'hui. Pourtant le clergé les débite encore : « Vous aimez la liberté, nous disent-ils, vous la devez à tout le monde, aussi bien qu'à vous-même. » Il faudrait pour répondre à cette argutie, renvoyer nos adversaires à la définition de la liberté admise par le code civil. Mais comme ils feignent de ne pas connaître la loi de leur pays, on peut se contenter, de leur faire la réponse d'un député de notre connaissance à un jésuite de robe courte. « Nous ne voulons pas vous donner la liberté de mettre un éteignoir sur nos institutions. » D'ailleurs il est blessant de voir des citoyens, parce qu'ils ont revêtu une soutane, ou parce qu'ils soutiennent les principes ultramontains, s'élever au-dessus des lois de leur pays, se camper devant nos codes et leur tenir tête. Somme toute, que sont les membres du clergé ? sinon des serviteurs salariés de l'État à qui l'on a confié le service de la religion catholique, et non pas l'instruction. Que dirait-on, si des professeurs de l'Ecole de Médecine à leur tour voulaient forcer l'État à leur donner la faculté d'enseigner la philosophie matérialiste en même temps que la médecine? le supporterait-on ? Quant aux ecclésiastiques, et aux congrégations qui ne font pas partie du clergé régulier et qui souvent ne sont même pas autorisées à avoir une existence légale, pourquoi leur permettrait-on plutôt qu'aux sociétés secrètes de saper les principes de nos lois ? Y a-t-il, en les forçant de rester dans le droit commun, une atteinte portée à leur liberté?

En 1840, on faisait probablement les mêmes réflexions, d'autant mieux que l'histoire de la révolution de Juillet était dans tous les esprits : c'était un souvenir de la veille. Mais le gouvernement du « juste milieu, » n'osait mâter le clergé, et par cela même le rendait plus fort et plus exigeant. L'ul-

20.

tramontanisme avait tout d'abord réuni ses efforts contre la philosophie de M. Cousin. Ferrari, qui la professait avec succès au lycée de Strasbourg, supporta les premiers coups. Il fut calomnié : loin de le défendre, le ministre lui infligea l'interdiction disciplinaire. Le parti clérical considéra le fait comme un véritable triomphe et poussa de l'avant. En 1842 l'archevêque de Paris, successeur de monseigneur de Quelen mort en janvier 1840, monseigneur Affre, se fit auprès du roi le porte-voix des prétentions de son parti dans un discours qu'il lui adressa à l'occasion de sa fête : « Nous avons l'espoir, lui disait-il, que dans un avenir peu éloigné, il sera possible au gouvernement de Sa Majesté de faire cesser les travaux publics pendant les jours consacrés à Dieu, et qu'entraînés par ce puissant exemple, tous les Français respecteront ces saints jours. »

« Travailler plus *librement à former le cœur et l'esprit* de la jeunesse est un autre vœu que j'exprimai au roi, lorsque j'eus l'honneur de lui adresser la parole pour la première fois, qu'il me soit permis de le déposer de nouveau à ses pieds ! » *Former le cœur et l'esprit de la jeunesse !* Cette phrase ne rappelle-t-elle pas celle de l'abbé Frayssinous dans sa circulaire aux évêques ? Certes le clergé, alors, aussi bien qu'aujourd'hui, ne parlait pas par la bouche de monseigneur Affre un langage franc et sans ambages. Il ne le fait jamais pour ne pas compromettre ses desseins, ni entraver ses projets ; mais on est en droit de comprendre, d'interpréter la signification de ses dires en 1842 ou en 1879 par l'application qu'il en a faite de 1824 à 1830 ; quand il ne prononce pas le mot de contre-révolution, il en a la pensée ; c'est là son but, son objectif. Les ministres de Louis-Philippe le comprirent ; ils insistèrent auprès du roi pour qu'il infligeât un blâme au prélat. Le roi n'osa pas, il se contenta de défendre l'insertion du discours dans le Moniteur officiel. Mais qu'importait au parti clérical ; la guerre était déclarée entre lui personnellement et le gouvernement ; c'était tout ce qu'il demandait ; il afficha dès lors ses prétentions.

Il voulait la liberté de l'enseignement, liberté illimitée, sans surveillance de la part de l'autorité ; il voulait pour les petits séminaires et les congrégations religieuses, le droit de tenir école, sans aucun contrôle. Des évêques, et en particulier celui de Chartres, M. Clauzel de Montals, descendirent dans l'arène. Ce dernier s'attaqua surtout à Jouffroy, le professeur de philosophie universitaire ; et il le fit avec la bonne foi habituelle aux disciples de Loyola. Il dénatura les pa-

roles de son adversaire, pour prouver ses assertions et tira les conséquences les plus odieuses et
les plus absurdes de passages dans lesquels il est
impossible de trouver trace de pareilles inepties
et de telles monstruosités. Nous allons en donner
un exemple.

Jouffroy dans son livre des *Esquisses de philosophie morale*, à la préface, dit : « Il est évident
que si l'on peut parvenir à résoudre cette question (la question de savoir de quelle manière on
peut prouver la spiritualité de l'âme humaine) la
science des faits de conscience est la route ; mais
il n'est pas moins évident que dans l'état actuel,
de cette science, *cette question est prématurée.* »
Voici comment l'évêque de Chartres commenta
ces paroles : « Si l'on demande : puis-je en conscience enlever le bien d'autrui, piller des héritages
dont je jouirai avec délices dans ce monde, sans
craindre d'ailleurs aucun pouvoir humain ? Appe-
lez le professeur de l'Université, il vous dira : « Je
ne veux pas vous donner de nouveaux scrupules,
car c'est une question prématurée : Puis-je me
plonger avec délices dans les voluptés infâmes que
je goûterai en pleine sécurité ? même réponse. Puis-
je bouleverser la société pour m'élever sur ses
ruines ? Il coulera bien du sang, mais tout me répond du succès. — Question prématurée. — Enfin

dépouillant toute affection de famille, étouffant le cri de la nature, puis-je égorger mon vieux père dont les jours retardent la félicité des miens? M'est-il permis de le regarder comme une machine inutile et usée qu'on peut innocemment briser? — Et ne l'avez-vous pas entendu? C'est une question prématurée. »

Si des prélats se permettaient un tel langage et d'aussi ignobles calomnies, on peut supposer facilement jusqu'où pouvaient en arriver les écrivains ultramontains de bas étage. M. Desgarets, chanoine de Lyon, en mai 1843, fit paraître plusieurs brochures; l'une d'elle a pour titre : « Le monopole universitaire. » Par l'extrait suivant on en jugera : « L'Université est « une traite impie, » non pas la traite des noirs, mais la traite des blancs; non la traite du corps, mais la traite des intelligences; la traite des consciences, la traite des âmes; c'est la servitude dans la fange et la boue. C'est la mort du peuple dans un égout; c'est l'abrutissement et la dégradation jusqu'à la bête... Jamais depuis l'origine du monde un si exécrable despotisme n'a pesé sur la race humaine. » Le point de départ de l'Université selon l'abbé Desgarets, c'est l'athéisme; son but : c'est le suicide, le parricide, l'homicide, l'infanticide, le duel, le viol, le rapt, la séduction, l'inceste, l'adultère, toutes les plus monstrueuses impudicités ; les vols, les spoliations, les dilapidations, les impôts et les lois injustes, le faux témoignage, les faux serments et les calomnies, la violation de tout ce qu'on nomme loi, la communauté des biens et des femmes, la révolution et la mort. » — La conclusion du libelle, cela va sans dire, était de mettre l'instruction au pouvoir des prêtres.

Bien d'autres turpitudes dans ce genre furent encore imprimées par des prêtres à cette époque, nous ne nous y sommes déjà que trop arrêtés, Cependant, nous ne pouvons ne pas dire un mot de la thèse émise par l'abbé Vedrine dans un ouvrage intitulé : « Simple coup d'œil sur les douleurs et les espérances de l'Eglise aux prises avec les tyrans du XIXe siècle. » Après avoir vomi des injures immondes, il terminait en réclamant l'enseignement pour le clergé *parce qu'il lui appartient de droit divin*.

L'archevêque de Paris comprit que toutes ces nauséabondes publications auraient pour résultat de nuire à sa cause plutôt que de lui être utile. Il écrivait à son tour une brochure dont le titre est ainsi conçu. « Observations sur la controverse élevée à l'occasion de la liberté de l'enseignement. » Le fond représentait bien les mêmes idées, mais la forme en était modérée, persuasive, insidieuse : « Il est peu de libertés utiles à la France, dit-il, dans un passage, qui soient sérieusement contestées en principe. Mais au moment de les réaliser, les intérêts particuliers se coalisent pour les combattre, et, ils n'y parviennent que trop souvent, au grand préjudice de l'intérêt général. Ces contradictions sont nombreuses dans toutes les parties de notre législation, qu'il nous suffise de parler de celle qui n'est encore qu'en projet au sujet de la liberté d'enseignement. » Après avoir dit qu'il considérait une liberté publique comme un moyen et non comme un but, l'archevêque ajoutait : « Si donc le monopole de l'enseignement pouvait aujourd'hui, ce qu'il a pu à d'autres époques, réunir tous les esprits dans la profession des vrais principes, en morale et en religion et établir, au moyen de cette unité celle de tous les intérêts, de toutes les forces, de toutes les intelligences, c'est-à-dire la plus parfaite unité nationale; si ce monopole avait en outre l'inappréciable avantage de seconder le développement régulier des sciences, des arts, de la littérature de la France; s'il pouvait préserver les mœurs au lieu de les corrompre; si tels étaient ses heureux résultats, nous ne penserions jamais à la liberté. *Nous n'aurions même pas besoin de jouir de tous ces biens à la fois; heureux de posséder les plus*

*essentiels, nous attendrions les autres avec pa-
tience.* » Enfin l'archevêque terminait en désavouant la forme des écrits dont nous avons parlé,
mais en approuvant leur contenu.

Il était difficile de mieux dire : « Nous admettons le monopole, mais alors seulement qu'il est
exploité par nous et pour nous. » Ce général avait
le style meilleur, mais des désirs aussi redoutables
que ceux de ses soldats. Malgré toute son indulgence pour les cléricaux, le gouvernement ne put
se défendre d'intervenir. Il crut user de rigueur
en déclarant d'abus une lettre de M. de Prilly,
évêque de Châlons, au garde des sceaux, dans
laquelle ce prélat poussait l'audace, jusqu'à dire
qu'il refuserait désormais les sacrements aux
enfants élevés dans les établissements universitaires. Ce fut tout. Heureusement la société civile avait pour la défendre des hommes éminents
dont les noms resteront comme le symbole de la
liberté et de la raison : Michelet, dans ses écrits,
Edgard Quinet, dans sa chaire au collége de
France, Cousin à la tribune.

Le contre-coup de cette lutte n'était encore arrivé dans les Chambres, il est vrai, que sous forme
de pétition. Aucun discours remarquable n'est à
signaler en 1843, si l'on excepte celui de M. de
Carné qui voulait considérer l'Université comme

une corporation et non comme une institution de l'Etat. Les débats s'accentuèrent en 1844 lors du projet de loi sur l'enseignement secondaire présenté par M. Villemain à la Chambre des pairs, le 2 février.

Ce projet de loi est la preuve palpable de l'influence jésuitique dans les conseils du gouvernement de Louis-Philippe. Il fut imposé à M. Villemain; on l'admet généralement : quoique nous ne puissions pas oublier le rôle trop zélé que ce ministre joua sous la Restauration, comme censeur de la librairie, nous acceptons l'opinion communément admise. Mais, combien grande dut être la douleur de cet universitaire, obligé de livrer pièce à pièce tous les droits de l'Etat, tous les débris de l'Université ! — L'Ordonnance de 1828 qui était regardée comme le boulevard des études laïques fut la première attaquée par ce projet de loi. On le fit avec l'art particulier des disciples de Loyola. Le ministre de l'instruction publique s'étendit en long commentaires sur le droit et la nécessité pour l'Etat de surveiller et diriger l'enseignement secondaire; il nia avec emphase que la liberté politique développée par les lois pût détruire l'intervention de l'autorité civile dans l'éducation publique. Mais au milieu de ces belles phrases se trouvait un article artificieux, par lequel les petits séminaires étaient érigés en écoles à la fois privées et publiques, tout en demeurant exempts des conditions communes.

La discussion s'ouvrit le 22 avril. Elle fut longue. Cousin défendit vaillamment les droits universitaires. Après lui, parlèrent dans le même sens, M. de Priest et le baron Charles Dupin. Quoique nous ne puissions guère entrer dans le détail de ces longs débats, il n'est pas possible de passer sous silence, la vigoureuse péroraison de ce dernier orateur :

« Mettre la main sur l'enfance, s'écria-t-il, même au sujet des études profanes et civiles, pour amener avec rapidité la main mise sur la virilité, même quand auront grandi les jeunes adeptes savamment accaparés, voilà le plan, sinon des évêques, du moins des habiles, des affiliés de robe courte, des meneurs occultes qui n'aspirent au premier abord qu'aux succès de l'ombre et du silence, en attendant l'apothéose et les triomphes du grand jour. J'ai voulu dire la vérité sans réserve. J'ai voulu dire à mes concitoyens, ce que mes yeux voient, ce que mon cœur sent, ce que ma raison juge. »

Les orateurs du parti clérical, MM. de Ségur, Lamoignon, Beugnot, de Gabriac et surtout M. de Montalembert, ce benjamin de l'ultramontanisme, reproduisirent les prétentions jésuitiques et les attaques déjà écrites contre l'Université en parsemant leurs discours d'exagérations ridicules, et d'imputations calomnieuses. La Chambre des pairs n'osa toucher qu'avec circonspection au fameux article présenté par le gouvernement, et vota la loi tout entière par quatre-vingt-cinq voix contre cinquante-et-une. Ce nouveau projet et celui de M. Villemain arrivèrent à la Chambre. M. Thiers en fut nommé rapporteur ; il présenta des conclusions qui détruisaient les deux premières propositions. Peu de temps après, M. Villemain fut obligé par une grave maladie de se retirer du ministère.

L'opposition des pouvoirs législatifs exaspéra le clergé. Des libelles passionnés recommencèrent à circuler. L'un d'eux, intitulé : « *Mémoire adressé aux évêques de France et aux pères de famille,* » dépassa tellement en violence celui de l'abbé Desgarets que son auteur, l'abbé Combalot, fut traduit devant les tribunaux et comdamné ! Cette fermeté de la justice, juste, mais cependant bien indulgente dans ses effets, fut naturellement considérée comme une persécution par les prélats ultramontains. M. de Prilly s'empressa d'écrire à l'abbé une lettre dans laquelle se trouvait le passage suivant : « L'évêque de Châlons et le clergé vous adressent les félicitations de l'*Eglise* et de tous les *gens de bien*. Ils est digne de vous de donner un tel exemple, et de prendre si ouvertement la défense des évêques catholiques contre l'Université... Cet ouvrage est si beau, qu'après l'avoir lu, j'ai regretté qu'il n'eût pas été écrit par un évêque. »

On ne pouvait mieux prêcher le désordre et la désobéissance aux lois. Pourtant le gouvernement ne sortit point de son indulgente apathie. Il fallut une interpellation des Chambres pour que M. Martin (du Nord) se décidât à déclarer d'abus la lettre de M. de Prilly. D'ailleurs cette illusoire pénalité n'était pas faite pour arrêter le clergé et l'on est forcé d'avouer en jetant un coup d'œil en arrière, que le système d'emprisonnement employé par Napoléon aux moindres incartades ecclésiastiques, rendait nos prélats et nos curés plus malléables et plus humbles. L'attitude soumise du gouvernement de Louis-Philippe augmentait la hardiesse des ennemis du pouvoir civil. Les évêques écrivirent une lettre collective au roi dans laquelle ils exposaient les craintes et les espérances de l'épiscopat; cette adresse n'était pas, il faut l'avouer, destinée à la publicité, mais, un journal ultramontain trop zélé, s'étant permis de l'insérer dans ses colonnes, le scandale fut immense. Le garde des sceaux fut obligé de répondre officiellement en rappelant aux évêques la loi du 18 germinal an X, qu'ils semblaient oublier. Cette nouvelle remontrance n'eut pas plus de résultat que les précédentes. Le jour de la fête du roi, l'archevêque de Paris osa lui faire encore publiquement les mêmes demandes qui avaient attiré à lui et à ses collègues, les reproches du président du conseil.

Les libéraux et les partisans de l'Université connaissaient fort bien la raison de cette inconcevable audace du parti clérical. Aussi se décidèrent-ils à frapper au cœur l'ultramontanisme, et à demander au gouvernement l'application des lois sur les congrégations religieuses. Le 2 mai, M. Thiers adressa une interpellation au gouvernement à ce sujet. Son discours fut net, vigoureux, éloquent. Après avoir séparé la cause des Jésuites de celle du clergé, résumé l'histoire de la Compagnie de Jésus et avoir enfin rappelé son rôle sous la Restauration, il exposa l'influence croissante de cet ordre dangereux à nos libertés civiles, malgré son abattement momentané en 1830. En présence de cette situation, il démontra que ne pas agir, ce n'était plus renoncer par tolérance à l'exécution immédiate et rigoureuse des lois, c'était les rapporter, c'était prononcer le rappel des Jésuites en France : « Messieurs, ajoutait M. Thiers, je respecte le droit de l'Eglise, mais je maintiens en même temps les droits de l'autorité publique. Oui, vous pouvez créer des congrégations religieuses, le souverain pontife pourra les instituer, mais le souverain de la France, ce souverain qui se compose de trois pouvoirs aura le droit de décider si ces congrégations sont conformes à l'esprit des institutions et aux intérêts de la nation. » Enfin il terminait après avoir fait un brillant historique des lois que comporte cette matière, en assurant le ministère qu'il trouverait toujours l'opposition prête à le soutenir dans l'application des lois. La réponse du garde des sceaux peut se résumer en deux mots : Oui, nous savons que nous pourrions chasser les Jésuites, mais nous ne le voulons pas. C'était là, le sens de sa réplique, mais elle sembla si noyée dans un vague discours qu'elle mécontenta même M. de Carné. Bondissant à la tribune, l'orateur ultramontain s'écria : « Je voudrais bien savoir si Bossuet, si Fénélon, s'ils revenaient au monde, seraient avec vous dans votre force, ou avec nous dans notre faiblesse. A l'époque où vivaient ces deux grands génies, il y avait une lutte entre les évêques et les magistrats. Bossuet le gallican, et Fénélon l'ultramontain se réunissaient et disaient : malheur au royaume si l'on entend jamais la liberté de l'Eglise gallicane, comme les entendent les magistrats et non les évêques ! » — « Malheur à la France, s'écria M. Dupin, si l'on entend jamais ces libertés comme les entendent les Jésuites ! Il y a ici une question politique, la question de l'existence légale et illégale des corporations dans l'Etat. Il y a des associations de prêtres autorisées par la loi ; il y a des congrégations qui ne présentent aucun danger et qui ne sont pas un Etat dans l'Etat. La société de Jésus a un caractère essentiellement politique, et porte dans ses prétentions temporelles cet esprit dominateur et turbulent qui l'a fait redouter des souverains et des papes eux-mêmes. » — Enfin, M. Thiers présenta un ordre du jour qui fut voté à une très-forte majorité ; il était ainsi conçu : « La Chambre, se reposant sur le gouvernement du soin de faire exécuter les lois de l'Etat, passe à l'ordre du jour. » L'embarras du gouvernement était grand. Il se trouvait obligé par cet ordre du jour, de faire justice et donner satisfaction aux lois. Les attaches intimes avec l'ultramontanisme lui interdisaient de sévir contre ses amis. Le célèbre système du « juste milieu » qui a valu à la France tant d'humiliations fut encore employé. Comme Charles X avait fait pour l'archevêque récalcitrant de Toulouse, Louis-Philippe s'adressa au pape, refusant d'appliquer nos lois, il implora du Saint-Père le rappel et la dissolution des Jésuites.

La fameuse compagnie avait à cette époque-là vingt-sept maisons, tant d'éducation que de noviciat, ressortissant de deux *provinces* qui divisaient la France, et dont les chefs-lieux étaient à Paris et à Lyon. Le général, le Père Roothaan résidait à Rome. Cette puissante milice de l'Église était redoutée du pape lui-même, elle ressemblait un peu trop au corps impérieux des janissaires; aussi Grégoire XVI chercha-t-il à gagner du temps. M. Rossi, le savant professeur de droit administratif qui avait été attiré en France par M. Guizot, avait été chargé par le gouvernement de mener à bien ces négociations, il insista auprès du pape qui réunit enfin une congrégation des principaux dignitaires pontificaux. Quelle devait être sa réponse ?

On s'attend à voir cette commission prendre en main l'intérêt des Jésuites suivant ce prétendu principe, si souvent invoqué par le Saint-Siége, que le pape est le maître des oints de l'Église, que quiconque touche à eux, attente à la souveraineté pontificale, et par conséquent à Dieu. Non, en cette occasion, ces éternels arguments n'étaient pas de mise. La congrégation fit une réponse que nous devrions inscrire en tête de nos lois afin que nul ecclésiastique n'en ignore : « *Le Saint-Siége ne peut ni ne doit prendre aucune part à des mesu-*

res qui *concerneraient les droits constitutionnels des citoyens français.* » Cette solution était perfide. Le ministère s'empressa de mander à M. Rossi, de supplier le pape d'arranger cette affaire, de lui bien représenter l'état des esprits et les calamités qui menaçaient le clergé en France, si on ne séparait pas son existence de celle des Jésuites. La remontrance produisit quelque effet; le pape s'entendit avec le père Roothaan, et ordre fut officiellement donné aux jésuites de France de se conformer aux lois de leur pays. Les disciples de Loyola fermèrent avec éclat quelques-unes de leurs établissements principaux, mais se gardèrent d'abandonner leurs projets et leur clientèle. De même que sous l'empire ils avaient essayé de s'introduire sous le nom de Paccanaristes et de Pères de la Foi, ils prirent différents noms et débaptisèrent leurs maisons. Ils devinrent, il est vrai, plus réservés qu'auparavant, mais sans cesser d'être aussi influents.

Leur premier soin fut de faire interpeller le ministère lors de la discussion du budget des dépenses, par M. de Boissy, au sujet de la mission de M. Rossi à Rome. Au discours que présenta pour la défense du gouvernement, M. Guizot, M. de Montalembert répondit qu'il y avait dans ces questions toute autre chose que l'affaire des Jésuites. Le porte-voix de l'ultramontanisme s'empressa de se séparer officiellement de la Compagnie de Jésus, et il agit ainsi avec l'habilité ordinaire de ses maîtres; non-seulement, ajoutait-il, tous les catholiques de France, mais ce qu'on appelle le parti catholique n'est pas jésuite et n'a pas son général à Rome; tout le monde, sans excepter les *Jésuites eux-mêmes*, demeure en possession des libertés données par la Charte. Ainsi donc, si *l'avant-garde catholique* avait dû déposer les armes, cela fait, il restait encore l'armée tout entière; il restait ces quatre-vingts évêques qui avaient réclamé l'année précédente contre le projet de loi sur l'enseignement secondaire et les soixante évêques qui avaient protesté contre les envahissements du pouvoir temporel sur la liberté de conscience, tout cela n'avait pas été absout par ce qui venait de se passer à Rome. « Allez aussi demander à Rome, ajoutait-il, l'approbation du monopole universitaire (1). »

(1) Peu de temps après, M. de Montalembert écrivit une circulaire aux électeurs catholiques dans laquelle il leur traçait leur devoir à la façon des nouvelles théories ultramontaines. M. Isambert, le savant jurisconsulte, y répondit par une brochure dans laquelle il résumait ainsi les prétentions du noble comte et de son parti. « Quel est en définitive, disait-il, quel est le but que poursuit M. le comte de Montalembert avec son libéralisme exalté et chevaleresque?

« C'est un but évidemment subversif de toutes les libertés

Ces longs tournois oratoires auxquels se prêtait si facilement le gouvernement avaient pour but de donner le change à l'opinion publique, aussi bien que les appels comme d'abus, dirigés de temps à autre contre les évêques. Mais l'influence du parti ultramontain et la soumission du ministère à ses ordres étaient toujours aussi grandes : la désorganisation de l'Université continuait sous les auspices de M. de Salvandy, le successeur de M. Villemain.

Le conseil royal de l'instruction publique était comme un rempart contre lequel se brisaient le plus souvent les intentions désastreuses du ministre contre l'indépendance de l'Université. M. de Salvandy, résolut d'y porter remède. Sous prétexte de réformes à introduire (réformes nécessaires d'ailleurs, mais non pas comme les entendait le protecteur des Jésuites), il institua en dehors du conseil royal, une commission chargée de réunir les lois, décrets, ordonnances, statuts, règlements qui régissent toutes les branches du service de l'Université, et d'en préparer la révision et la codification. C'était rompre en visière au

publiques et de l'indépendance de son pays. Ce n'est pas assurément l'établissement définitif de la simple liberté des cultes proclamée par la Charte. Ce qu'il veut, ce qu'il poursuit c'est la création d'un Etat dans l'Etat. »

conseil royal et méconnaître ses droits; ceci ne suffit point au ministre, une simple ordonnance du 7 décembre 1845, reconstituait le conseil royal sur les bases établies par le décret organique du 17 mars 1808.

L'opposition comprit le danger. Mais trop tard, hélas! Cette ordonnance du 7 décembre faisait passer entre les mains du ministre toute l'autorité du conseil royal. Si le ministre prêtait une oreille complaisante aux aspirations des ultra-montains, c'en était fait de l'Université. MM. Thiers et Odilon Barot ne manquèrent pas, pendant la session législative de 1847, d'interpeller le ministère et de demander la discussion de la loi sur l'enseignement secondaire, tout en blâmant l'ordonnance du ministre. Le parti clérical et M. de Salvandy ne voulaient plus de cette loi. Ils avaient d'autres moyens pour arriver à leurs fins. M. Guizot vint en aide à son collègue et refusa d'entrer dans des discussions *qui pouvaient soulever des questions brûlantes!* Et après s'être ainsi dérobé à tout autre critique, le ministère continua de répandre ses faveurs sur le clergé. C'est de cette époque que date la réorganisation du chapitre de Saint-Denis.

Le 1er juin mourut Grégoire XVI. Le concile lui donna pour successeur le 17 du même mois, Jean-

Marie Mastaï Feretti, évêque d'Imola, né à Sini-galia le 13 juin 1792. Le nouveau pape prit le nom de Pie IX. Ses premières années de règne donnè-rent à penser que la papauté pactisait avec la raison et la liberté et qu'elle s'affranchissait de l'influence jésuitique. Par un mandement en 1847 l'archevêque de Paris laisse entendre, comme le voulurent faire croire bien des ultramontains français, que notre clergé partageait l'allégresse du peuple romain et son espoir de réformes.

En 1848, lors du vote de la discussion sur l'a-dresse, M. de Montalembert exprima sa surprise et son regret de ne trouver dans ce discours de la couronne aucune mention spéciale de l'Italie et du Saint-Père.

« N'était-ce pas au roi, qui, à Rome du moins, s'appelait encore le roi très-chrétien, de mani-fester son admiration pour le réformateur de l'Italie. Cependant dans une voie semblable, le sou-verain pontife avait besoin d'appui. » Partant de ce point de vue, il demanda la protection des États pontificaux contre les armées de l'Autriche et aussi contre les idées républicaines. On comprend où tendait ce discours. Il demandait une interven-tion armée en Italie en faveur du pape. M. Guizot sans refuser ni consentir, repoussant la proposi-tion voilée de M. de Montalembert, fit voter dans l'adresse, un mot d'encouragement au pape pour les réformes qu'il avait entreprises.

Sur ces entrefaites éclata la révolution de 1848. Elle avait été pressentie par les ultramontains; le changement imprévu qui survint dans l'organisation des pouvoirs publics ne les effraya pas et ne troubla en aucune façon le plan qu'ils avaient conçu. Ils furent les ennemis de la monarchie de Juillet, qui leur fit en temps inopportun d'immenses concessions, et ils devinrent les ennemis des principes républicains qu'ils prônèrent hautement d'abord, pour vendre leur concours à un ambitieux.

CHAPITRE VII

Rôle du parti clérical en 1848

·« Les instincts du peuple de Paris sont d'une générosité, d'une délicatesse, qui surpasse celles de beaucoup d'autres corps politiques qui ont dominé la France depuis soixante ans. On peut dire que les combattants (en février), les armes à la main, dans la double ivresse du danger et du triomphe ont donné tous les exemples sur lesquels n'ont plus qu'à se régler aujourd'hui les hommes de sang-froid. Ils ont donné à leur victoire un caractère sacré...

« Désormais, c'est le gouvernement de tous par tous qu'il s'agit d'organiser, c'est la société dans sa plus haute acception qu'il importe de défendre... Travaillez à faire comprendre au clergé des campagnes toute l'importance de son attitude dans le mouvement actuel. La religion fleurit dans les républiques américaines, elle a fait au moyen âge la splendeur des républiques italiennes. Il n'y a plus à cette heure qu'un mot de l'unité française qui soit debout, la patrie. Rallions-nous tous à ce glorieux et saint nom. »

Qui a écrit ces lignes? M. de Falloux, dans sa profession de foi, lors des élections pour l'Assemblée nationale où il allait devenir le chef des cléricaux. Cette exposition de principes était celle de son parti. Après la révolution de Février le parti commença le double jeu qui lui a réussi si souvent. Alliés aux légitimistes, mais ne sachant pas encore quel régime l'emporterait dans cette confusion politique, les chefs du parti engagèrent le clergé à flatter l'idée républicaine, tandis que les cléricaux militants s'associeraient aux monarchistes pour la détruire. Obéissant au mot d'ordre, les curés bénirent les arbres de la liberté, firent entendre des homélies sur la fraternité, en exploitant la mort héroïque de monseigneur Affre. Comment nos concitoyens se laissèrent-ils prendre à ce piége? Comment purent-ils supposer que ces nouvelles théories libérales du parti clérical étaient sincères? Croire que la secte catholique et ses représentants laïques avaient comme par enchantement renié les principes ultramontains?

Hélas ! ce n'est pas le seul exemple de duplicité d'un côté et de naïveté de l'autre qu'on ait à relever dans notre histoire! Cependant, il faut avouer que beaucoup de curés furent de bonne foi dans leurs dithyrambes sur la république dont les principes répondaient peut-être aux secrètes aspirations de leurs consciences. Ils furent les premiers trompés, les premiers malheureux, lorsqu'ils comprirent le rôle qu'on leur avait fait jouer. Quand à M. de Falloux, il nous semble impossible que sa profession de foi fût l'expression sincère de ses sentiments.

En 1846, vers le temps où il arriva à la tribune parlementaire, poussé par la société catholique qu'il fréquentait et qui fondait sur lui les plus grandes espérances, il avait écrit une longue histoire de Pie V; c'était comme un gage donné à son parti. Dans la préface de ce livre, nous trouvons le passage suivant : « La tolérance n'était pas « connue dans les siècles de foi, et le sentiment que « ce mot nouveau représente ne peut être rangé « parmi les vertus que dans un siècle de doute. « Autrefois il y avait en immolant l'homme en- « durci dans son erreur des chances pour que cette « erreur pérît avec lui et que les populations « demeurassent dans l'orthodoxie. L'histoire de « plusieurs royaumes le prouve. Aujourd'hui le

« pouvoir qui continuerait à poursuivre de pa-
« reils coupables commettrait des actes de rigueur
« *sans excuse, parce qu'ils seraient sans bénéfice*
« pour la société et pour l'orthodoxie. Lorsque les
« notions du vrai et du faux sont confondues,
« lorsque les prescriptions les plus contraires
« trouvent au sein même du christianisme des
« gouvernements et des peuples qui les adoptent
« ou qui les rejettent, assurément alors on est
« louable de se replier dans sa conscience et de
« ne chercher que dans l'excellence de la doc-
« trine, l'excellence du prosélytisme. Mais autre-
« fois il n'en était pas ainsi. *Aujourd'hui l'intolé-
« rance serait un non sens : autrefois elle avait
« un but légitime qu'elle a souvent atteint.* »

Il est difficile de mieux étaler le fameux proverbe jésuitique : « La fin justifie les moyens; »
impossible de mieux affirmer que la morale n'est
pas *une* et que son poids et sa mesure dépendent
du temps et des circonstances.

L'on trouve de nos jours, surtout depuis 1870,
parmi les coryphées du cléricalisme, dignes successeurs des coryphées de la congrégation, des prê-
cheurs de robe courte qui énoncent à haute voix
et clairement les prétentions ultramontaines; mais
il en est d'autres qui blâment cette franchise, et
M. de Falloux est du nombre de ces derniers. Il

veut que l'on combatte le grand combat de contre-révolution, mais il conseille de ne pas prévenir ceux que l'on doit pourfendre. En un mot, il est resté stationnaire dans son parti depuis 1848, il n'a rien appris depuis lors, il semble ne pas connaître la lettre du Syllabus, s'il en applique l'esprit.

Ce n'est pas qu'en 1848, il n'y eût pas des légitimistes cléricaux prêts à conspirer ouvertement contre la république. Mais ces velléités de lutte au grand jour ne durèrent pas longtemps. Le comité directeur de ce parti à l'Assemblée, dans deux séances présidées par Berryer, décida sur le conseil de M. de Falloux que le meilleur système à employer contre la république était d'épier ses fautes, de la pousser à en commettre et d'en profiter. D'ailleurs on ne devait pas négliger d'arriver au but si désiré de reconstituer la société d'avant 1789, mais en dissimulant le but sous des dehors de libéralisme propres à donner le change : le droit d'aînesse s'appela la liberté de tester; la propriété de main-morte, la grande culture; la sanctification forcée du dimanche, la liberté des âmes; la propagation des idées ultramontaines, la liberté de l'instruction. Cette manière de présenter des doctrines fut approuvée de tous les membres du parti. Aujourd'hui encore, elle est mise en pratique, même par ceux qui ont affiché hautement leurs opinions contre-révolutionnaires. Quant au système politique proposé par M. de Falloux, son inventeur fut chargé de le mettre à exécution, et certes il s'en acquitta, avec toute la ruse, le machiavélisme que son éducation avait pu lui donner.

« Épier les fautes de la république, la pousser à en commettre et en profiter. » M. de Falloux épia l'occasion, il la saisit dans la malheureuse utopie des ateliers nationaux, et il s'empressa d'aggraver la situation.

La révolution de Février avait laissé sans travail un certain nombre d'ouvriers. Le gouvernement provisoire entreprit de leur éviter les jours de chômage en leur donnant de l'ouvrage aux frais de l'État. Le 2 mars, il y en avait 17,000, le 15 mars, 49,000, le 20 juin, 107,000. Dans ce nombre sont compris 15,000 individus entrés par fraude, et 2,000 forçats libérés. On s'aperçut des difficultés matérielles auxquelles on allait se heurter; on s'en aperçut trop tard, hélas! et l'on proposa la suppression des ateliers nationaux. En principe, cette suppression fut admise, mais il y avait deux façons de l'opérer, soit en temporisant, soit en brusquant au contraire les événements. La première manière seule était prudente et juste. Les conservateurs de l'Assemblée, les cléricaux et leurs alliés s'empressèrent de la faire repousser. La colère fut grande parmi tous ces hommes menacés de perdre du jour au lendemain tout gagne-pain. Un décret du gouvernement provisoire, ordonnant que les ouvriers non majeurs auraient à choisir entre leur envoi dans les ateliers de province ou leur expulsion de ceux de Paris, augmenta cette irritation ; les bonapartistes l'attisèrent. La nomination de M. de Falloux comme rapporteur de la Commission, lui qui s'était prononcé antérieurement pour la suppression immédiate des ateliers, l'exaspéra. Les troubles commencèrent. M. de Falloux a dit depuis cette époque, pour se justifier, que les barricades étaient dressées dans Paris avant la lecture de son rapport, voulant ainsi donner à entendre qu'il n'était pour rien dans l'insurrection de Juin. Ce qu'il n'avoue pas, c'est que le contenu de son rapport avant d'être lu à la tribune, était déjà connu de tout le monde. Il se garde bien de dire qu'il y avait encore moyen d'éviter l'effusion du sang et tous les malheurs de l'insurrection en n'excitant pas davantage la colère de ces hommes irresponsables dans leur ignorance, d'avoir cru à des utopies débitées de bonne foi, mais qu'une imprévoyance coupable avait eu le tort de vouloir mettre à exécution. Non, M. de Falloux n'a jamais voulu confesser qu'il a été maudit par les orphelins ou les parents des victimes de Juin 1848. Sa conscience sans doute le laisse en repos. L'histoire ne peut pas lui laisser cette douce quiétude. Elle a le droit de le juger.

D'ailleurs, le but désiré de M. de Falloux et les siens fut atteint. La seconde république était désormais perdue. Le parti clérical avait fait son possible pour hâter sa chute; c'était dans son programme. Il ne lui restait plus qu'à profiter des fautes où il avait engagé ses adversaires : le moyen en était facile; il lui fallait uniquement vendre son concours au premier intrigant monarchiste qui se présenterait, il le trouva dans la personne de M. Louis Bonaparte. Les légitimistes purement politiques, les orléanistes étaient déjà décidés à soutenir sa candidature; ils crurent peut-être à la loyauté de l'aventurier de Strasbourg et de Boulogne ; ils ne donnèrent pas une haute opinion de leur clairvoyance. Les cléricaux furent plus fins. Que leur promettait la candidature du fils adoptif de Napoléon Ier ? Imiterait-il la conduite de Napoléon Ier, à l'égard du clergé? ou bien achèterait-il leur appui par des concessions réelles et durables ? Ils voulurent des stipulations expresses. Un ouvrage de M. de Falloux, paru en 1856, intitulé : « *Le parti catholique, ce qu'il a*

été, ce qu'il est devenu » le dit en termes positifs :
« Cette candidature posée, des hommes politiques
en assez grand nombre voulurent, avant de se
prononcer pour ou contre elle, entrer en relations
avec le prince..... M. de Montalembert eut plusieurs entretiens avec le prince. Il stipulait là,
comme ailleurs pour la liberté religieuse. »

Après l'élection du dix décembre, le parti clérical réclama sa part de pouvoir. Le président de
la république lui donna le ministère qu'il convoi-
tait, celui de l'instruction publique, en lui laissant
la liberté d'en désigner le titulaire. On hésita quelque temps entre M. de Montalembert et M. de
Falloux. « La fougue du premier dans ces mo-
« ments de prise de possession pouvait créer au
« parti des dangers que la prudence du second
« saurait éviter. Le parti clérical avait double-
« ment besoin d'être représenté dans les conseils
« du gouvernement par un homme prudent et ha-
« bile. La révolution triomphait à Rome, Pix IX
« s'était retiré à Gaëte. Le pape hors de Rome, il
« n'y avait plus de papauté. Le parti clérical vou-
« lait ramener à tout prix le Saint-Père dans sa
« capitale (1). »

Le 24 mai, l'Assemblée nationale avait aussi ex-

(1) Taxile Delord. Hist. du second empire. Chap 1.

pliqué ses sentiments au sujet de la politique extérieure : « Pacte fraternel avec l'Allemagne; reconstruction de la Pologne; affranchissement de l'Italie. » Moins d'une année après, Louis Bonaparte envoyait un représentant de la France aux conférences tenues à Gaëte par les agents diplomatiques de l'Europe. Le 8 janvier 1849, Ledru-Rollin réclama contre cette sanction donnée aux traités de 1815.

Les gouvernements français et anglais, après l'abdication de Charles-Albert, avaient arraché à Radewski un armistice qui sauvait momentanément le Piémont. L'Assemblée nationale pensant que de nouveaux efforts en sa faveur pouvaient devenir nécessaires, adopta l'ordre du jour suivant :

« Si, pour mieux garantir l'intégrité du territoire Piémontais, et pour mieux sauvegarder les intérêts et l'honneur de la France, le pouvoir exécutif croit devoir prêter à ses négociations l'appui d'une occupation partielle et temporaire en Italie, il trouvera dans l'Assemblée nationale le plus entier concours. » Ces mesures, on le voit, n'avaient pour but rien moins que la restauration du pape; au contraire, la fondation de la république romaine avait été considérée comme un heureux présage de bonnes relations entre l'Italie et la

France. Mais le président avait promis son concours aux cléricaux. Cet engagement, il le considérait comme plus utile à exécuter que d'observer son serment de fidélité à la Constitution dont l'article V portait : « La république française n'attentera jamais à la nationalité d'un peuple. » M. Odilon Barot conformément à l'ordre du jour que nous venons de citer, demanda un crédit de 1,200,000 francs immédiatement accordé. Tel fut le début de l'expédition de Rome, qui fut confiée aux soins du général Oudinot, par M. Louis Bonaparte et que quelques esprits naïfs ou de mauvaise foi accusent la république de 1848 d'avoir fait.

L'ignorance de l'opinion publique et des représentants sur les projets de Louis Bonaparte en Italie était complète. Oudinot eut même soin en débarquant à Civita-Vecchia, le 27 avril, de tâcher de tromper les Romains, en leur affirmant dans une proclamation « qu'il ne venait point pour exercer sur eux une influence oppressive ni leur imposer un gouvernement contraire à leurs vœux. »

Le 7 mai, on apprit que nos troupes se battaient sous les murs de Rome. L'effroi et la colère furent immenses. Le ministère fut interpellé, et une commission nommée pour aviser aux événements. Elle élut M. Senard rapporteur. Dans une séance de nuit, à dix heures du soir, cet honnête homme, révolté comme ses collègues, déposa un rapport dans lequel il accusait le ministère d'avoir trompé l'Assemblée, méconnu sa décision souveraine et violé la Constitution. La droite murmura, mais elle ne put empêcher l'ordre du jour suivant d'être voté :

« L'Assemblée nationale invite le gouvernement à prendre sans délai les mesures nécessaires pour que l'expédition d'Italie ne soit pas plus longtemps détournée du but qui lui avait été assigné. »

Loin d'obéir à cette décision de l'Assemblée, M. Louis Bonaparte écrivit la lettre suivante au général Oudinot, lettre qui lui fut pour ainsi dire dictée par M. de Montalembert :

« Mon cher général,

« La nouvelle télégraphique qui annonce la
« résistance que vous avez rencontrée sous les murs
« de Rome, m'a vivement peiné.

« J'espérais, vous le savez, que les habitants de
« Rome, ouvrant les yeux à l'évidence, recevraient
« avec empressement une armée, qui venait ac-
« complir chez eux une mission bienveillante et
« désintéressée. Il en est autrement. Nos soldats
« ont été reçu en ennemis. Votre honneur militaire

« est engagé; je ne souffrirai pas qu'il reçoive
« aucune atteinte. Les renforts ne vous manque-
« ront pas. Dites à vos soldats que j'apprécie leur
« bravoure, que je partage leurs peines et qu'ils
« pourront toujours compter sur mon appui et
« sur ma reconnaissance.

« *Signé* : LOUIS-NAPOLÉON BONAPARTE. »

Voilà le cas que faisait des résolutions prises par les représentants de la nation, le président poussé par les cléricaux. Loin de résister à ses allures despotiques, l'Assemblée compromit encore davantage la république, en votant elle-même sa dissolution. Le 26 mai 1849, elle se sépara.

Rien n'est plus curieux que d'étudier la période des élections pour l'Assemblée législative. Alors comme toujours du reste, les monarchistes se livrèrent, soutenus par le gouvernement, à une propagande basée sur d'ignobles calomnies contre le parti républicain. Les droites s'étaient fusionnées avec les cléricaux en une coalition qui s'attribua nécessairement le nom *de parti de l'ordre*, et dont le comité siéga rue de Poitiers. C'est de là que sortirent 577,000 exemplaires d'opuscules immondes, qui avaient pour titre : *les Orgies révolutionnaires, les Étrangleurs, les Ravageurs, les Chauffeurs, les Démolisseurs, les Terroristes, Dieu le voudra*, qui portait cette épigraphe : « Les républicains de bonne foi sont des idiots, etc, etc. » Nous ne nous attarderons pas à analyser ces différents factums qui se ressemblent tous par le dévergondage des idées et du style. Pour en donner une simple idée au lecteur bienveillant qui a bien voulu nous suivre dans cette étude, nous mettrons sous ses yeux le passage suivant, tiré du *Petit manuel du paysan électeur*, et rédigé en forme de dialogue :

M. HARDY : — Les Montagnards sont des républicains farouches ou plutôt des espèces de tyrans; ils sont pires que les sauvages de l'Amérique; les socialistes et les communistes sont des Montagnards renforcés; c'est un ramassis d'aventuriers, d'hommes ruinés, criblés de dettes, échappés des prisons et des galères.

« JEAN. — Mais, où veulent-ils donc en venir?

« AUGUSTIN. — Parbleu, c'est bien clair, à mettre la main dans nos poches.

« M. HARDY. — Rien de plus vrai.

« AUGUSTIN. — Ils prendront encore ta femme à ton nez, et tu n'auras rien à dire. »

Ces petites ordures n'étaient pas seulement répandues à profusion dans les villages et les hameaux. Il fallait éclairer l'électeur ignorant, et, du haut de la chaire, les curés les lisaient à leurs paroissiens. Combinée de cette façon, la conspiration de la calomnie ne pouvait manquer de réussir. Le 28 mai, à midi, l'Assemblée législative ouvrit ses séances. Elle devait tuer la république, pour se laisser égorger elle-même par M. Louis Bonaparte.

Les avertissements de la gauche et les occasions ne lui manquèrent cependant pas pour secouer le joug où la tenait le président. Mais elle ne sut profiter ni des uns, ni des autres ; fondue dans le parti clérical, la majorité monarchique de l'Assemblée obéissait aux impulsions de M. de Montalembert et de ses amis. Qu'importaient aux cléricaux, les intrigues de M. Louis Bonaparte ? Leur plan était le même que sous la monarchie de Juillet ; combattre les libertés publiques et les accaparer pour leur parti. Tous les moyens leur semblaient bons pour arriver à ce but ; du marché fait avec le nouvel ambitieux, les principales clauses avaient été exécutées par celui-ci. Il en restait d'autres comprises communément sous le nom d'*expédition de Rome à l'intérieur*. Pour engager M. Louis-Napoléon à les accomplir, il fallait se montrer entièrement soumis à ses vues. Le parti clérical ne marchanda pas cette fidélité intéressée.

Les opérations du siége de Rome avaient traîné en longueur. Le général Vaillant qui les conduisait, mais qui avait refusé le titre de général en chef,

en disant que le rôle de tuer la république romaine
ne convenait pas à la république française, avait
vu ses scrupules s'évanouir avec le résultat des
élections, et dès ce moment activa les aggressions
contre la ville. La nouvelle que le sang de nos
soldats coulait pour une cause tout autre que celle
de la liberté irrita la gauche de l'Assemblée. M. Bac
interpella le gouvernement, personne ne répondit.
M. Drouin de Lhuys, ministre des affaires étrangères, était absent, et ses collègues prétendaient
n'avoir pas reçu communication des dépêches ve-
nues d'Italie. La nuit se passa dans de cruelles
angoisses (car la demande d'une séance dans la
soirée avait été repoussée par la majorité); le lendemain, le 11 juin, M. Ledru-Rollin monta à la
tribune pour proposer la mise en accusation du
président de la république et du ministère, comme
coupables d'avoir violé la Constitution et foulé
aux pieds les votes de l'Assemblée nationale.

M. Odilon Barot, l'ancien chef de l'opposition
sous Louis-Philippe, fut chargé de défendre cette
première aventure, qui commençait la série de
celles du futur empereur. Il ne trouva à répondre
qu'une subtilité n'infirmant en rien les accusations dont on avait frappé le gouvernement : « Le
président de la république en restaurant le pape
n'entend nullement restaurer les abus de la

papauté. » Ledru-Rollin riposta que lui et les siens défendraient la Constitution les armes à la main. Ce mouvement de colère devait achever l'existence de la seconde république. Quoique son nom se trouve encore pendant trois ans sur les affiches officielles, elle est morte réellement le 13 juin 1849 ; elle a été tuée par les cléricaux, à qui des esprits honnêtes, mais exaltés et impatients, ont fait le jeu vraiment trop beau.

Les troubles du 13 juin furent suivis de la mise à exécution des projets si chers aux cléricaux. Nous n'avons pas à nous occuper ici de la restriction apportée au suffrage universel, ni de la *loi de haine* contre la presse ; nous en viendrons de suite à ce que convoitaient les ultramontains. L'ingérance de M. de Falloux au ministère de l'instruction publique, au milieu de tous les troubles qui étaient survenus, n'avait pas sur ce point atteint les résultats désirés. Les cléricaux voulaient se rendre maîtres de l'enseignement, comme ils avaient essayé de le faire sous le ministère Salvandy, et ils réclamaient à grands cris la présentation de la loi sur l'instruction publique. M. de Falloux avait, il est vrai, rédigé un projet de loi organique sur ce sujet ; mais, dans son impatience, il eut le tort d'en saisir l'Assemblée sans le transmettre préalablement au Conseil d'Etat. La Commission chargée de l'étudier avait déjà fini son travail, lorque M. Lherbette, s'apercevant de l'irrégularité, demanda le renvoi du projet au Conseil d'Etat; sa proposition fut votée et la réalisation des ambitions ultramontaines éloignée pour quelque temps. La presse cléricale, en attendant, redoublait d'injures et de calomnies contre les instituteurs primaires. Enfin, comme le Conseil d'Etat ne se pressait pas assez au gré des impatiences jésuitiques, M. de Parieu, le successeur de M. de Falloux, y suppléa par ce qu'il appelait le *petit projet*, lequel consistait à placer l'instruction primaire jusqu'à la promulgation de la loi organique, sous la surveillance des préfets qui nommeraient, suspendraient, révoqueraient à leur gré des instituteurs que les ministres appelaient les commissaires de Satan. D'ailleurs, la loi ne tarda pas à être présentée. Elle eut pour parrains, M. de Montalembert et M. Thiers. Cet étrange assemblage de personnes a besoin de quelques éclaircissements.

M. Thiers, le libérateur du territoire, le premier président de la république, qui est tombé le 24 mai 1873 victime des intrigues monarchiques et cléricales, n'était pas républicain en 1850. Après la révolution de Février, il s'était rallié au fameux parti de l'ordre. Partisan de la liberté, il soutint la nouvelle loi, parce qu'il y vit une application de ses principes libéraux et parce qu'il voulut lutter contre les républicains sans s'apercevoir comme eux, que cette loi, loin de favoriser la vraie liberté d'enseignement, maintenait le privilége de l'Etat, qui est certainement légitime à bien des points de vue, mais en l'amoindrissant en faveur des établissements cléricaux et du clergé. « La religion et la philosophie, disait M. Thiers, sont deux sœurs immortelles, placées près de Dieu dès l'origine du monde. La religion dans le cœur de l'homme, la philosophie dans son esprit; ces deux sœurs se séparent quelquefois, elles se combattent, elles finissent par rentrer dans la paix après avoir tiré de leurs luttes cet avantage que la religion y gagne quelque chose du savoir humain et la philosophie plus de respect pour les choses saintes. »

Malgré tout notre respect pour ce grand homme qui a aimé son pays et l'a servi jusqu'à son dernier souffle, nous ne pouvons nous empêcher de trouver que lui, si souvent prophète depuis cette époque, ne le fut guère en cette occasion. Les deux sœurs ne sont guère rentrées en bonne intelligence et la faute en est au caractère accariâtre de celle que M. Thiers plaçait dans le cœur de l'homme. Au fond de ces superbes phrases on voit que les libéraux monarchistes proposaient un compromis par la voix de l'éminent orateur.

M. de Montalembert n'eut garde de le refuser. Comment pactisa-t-il avec sa conscience, lui, fils soumis de l'Eglise, dont il reconnaissait la souveraine indépendance, lui qui, quelques années auparavant, dans sa petite brochure dédiée aux électeurs catholiques (1846), déclarait que l'Eglise catholique ne connaît pas de transaction avec ceux qui l'ont vaincue ou reniée ici-bas? C'est là un phénomène qu'ont dû étudier les casuistes. Toujours est-il que M. de Montalembert accepta l'association proposée par M. Thiers. Les fougueux du parti, les catholiques purs de tout amalgame n'en furent pas contents. L'*Univers* nia la doctrine de M. Thiers. « Cela est faux, disait-il, il est faux que la religion et la philosophie sont deux sœurs immortelles, l'origine et le partage qu'on leur assigne sont faux. Non, il n'est pas vrai, que Dieu ait placé la religion dans le cœur de l'homme, et la philosophie dans sa tête. Il n'est pas vrai que la religion et la philosophie aient jamais contracté des alliances. Il faut que cette philosophie se révolte contre la religion ou qu'elle consente à être la servante, l'humble servante, *ancilla*, de cette reine. »

La même scission se produisit parmi les prélats. Monseigneur Sibour, le successeur de monseigneur Affre à l'archevêché de Paris, qui en 1848, lors de la promulgation de la Constitution, avait écrit et débité de belles phrases sur la rédemption du prolétariat par le travail, avait suivi le mouvement imprimé par M. de Montalembert, et dans un mandement du 15 janvier 1850 avait engagé les prêtres à s'abstenir de toute intervention dans les discussions politiques, « parce que, disait-il, l'Eglise respecte tous les gouvernements qu'elle trouve établis, ceux mêmes que les révolutions font surgir, sans leur demander compte de leur origine, ni de leur droit, *pourvu qu'ils accomplissent leur devoir.* » Au contraire, l'évêque de Chartres, M. Clausel de Montals, dont nous avons déjà parlé au sujet de ses écrits contre le philosophe Jouffroy, appuya les dires de l'*Univers*, ainsi que d'autres ecclésiastiques comme l'abbé Cazalès. Dans une lettre pastorale du 15 mars, le fougueux prélat s'éleva contre la théorie émise par monseigneur Sibour, et ce document se fait surtout remarquer par des traits d'une verdeur extraordinaire contre le gouvernement *à bon marché* de 1830 contre *les envahisseurs de trônes,* etc. L'archevêque de Paris ne put mieux faire que de déférer son suffragant à un concile provincial convoqué par ses soins, et là se termina la querelle des deux prélats.

Il n'en fut pas de même pour l'*Univers* qui

continua sa campagne contre le projet de loi. L'on ne peut se dissimuler que ses théories étaient conséquentes avec le principe : « Hors de l'Eglise point de salut. » Mais le parti clérical fut outré de cette algarade ultramontaine trop bruyante, et en garda rancune à l'*Univers*. En 1856, M. de Falloux dans un ouvrage que nous avons déjà cité, disait à l'*Univers* : « Vous avez failli jeter la division dans l'épiscopat français ; parmi les laïques, vous avez réussi ; ce qui était hostile, vous l'avez exaspéré ; ce qui était bienveillant, vous l'avez rendu hostile. »

Quoi qu'il en soit, la loi passa ; elle fut promulguée le 15 mars 1850. Elle installait le clergé dans le conseil supérieur et dans les conseils académiques ; les curés dans l'inspection des écoles, en laissant au gouvernement la faculté de choisir les inspecteurs généraux. Mais les plus grands succès pour les cléricaux, ce furent la conquête de l'enseignement secondaire, et la faculté pour les chefs de corporations religieuses enseignantes, autorisées par l'Etat, de créer des instituteurs par lettre d'obédience. La loi prit bien quelques précautions contre les envahissements congréganistes ; l'article 22 est ainsi conçu :

« ART. 22. Tout chef d'établissement primaire ou secondaire qui refusera de se soumettre à la surveillance de l'Etat, telle qu'elle est prescrite par *l'article précédent*, sera traduit devant le tribunal correctionnel de l'arrondissement et condamné à une amende de 100 francs à 1,000 francs. En cas de récidive, l'amende sera de 500 à 3,000 francs. Si le refus de se soumettre à la surveillance de l'Etat a donné lieu à deux condamnations dans l'année, la fermeture de l'établissement pourra être ordonnée par le jugement qui prononcera la seconde condamnation. Le procès-verbal des inspecteurs constatant le refus du chef d'établissement fera foi jusqu'à inscription de faux. » Cet article précédent, le vingt et unième, disait : « L'inspection des écoles publiques s'exerce conformément aux règlements délibérés par le conseil supérieur ; celle des écoles libres porte sur la moralité, l'hygiène et la salubrité. Elle ne peut porter sur l'enseignement que pour vérifier s'il n'est pas contraire à la morale, à *la Constitution et aux lois.* »

Ces deux articles furent illusoires. Il est de notoriété publique, que jamais, jusqu'à ces derniers temps, aucun des inspecteurs de l'Etat n'a pénétré pour faire son devoir dans un établissement congréganiste. Parmi ces dignitaires de l'Université, il en est qui ont eu une tendresse particulière pour les cléricaux ; d'autres, parmi eux eussent été bien aises d'appliquer la loi ; mais ceux-là savaient

qu'une démarche pareille aurait précédé leur ré-
vocation. La loi aura-t-elle désormais une sanction ?

Lorsque M. de Montalembert et ses amis votè-
rent ces articles, ils savaient bien qu'il n'auraient
aucune portée en ce qui concernait leur parti et ne
pourraient gêner que les institutions laïques. Si l'on
se demande pourquoi ils n'ont pas accaparé du
coup l'instruction publique toute entière, M. de
Falloux en donne la raison (1). « Substituer brus-
« quement un clergé, déshabitué d'enseigner, à
« une Université largement privilégiée, en posses-
« sion de longues préparations; faire soudain ap-
« paraître une soutane, partout où il y avait un
« frac, c'eût été constituer un mal énorme et cer-
« tain, c'eût été faire calomnier par une imitation
« trompeuse et informe comme presque tout ce
« qui est improvisé, l'enseignement religieux, tel
« qu'il peut être, quand le temps et les vocations
« lui ont prêté leurs forces. »

D'ailleurs, les cléricaux avaient obtenu ce qu'ils
demandaient : le pacte était plus ferme que jamais
entre eux et M. Louis Bonaparte. Ils ne craignirent
pas de le laisser voir. Après les cris de Satory et
toutes ces manifestations anti-constitutionnelles

(1) Le parti catholique, ce qu'il a été, ce qu'il est devenu.
Paris 1856.

auxquelles le président se prêtait si volontiers, la Chambre monarchiste commença à montrer quelque irritation contre lui, et la laissa percer en lui refusant un supplément de crédit de 1,800,000 fr. pour ses frais de représentation. Lors de la discussion à laquelle donna lieu cette demande, M. de Montalembert monta à la tribune pour la soutenir : « Je ne suis, dit-il, ni le conseiller, ni le confident, ni l'avocat du président de la république, je suis son témoin...... Le refus de ce crédit serait une des ingratitudes les moins justifiées de ce temps-ci... » La partie la plus curieuse de ce discours est celle où M. de Montalembert, chef des cléricaux rompit en visière aux monarchistes; il s'éleva contre les coalitions parlementaires, qui, en détruisant le respect de l'autorité, contribuaient bien plus aux révolutions que les émeutes. Il alla même jusqu'à dire qu'il se séparait de ses anciens alliés légitimistes, en leur déclarant qu'il *n'y avait de légitime que ce qui était possible*. Ainsi que le mandement de monseigneur Sibour, ce discours approuvait d'avance le coup d'État.

Le président s'en montra reconnaissant dès l'abord ; il donna ordre à M. de Parieu de procéder à l'ÉPURATION *dans les lycées*, les écoles, les pensionnats, en un mot dans tous les établissements d'instruction publique. Le ministère s'acquitta de cette tâche avec un soin scrupuleux; il accepta le contrôle du clergé, se soumit à ses volontés et lui laissa régler l'enseignement. Aussi quelle ferveur et quelle orthodoxie dans toutes les chaires! La Sorbonne n'osa plus parler que tout bas du dix-huitième siècle! Michelet professait encore l'histoire avec sa liberté d'allures habituelle au collége de France, son cours fut supprimé avec l'assentiment même de l'administrateur.

Sur ces entrefaites, éclata le coup d'État. Les représentants de toutes les opinions furent poursuivis et traqués à l'exception des cléricaux (1). Le clergé de Paris garda le silence pendant les trois lugubres journées de Décembre. Dans son « histoire d'un crime », Victor Hugo raconte que monseigneur Sibour refusa, malgré les instances d'Arnaud de l'Ariège, de faire une démonstration qui, en tous cas, eût honoré l'Eglise si elle n'avait pas eu d'autres résultats. En effet, pas une protestation contre la violation de serment! pas un mot de commisération pour les malheureuses victimes de la force brutale employée par un sinistre am-

(1) M. de Falloux fut, il est vrai, enfermé au mont Valérien ; il avait rompu avec M. de Montalembert pour se retrancher dans ses opinions purement politiques. D'ailleurs il approuva le coup d'Etat et ne resta pas longtemps en suspicion auprès du nouveau maître.

bitieux ! Cette attitude réservée du clergé lui valut les bonnes grâces du nouveau maître. Le 6 décembre, un décret rendit au culte l'église de Sainte-Geneviève; le 15, M. de Morny, ministre de l'intérieur, recommanda dans une circulaire aux préfets de faire, autant qu'il dépendait de l'autorité, respecter le repos du dimanche. « La cessation des travaux publics le dimanche et les jours fériés serait d'un bon exemple sans avoir l'air d'être une contrainte exercée sur la conscience des citoyens. » Enfin à l'avenir, lorsqu'il s'agirait de travaux à entreprendre pour le compte des communes ou des départements, on devrait inscrire une clause spéciale dans le cahier des charges pour interdire aux entrepreneurs tout travail le dimanche et les jours fériés.

Cette attention du président d'aller au devant des vœux du clergé dans cette question de la sanctification du dimanche qui lui tient tant au cœur, lui attira la bienveillance de tous les ecclésiastiques; curés et prélats se mirent en campagne pour faire la propagande nécessaire pour le plébiscite ratifiant le coup d'État. Monseigneur Eugène, évêque de Marseille, écrivit à un journal de cette ville : « A mes yeux, les plus grands intérêts de la religion et de la société exigent qu'on ne s'abstienne pas ; plusieurs de mes vénérables

24.

collègues, dont l'opinion m'est connue, pensent qu'il faut dans cette circonstance critique donner son appui au pouvoir chargé de nous défendre. Je n'en connais pas un seul qui soit d'un avis contraire. » L'évêque de Chartres, M. Clauzel de Montals, qui *avait si bien fulminé contre les envahisseurs de trônes,* s'était radouci. Il engageait son clergé à dire *oui.*

« La Providence, dit-il, dans une circulaire, ne nous donne en ce moment que ce moyen de salut. Il est évident que si Bonaparte était rejeté, la France ne trouverait plus qui lui substituer. Le peuple trompé par des intrigues et de fausses suggestions pourrait faire un choix détestable qui plongerait notre pays dans de nouveaux et incomparables malheurs. »

Ces manœuvres réussirent. Les *oui* du plébiscite approuvèrent le crime de Décembre. Le clergé de Paris fut un des premiers corps de l'Etat qui vinrent féliciter le prince-président. L'archevêque, qui le présenta, prononça dans cette circonstance un petit compliment à M. Louis Bonaparte, compliment que le nonce du pape luimême s'était abstenu de faire. Le clergé de province ne voulut pas rester en retard. L'évêque de Nancy, monseigneur Menjaud, trouva pour innocenter le parjure la célèbre phrase, reproduite

depuis lors par tous les panégyristes de l'empire :
« Vous êtes sorti de la légalité pour rentrer dans
le droit. » Enfin, le 1er janvier 1852, en grande
pompe, monseigneur Sibour célébra un *Te Deum*
à Notre-Dame, et fut le premier à chanter le
« Salvum fac Ludovicum Napoleonem. »

Napoléon III a suivi le même chemin que le
premier empereur pour s'emparer du pouvoir. Il
s'est aussi servi du clergé comme marchepied ;
mais il lui était impossible de pousser l'imitation
plus loin. Son oncle avait été le maître despotique
du clergé ; lui, il ne fut que l'humble valet des Jésuites. Aussi, malgré les apparences pseudo-
libérales de quelques prélats, la guerre de contre-
révolution va-t-elle continuer plus ardente qué
jamais.

CHAPITRE VIII

Règne de Napoléon III.

Cette scission qui faillit se produire en 1850, parmi les évêques et que M. de Falloux, dans sa brochure, impute aux idées intransigeantes de l'*Univers*, menaça de nouveau l'épiscopat français et le parti clérical au commencement du second empire. On avait pris possession de l'instruction publique, il s'agissait maintenant de la diriger dans la bonne voie. L'*Univers* et ses tenants demandaient la suppression des auteurs profanes de l'antiquité dont la lecture, quoique éminemment utile pour développer les intelligences, pouvait souiller les âmes, et proposaient de les remplacer par l'étude des Pères de l'Église, dont la forme littéraire était moins pure, mais l'esprit plus en rapport avec les visées de l'ultramontanisme. Au contraire, quelques prélats parmi lesquels on compte l'évêque d'Orléans et l'archevêque de Paris voulaient seulement expurger les Latins et les Grecs et ne donner la franchise de la chaire qu'à certains docteurs ecclésiastiques plus corrects et plus littéraires que les autres. La lutte fut longue et vive. Les propos malséants et irritants se croisaient. Messeigneurs Sibour et Dupanloup ne pouvant convaincre leurs adversaires usèrent de violence. Ils interdirent la lecture de l'*Univers* à leurs fidèles, et n'arrivant pas, malgré cette vigoureuse mesure, à lui imposer silence, ils en appelèrent au pape. Pie IX y répondit par une encyclique dans laquelle il mandait aux évêques d'encourager les laïques à écrire pour la défense de la religion et, s'ils se trompaient ou s'égaraient dans le chemin de vérité, de ne les redresser qu'avec douceur. En français ceci voulait dire que le Saint-Siége donnait tort aux évêques. Quelques bons esprits et même de fermes républicains crurent voir dans l'attitude des prélats comme un renouveau d'Église gallicane. Ce semblant de libéralisme les ravit au point de leur faire oublier l'histoire des dernières années et allèrent jusqu'à penser qu'il se formait dans l'Eglise un courant d'opposition aux idées romaines. Ils ont dû perdre leurs illusions. Il y avait beau temps que l'Eglise des Bossuet était morte en France.

L'aventure survenue au père Lacordaire eût dû les prévenir dès le premier moment. Le célèbre orateur catholique, dans un sermon qu'il prononça à Saint-Roch, devant le cardinal Donnet et monseigneur Sibour avait dit, entraîné par l'improvisation sans doute : « Il ne faut pas faire le « mal pour que le bien en sorte, quelques puissan- « tes que soient ces vues ; quelque grand que puisse « être le résultat, même quand il s'agit de ce qui « s'appelle sauver un pays...... Dieu permet qu'il « y ait des méchants et des bourreaux pour qu'il y « ait des saints et des martyrs. » Il était impossible d'appliquer un plus vigoureux soufflet au régime que le *Te Deum* de monseigneur Sibour avait inauguré quelque temps auparavant. La police impériale s'émut ; l'archevêque de Paris s'interposa : il écrivit à Flavigny où s'était retiré l'orateur dominicain ; celui-ci s'empressa de répondre qu'on avait eu tort de voir une allusion dans ses paroles ; qu'il avait prêché à Saint-Roch comme il avait toujours fait, et qu'il n'était pas responsable d'une sténographie peut-être malveillante.

Quant aux autres discussions qui s'élevèrent dans le clergé à cette époque et qui ont fait espérer une évolution des principes ultramontains vers des idées plus libérales, elles ne peuvent aujourd'hui tromper personne. Nous voulons parler de la polémique qui s'éleva entre des évêques, des archevêques, des curés et des abbés, au sujet du fameux miracle de la Salette. Une phrase dans le compte-rendu du procès intenté par mademoiselle de La Merlière à quelques prêtres d'une foi moins robuste que celle de leurs collègues, livre le secret de cette lutte. « Dans un dî- « ner qui réunissait au moment de l'enquête tous « les chanoines de la cathédrale de Grenoble, « une violente querelle s'était élevée entre ceux « qui déclaraient cette supercherie très-profitable « à la religion et d'autres qui voulaient la faire « rejeter comme absurde. » Voilà le motif de tout ce bruit ; il ne s'agissait pas de la vérité. Y avait-il ou n'y avait-il pas intérêt à affubler du nom de miracle la farce jouée par Mélanie Mathieu et Maximin Giraud ? L'agence des eaux merveilleuses de la Salette comprit la vaste spéculation qu'il y avait à faire ; le pape donna son approbation et on annonça, une fois de plus, que la Vierge était descendue sur terre, cette fois-ci avec un bonnet en pain de sucre (1).

(1) Un bref récent du pape a ordonné qu'on enlèverait cette coiffure à N. D. de la Salette pour lui mettre la couronne d'or légendaire.

Quant au gouvernement, il cimentait son alliance avec le parti clérical ultramontain. Un décret présidentiel avait été rendu le 31 janvier 1852, expressément pour faciliter aux congrégations de femmes les moyens d'obtenir leur reconnaissance.

« L'Eglise comptait déjà mille huit cent trente-
« six établissements religieux, parmi lesquels
« quatre-vingt-quinze congrégations de femmes à
« supérieure générale, et deux cent vingt-quatre
« à supérieure locale. Les premières avaient le
« droit de fonder des établissements sur toute l'é-
« tendue du territoire français; les secondes, seu-
« lement dans la circonscription du diocèse ou des
« diocèses mentionnés dans le décret qui les a re-
« connues. Cinq cents maisons religieuses se trou-
« vaient ainsi dispensées de la reconnaissance
« légale. Treize associations religieuses d'hommes
« voués à l'enseignement primaire tenaient 1719
« écoles. Les congrégations avaient repris leur
« place dans l'enseignement secondaire, les Jésuites
« dirigeaient seize établissements libres soutenus
« par les souscriptions, les offrandes, les dons vo-
« lontaires des fidèles, et des membres de la Com-
« pagnie elle-même. »

Non content de dépouiller ainsi la loi civile en faveur de ses alliés, Napoléon III donna carte blanche à son ministre de l'instruction publique pour modifier les études universitaires dans la mesure demandée par le parti clérical, M. Fortoul commença par imposer le serment politique aux membres de l'Université et par cette mesure vexatoire obligea les professeurs les plus renommés aussi bien que les plus illustres à donner leur démission et à abandonner leurs chaires ; les noms de ces victimes sont trop nombreux pour les citer tous : Vacherot, Michelet, Jules Simon, Barni, Frédéric Morin, Morel, Challemel-Lacour, tant d'autres, et enfin notre bien-aimé maître Eugène Despois que regrettent encore tous ceux qui l'ont connu comme ami ou qui ont eu le bonheur de l'avoir pour maître. Vint ensuite le bouleversement du conseil supérieur, et une modification profonde apportée dans l'existence des établissements de hautes études. L'enseignement lui-même n'échappa point à la transformation : ce fut M. Fortoul l'auteur de cette fameuse bifurcation qui devait empêcher les élèves de sciences d'aller se perdre dans les cours de philosophie. Le nom même de la classe de philosophie fut rayé et remplacé par celui de classe de logique. L'étude de l'homme fut supprimée et remplacée par l'explication du syllogisme, du sorite, de l'enthymème et des autres balivernes en Baroco ou en Baralipton. Mais on s'empressa de décréter obliga-

toires les cours d'instruction religieuse et les devoirs sur cette matière; des prix de religion
furent institués. Avec un peu plus d'audace, on
aurait installé l'étude de la théologie canonique.
En un mot, pendant son passage au ministère de
l'instruction publique, lui, le grand-maître de
l'Université, pour complaire à son maître et à ses
alliés les cléricaux, a fait tout ce qui était nécessaire pour ruiner de fond en comble les études
laïques; s'il n'a pas fait plus de mal, c'est que la
mort l'enleva à temps, au mois de juillet 1856.

A quelles mesures déplorables n'eût-il pas été
entraîné s'il fût resté plus longtemps en possession
d'une institution qu'il avait trahie? On l'ignore;
car, reprenant avec le second empire le système
qui lui avait réussi sous Louis-Philippe, le parti
clérical recommençait ses doléances et affichait
de nouvelles prétentions. M. Sauzet, ancien avocat du barreau de Lyon, ancien président de la
Chambre des députés, demanda que le mariage
civil et le mariage religieux fussent réciproquement obligatoires, autrement dit, la suppression du
mariage civil (1). D'autres auteurs ultramontains
réclamaient pour le pape le droit exclusif de désigner et de nommer les évêques; l'abolition des

(1) Réflexions sur le mariage civil et religieux en France
et en Italie, 1855 (in-8°).

articles organiques; la mise à exécution de la loi de 1814, sur la sanctification du dimanche.

Le parti clérical faillit en arriver à ses fins. On proposa à Napoléon III de le faire sacrer par Pie IX en échange des concessions qu'on lui demandait. L'homme de Décembre eût peut-être consenti à braver encore l'opinion en cette circonstance, s'il n'avait craint pour imiter Napoléon Iᵉʳ, d'être obligé de détruire ouvertement son œuvre. Il refusa.

Cet événement n'ébranla point la bonne harmonie qui existait entre l'ultramontanisme et l'empire. Ceux-là avaient trop d'intérêts à sauvegarder pour s'aliéner le chef de l'Etat. Celui-ci avait trop besoin d'eux pour ne pas leur faire toutes les avances possibles. En 1854, malgré de vives protestations, la bulle relative au dogme de l'Immaculée-Conception fut autorisée sans qu'on eût même songé à rappeler au respect de la loi certains évêques qui n'avaient pas attendu le visa du Conseil d'Etat pour proclamer le nouveau dogme dans leur diocèse.

A l'occasion de l'inauguration de cette nouvelle branche du culte catholique, il y eut des fêtes à Rome, où se trouvaient représentés non-seulement le clergé et les ordres religieux, mais aussi toutes les sociétés cléricales fondées par des laïques en France et dans les autres pays de l'Europe. Nous ne parlerons ici que de deux de ces nouvelles congrégations, dont il est intéressant d'étudier l'histoire au point de vue qui nous occupe.

La première, et la plus importante, était la société de Saint-Vincent-de-Paul, née après 1830 des débris de la société des Bonnes-Etudes, sous l'impulsion de M. Bailly de Surcey. Elle avait pour but apparent de distribuer des aumônes, mais seulement à des indigents catholiques pratiquants, ou à des malheureux à qui l'on payait un semblant de superstition religieuse. Les adhérents assez rares en 1833 (ils étaient huit à cette époque), se trouvaient assez nombreux en 1845 pour demander l'approbation et les indulgences du pape Grégoire XVI. Le pape répondit par un bref qui fut aussitôt transmis à tous les évêques et archevêques de France sans que le gouvernement fût même prévenu. Enfin en 1851, Pie IX, conseillé par le général des Jésuites, le père Beks, nomma le cardinal Antonelli protecteur de la société et lui-même daigna en 1854 présider les conférences de la société dans la salle consistoriale après les fêtes de Noël; car quatre cents de ses membres s'étaient rendus à Rome, tant de France que de l'étranger; la papauté y trouvait son intérêt. L'influence de cette société était, en effet, immense dans tous les pays catholiques de l'Europe ; elle s'exerçait dans le monde des affaires, comme dans le grand monde ; et aussi dans cette classe de notre organisation sociale, qui n'a ni principes, ni convictions, et dont les membres s'y faisaient afficher, les uns pour obtenir une position avantageuse, les autres pour faire un bon mariage. En un mot, c'était une copie de la fameuse congrégation sous Charles X, copie qui, sans être aussi dangereuse que l'original, découlait d'un principe aussi funeste ; elle avait même une organisation à peu près semblable. Un comité central situé à Paris dirigeait à son tour neuf cents comités ou conférences dans les départements.

L'empire ferma d'abord les yeux sur toutes ces illégalités. Que lui importait la loi ? Il fallait avant tout ménager des alliés sûrs. Napoléon III ne tarda pas à se repentir de ces concessions sans limites. Forcé de détourner les esprits d'un examen approfondi des affaires intérieures (car il ne faut pas se dissimuler que c'est là, en général, le secret des aventures du second empire), il espéra donner le change aux esprits libéraux, en proclamant le fameux système des nationalités, source de tant de malheurs pour la France, en vertu duquel il prêta son appui au comte Cavour et à Victor-Emmanuel. Mais cette guerre d'Italie qu'il tronqua par les traités naïfs de Villafranca et de Zurich, lui aliéna l'esprit clérical. Il avait en effet autorisé les Italiens par son intervention à se créer une nationalité complète et indépendante. D'un autre côté, il ne pouvait renier ses antécédents de l'expédition de Rome en 1849. Dans cette situation délicate où il s'était jeté comme à plaisir, sans la moindre circonspection politique, Napoléon III tergiversait. Il fit écrire par M. de la Guéronnière, sous sa propre direction, une brochure intitulée *le Pape et le Congrès*, où il proposait au pape de céder à l'Italie les Romagnes révoltées contre le gouvernement pontifical, et de demander la réunion d'un congrès européen, afin de régler les affaires d'Italie et de placer les Etats romains sous la protection de l'Europe. Céder une partie du temporel! Le pape l'eût-il voulu, il en eût été empêché par la gent cléricale.

Trois députés cléricaux qui tenaient d'ailleurs leurs siéges de la candidature officielle, MM. de Cuverville, Keller et Anatole Lemercier, publièrent une lettre à l'Empereur, dans le journal *La Bretagne*, pour le prévenir que si les incertitudes au sujet du pouvoir temporel du pape se prolongeaient, cela séparerait tous les catholiques sincères de Napoléon et de sa dynastie. Cette lettre fut même commentée en pleine séance du corps législatif par M. Anatole Lemercier. Il fallut bien y répondre. M. Baroche s'en chargea, mais s'acquitta si malheureusement de cette tâche ingrate qu'il déchaîna davantage les colères de l'ultramontanisme. Les journaux religieux, en effet, les mandements épiscopaux et surtout les sociétés dites de bienfaisance imprimèrent un redoublement de vigueur à l'agitation qu'ils avaient commencé à organiser depuis l'expédition d'Italie. Le gouvernement comprit enfin sa faute. Il s'était enchaîné les bras. Il chargea néanmoins le *Constitutionnel* de donner un avertissement officieux à ces sociétés, non autorisées. « Si les associations, dit ce journal, cessaient de rester sur le terrain charitable, si elles venaient à s'immiscer dans les affaires des partis, on verrait alors surgir la question de légalité qu'il est prudent de laisser dormir. Il faudrait s'attendre par suite à voir les journaux qui les ont toujours vues avec défiance, signaler leur illégalité, et mettre le gouvernement en demeure de faire respecter la loi. » Cet avertissement discret ne suffisant pas pour arrêter le débordement des injures et des incertitudes cléricales, M. de Persigny, le ministre de l'intérieur, adressa à tous les préfets une circulaire dans laquelle il déclara illégale l'existence du conseil supérieur de Paris pour la société de Saint-

Vincent-de-Paul. Le ministre, d'ailleurs, n'avait pas précisément l'intention de dissoudre la forte organisation de cette société; il désirait plutôt la mettre dans la main du gouvernement en créant à l'empereur le droit d'en nommer le président. La circulaire ministérielle demandait aux conférences de province si elles voulaient faire du conseil de Paris une assemblée délibérante, où elles eussent été représentées. La majorité refusa cette proposition et la situation de M. Persigny devint délicate; elle le fut bien plus quand on sut que le président du conseil de Paris, M. Baudon, avait remis ses pouvoirs à trois présidents étrangers (Bruxelles, La Haye, Cologne), et avait ainsi directement violé la loi. M. Baudon fut vivement réprimandé; il dut en quelque sorte excuser sa conduite, l'expliquer et en diminuer la portée et les conséquences. Les cléricaux criaient au martyre, et dès lors ils commencèrent une opposition constante au gouvernement tout en se créant de puissants auxiliaires dans le cercle de l'Impératrice. Le pape lui-même, se chargea de donner une forte impulsion à ce mouvement par son Encyclique du 19 janvier 1860, dans laquelle il proclamait le pouvoir temporel du Saint-Siége et refusait les arrangements proposés dans la brochure : « le Pape et le Congrès. » De son côté, le gouvernement multiplia ses avertissements aux évêques, au clergé inférieur et à la presse ultramontaine. Les cléricaux n'en eurent aucun souci. Peu de temps après ils poussèrent un cri de triomphe. Le pape organisait une armée pontificale et en donnait le commandement au général Lamoricière. C'était un soufflet donné à Napoléon III. L'empereur avait conseillé à Pie IX de former une armée, espérant qu'il lui demanderait aussi de lui donner un général en chef de son choix, et Lamoricière était légitimiste.

Le parti clérical n'eut alors d'autres préoccupations que d'envoyer à Rome des secours de toute nature; il avait entre les mains deux puissants moyens de s'en procurer : l'œuvre de la *Propagation de la Foi* et le denier de Saint-Pierre.

L'œuvre de la Propagation de la Foi a été fondée depuis 1822 en France et s'est ensuite répandue dans le monde ; officiellement elle a pour objet de recueillir les aumônes, les souscriptions et les dons des fidèles pour aider les missionnaires catholiques, qui vont « au péril de leur vie porter la foi et la civilisation chez les nations infidèles. » La souscription est de 5 centimes par semaine, un collecteur par dix souscripteurs recueille les aumônes et les souscriptions, dont le produit dans chaque paroisse est immédiatement remis entre les mains du conseiller paroissial de l'œuvre, et celui-ci la verse tous les mois dans la caisse centrale. La foi des souscripteurs est stimulée par la lecture qui leur est presque imposée des *Annales de la société*. C'est dans ce journal, à l'année 1864, que nous trouvons les renseignements suivants : Pour les douze mois de cette année, les aumônes ont atteint le chiffre de cinq millions quatre-vingt-dix mille quarante-et-un francs quarante-huit centimes ; la France y a contribué pour trois millions cinq cent mille francs.

Le denier de Saint-Pierre rapportait bien davantage à la papauté. Mais, pour en tirer un rendement plus certain, les cléricaux essayèrent de lui donner la même administration que celle de l'œuvre de la Propagation. Le gouvernement irrité de tout le bruit qui se faisait autour de ces œuvres et cette armée pontificales, s'opposa à l'organisation du denier de Saint-Pierre. Il ne permit que les troncs et les quêtes dans les églises. Et comme la presse cléricale en profita pour se répandre en invectives contre l'empereur même, l'*Univers* qui s'était le plus avancé dans cette injurieuse polémique fut supprimé. Bien plus, le gouvernement autorisa les journaux, dits libres-penseurs, à publier le compte-rendu de la séance du Sénat, dans laquelle Dupin aîné avait fait le rapport d'une pétition relative à l'observation des lois sur les associations religieuses. La presse démocratique profita de l'occasion pour signaler le développement considérable pris par ces associations qui possédaient déjà des propriétés immobilières pour une somme dépassant quatre-vingt millions de revenus, soit plus de deux cent millions de francs en capital. Elle fit ensuite remarquer que ces corporations puissantes ne se distinguaient pas comme le prouvaient de nombreux procès jugés contre elles, pendant les dernières années, ni par de bien vifs scrupules sur les moyens de s'approprier les biens, ni par un bien grand caractère d'utilité. Nulle association religieuse ne peut, selon les prescriptions de la loi, se former sans l'autorisation de l'État. « Les associations religieuses s'en passaient et tout était dit » (1).

La lutte était donc engagée : mais Napoléon III qui a si souvent cherché à imiter les faits et gestes du premier empire, n'avait pas l'énergie nécessaire pour lutter contre le clergé, et sa faiblesse augmentait le courage de ses adversaires. Le pape, dans une allocution prononcée le 17 décembre 1860, disait : « La perfidie, la trahison
« règnent maintenant partout, et notre âme est
« fortement attristée de voir que l'Église est per-

____

(1) Taxile Delord. Hist. du second empire. Vol. 2.

« sécutée, même en France, où le chef du gou-
« vernement s'était montré si bienveillant pour
« nous, *et avait feint d'être notre protecteur*,
« maintenant il nous est difficile de savoir si nous
« sommes protégés par des amis ou mis en prison
« par des ennemis. »

Sur ce thème, les évêques s'empressèrent de faire des variations sans nombre, plus violentes les unes que les autres. On ne trouva rien de mieux que de soumettre tous les écrits épiscopaux à la formalité commune de dépôt et de timbre.

Bientôt deux procès à Cambrai et à Rome intentés à des ecclésiastiques pour détournement de mineur, vinrent irriter et passionner davantage la lutte ; il s'agissait de jeunes juives enlevées à leurs familles pour en faire des chrétiennes. Un des témoins déposant, l'abbé Ratisbonne, incriminé au moins moralement dans ces deux tristes affaires, eut l'audace de dire à la barre que le prosélytisme est un droit supérieur à la justice, et que la loi humaine doit céder à la loi religieuse. Enfin les débats dévoilèrent au grand jour qu'il y avait une association chargée de recruter des néophytes au culte catholique, qu'elle se composait de cent trente maisons, et qu'elle comptait comme membres plus de trente mille mères de familles.

M. Delangle, garde des sceaux, s'émut peu de ces

révélations. L'immixtion continuelle des prêtres dans la politique, soit par leurs discours, soit par leurs écrits, éveilla plus son attention. Il envoya circulaire sur circulaire aux préfets pour appeler leur vigilance de ce côté, et comme ces admonestations et les avertissements écrits restèrent sans aucun effet, il se décida à faire appeler les délinquants auprès de lui et à les menacer de ses rigueurs s'ils continuaient à s'occuper d'autre chose que de leur culte; il alla même jusqu'à punir les récidivistes par une suppression de traitement. L'épiscopat se répandit en longues plaintes amères, que les cardinaux portèrent au Sénat. L'orateur du gouvernement, M. Billault, le 13 juin 1861, répondit dans un discours assez ferme que, depuis le mois de janvier au mois de mai de cette année, les procureurs généraux avaient pu constater plus de *cent faits* pouvant donner lieu à des poursuites contre les prêtres, et que par conséquent il ne se croyait pas tenu à beaucoup de ménagements à l'égard de gens qui comparaient le souverain à Pilate et à Judas... Par cette apostrophe, il relevait un mandement, publié peu de temps auparavant, de monseigneur Pie de Poitiers, que M. de Persigny s'était vu obligé de faire saisir.

Cependant l'ultramontanisme en était arrivé à ses fins. Quelques esprits éclairés, il est vrai, déploraient l'ardeur guerrière qui animait les prélats de France. Ils tâchèrent de former à nouveau une sorte de catholicisme libéral, dont les idées rappelaient peut-être un peu les anciennes doctrines gallicanes. Alors commença une série de mesures pontificales qui avaient pour but de compléter la centralisation ultramontaine et d'ôter leurs illusions aux rares hommes qui unissaient en eux, le respect de la foi et l'amour de la liberté.

La canonisation des martyrs du Japon devait avoir lieu à Rome, à la Pentecôte de l'année de 1863; à cette occasion, le pape écrivit aux évêques de France de se réunir auprès de lui. Ce n'était qu'un prétexte pour leur parler des projets éventuels de la papauté. Aussitôt la presse cléricale de s'écrier que le Concordat n'était pas respecté par le gouvernement, puisqu'on empêchait le pasteur de s'entendre avec le père commun des fidèles au sujet du dogme. Les clameurs furent d'autant plus vives, qu'on venait de créer pour M. Renan, au Collége de France, une chaire de linguistique comparée. Dans son discours d'ouverture, l'illustre savant eut le malheur de dire en parlant de Jésus-Christ que cet *homme* avait été si extraordinaire, qu'il était impossible de ne pas respecter ceux qui voyaient en lui un Dieu. Les ultramontains relevèrent cette phrase et s'apitoyèrent sur la foi méconnue et persécutée, sur l'État devenu athée. Le cours de M. Renan fut suspendu. La *Vie de Jésus* parut peu de temps après. L'épiscopat déchaîna ses plus vigoureux mandements et obtint du pape des éloges et des encouragements.

La liturgie du clergé de Lyon avait toujours résisté avec succès aux aspirations qui désiraient l'anéantir. La curie romaine jugea le moment opportun d'agir de ce côté, et de centraliser davantage dans sa main les forces du catholicisme. Une pétition de quatorze cents prêtres que cinq d'entre eux furent chargés de porter à Rome, n'influa en rien sur l'esprit du pape. Les catholiques de Lyon s'empressèrent de demander justice à l'empereur. Le gouvernement venait d'avoir des difficultés avec Rome au sujet du décret du 6 juillet 1863, déterminant le costume des chanoines de deuxième ordre du chapitre impérial de Saint-Denis. Des plaintes s'étaient élevées de la part du Saint-Siége contre cette disposition qu'il considérait comme un empiétement de l'État sur les droits de l'Église. Napoléon III s'empressa de prendre en main la cause des catholiques lyonnais et déclara dans une note du *Moniteur*, que, usant du droit que lui attribuent les articles organiques du Concordat, il n'autorisait pas la publication en France du bref donné à Rome pour l'introduction dans le diocèse de Lyon, de la liturgie romaine. « Toute publication donnée à ce bref constituerait donc la violation d'une loi que le gouvernement a le devoir et la volonté de faire respecter. » Qu'importait à Son Éminence le cardinal de Bonald, archevêque de Lyon? Il signifia l'ordre du pape à ses prêtres, qui signèrent sans protestation le bref et tout fut dit.

Les ultramontains continuaient leurs menées et leur agitation. C'est alors qu'eut lieu le premier congrès de Malines. Le prétexte en était le prétendu besoin pour les catholiques français de se concerter entre eux et avec les catholiques des pays voisins pour leur commune défense. Ce congrès commença ses travaux en faisant acte de soumission au pape. Dans l'adresse envoyée au Saint-Siége on lisait : « Vous êtes roi, nous nous inclinons avec respect devant votre royauté pontificale, aussi légitime qu'elle est antique. Nous aimons à le répéter avec l'épiscopat catholique tout entier : le patrimoine de l'Eglise, que Votre Sainteté défend avec une inébranlable fermeté, est providentiellement destiné à être la sauvegarde de l'indépendance de la papauté et l'inviolable rempart de la liberté des âmes. » Puis la discussion commença sur l'assistance publique, les journaux, la *Vie de*

Jésus de M. Renan. La plus importante de ces décisions porta sur la formation des *cercles* catholiques qui sont en pleine prospérité aujourd'hui.

C'est alors que le pape, irrité d'ailleurs de la nouvelle convention d'alliance entre Victor-Emmanuel et Napoléon III, crut le moment favorable pour lancer sa fameuse bulle *quanta cura* suivie du Syllabus, document d'un autre âge, qui, écrit en plein XIXe siècle, est comme un défi jeté à la civilisation.

L'Encyclique n'est à proprement parler que le préambule du Syllabus; elle en exposait les motifs et résumait déjà les doctrines modernes que la papauté voulait proscrire.

Le pape y anathématise quiconque dit :

« 1° Que le meilleur mode de société publique
« et le progrès civil demandent absolument que
« la société humaine soit constituée et gouvernée
« sans qu'il soit tenu aucun compte de la religion,
« pas plus que si celle-ci n'existait pas, ou au
« moins sans qu'il soit fait de différence entre la
« vraie religion et la fausse. Cette proposition con-
« damne donc l'absence de religion d'État, alors
« surtout qu'il s'agit de la religion catholique, et
« de l'égalité légale des divers cultes.

« 2° Que la meilleure condition (ou une *très*

26.

« *bonne, optimam*) de société est celle dans la-
« quelle on ne reconnaît pas au pouvoir le devoir
« de *coercition* par la sanction des peines contre
« les violateurs de religion, si ce n'est autant
« que la paix publique le demande. »

Condamnation qui implique la vieille théorie de
protection pénale du culte.

. « 3° Que la liberté de conscience et des cultes est
« un droit propre à chaque homme, qui doit être
« proclamé et garanti par la loi, dans toute société
« bien constituée, et que les citoyens ont droit à
« toute liberté de manifester et de déclarer hau-
« tement et publiquement, soit par la parole, soit
« par la presse, soit d'une autre manière leurs
« croyances quelles qu'elles soient sans qu'au-
« cune autorité ecclésiastique ou civile puisse
« l'enchaîner. »

Condamnation qui est la négation des trois libertés principales dictées par la Révolution, celle de
la conscience, du culte et de la presse ; c'est en
outre l'apologie indirecte de la Saint-Barthélemy
et des Dragonnades.

« 4° Que la volonté du peuple manifestée par l'o-
« pinion publique, comme ils l'appellent, ou d'une
« autre manière, constitue la loi suprême et indé-
« pendante de tout droit humain et divin, et que
« les faits accomplis dans l'ordre politique, par

« cela même qu'ils sont accomplis, ont force de
« droit.

Condamnation de la souveraineté du peuple.

« 5° Qu'à l'Église ne revient pas le droit d'exer-
« cer coercition par peines temporelles sur les
« violateurs de ces lois. »

Apologie de l'inquisition.

Il existe encore d'autres propositions de ce
genre dans l'Encyclique. Nous ne pouvons les analyser toutes dans ce rapide résumé.

SYLLABUS (1)

§ 1. *Condamnation du panthéisme, du natura-
lisme, et du rationalisme absolu.*

§ 2. *Condamnation du rationalisme modéré.*

XII. Les décrets du siége apostolique, et les
congrégations romaines empêchent le libre progrès de la science (2).

(1) Nous nous sommes servis, dans la crainte de faire
quelque erreur et d'être accusé de mauvaise foi, de la traduction de ce document, édité chez M. Victor Palmé par
M. le curé E. J. Materne, curé de Plostoy, traducteur des
œuvres du cardinal Bartolini.

(2) Chacune de ces propositions, pour être comprise, doit
être précédée des mots : « Soit anathème, quiconque dira : »

XIII. La méthode et les principes au moyen desquels les anciens docteurs scolastiques ont cultivé la théologie ne conviennent plus aux nécessités de notre temps.

§ 3. *Condamnation de l'indifférentisme et du Latitudinarisme.*

XV. Tout homme est libre d'embrasser et de professer la religion qu'il s'est persuadé à lui-même être vraie, en se laissant guider par la raison.

XVI. Les hommes, quelle que soit la religion qu'ils pratiquent, peuvent y trouver la voie du salut et y acquérir la vie éternelle.

XVII. On doit à tout le moins bien augurer du salut éternel de tous ceux-là même qui sont totalement étrangers à la véritable Eglise du Christ.

XVIII. Le protestantisme n'est autre chose qu'une forme diverse de la même vraie religion chrétienne et on peut s'y rendre agréable à Dieu tout aussi bien que dans l'Eglise catholique.

Ces quatre propositions sont la paraphrase de la fameuse maxime : Hors de l'Eglise point de salut !

§ 4. *Condamnation du socialisme, du communisme, des sociétés secrètes, des sociétés bibliques, des sociétés clérico-libérales.*

Ces fléaux ont été fréquemment l'objet des ani-

madversions les plus sévères dans différentes en-
cycliques de 1846 à 1863. Suit l'énumération de ces
sociétés.

*§ 5. Condamnation des erreurs relatives à
l'Eglise et à ses droits.*

XIX. L'Eglise n'est point une vraie et parfaite
société pleinement libre. Elle n'a point de droits
propres et constants qui lui aient été confiés par
son fondateur, mais c'est à la puissance civile de
définir quels sont les droits de l'Eglise et dans
quelles limites elle peut les exercer.

XX. La puissance ecclésiastique ne doit pas
exercer son autorité sans la permission ni l'assentiment du gouvernement civil.

XXI. L'Eglise n'a pas le pouvoir de définir dog-
matiquement que l'Eglise catholique est la seule
vraie religion.

XXIII. Les pontifes romains et les conciles œcu-
méniques ont dépassé les limites de leur pouvoir,
ont usurpé les droits des princes et ont erré dans
leurs définitions même en matière de foi et de
mœurs.

XXIV. L'Eglise n'a pas le droit d'employer la
force et ne possède aucun pouvoir temporel
direct ou indirect.

XXV. Outre le pouvoir inhérent à l'épiscopat, il
lui en est attribué un autre qui est temporel et

qui lui ayant été concédé, soit d'une manière expresse, soit tacitement par le gouvernement civil est révocable pour cette raison à la volonté même de ces gouvernements.

XXVI. L'Eglise n'a pas le droit naturel et légitime d'acquérir et de posséder.

XXVII. Les évêques n'ont pas le droit de promulguer même des lettres apostoliques sans la permission du gouvernement.

XXXIII. Sans violer aucunement la loi naturelle non plus que l'équité, on peut abroger l'immunité personnelle qui exempte les clercs de l'obligation éventuelle du service militaire. Le progrès civil demande cette abrogation, surtout dans une société formée d'après les principes d'un gouvernement libéral.

Ces différentes propositions mettent en relief les prétentions de l'Eglise catholique de se mettre au-dessus des lois et de former un Etat dans l'Etat.

§ 6. *Erreurs relatives à la société civile considérée soit en elle-même, soit dans ses rapports avec l'Eglise.*

XLI. La puissance civile lors même qu'elle est exercée par un souverain infidèle possède un pouvoir indirect quoique négatif sur les choses sacrées. Elle a, par conséquent, non-seulement le droit dit d'*exequatur*, mais encore celui qu'on désigne sous le nom *d'appel comme d'abus.*

XLII. En cas d'opposition entre les lois des deux puissances, c'est le droit civil qui l'emporte.

XLV. La direction des écoles publiques, où va se former la jeunesse d'un peuple chrétien, excepté seulement sous quelque rapport celle des séminaires épiscopaux, peut et doit être attribuée tout entière à l'autorité civile, et cela de telle manière qu'on ne reconnaisse à aucune autorité le droit de s'immiscer dans la discipline des écoles, dans le régime des études, dans la *collation des grades* et dans le choix ou l'approbation des maîtres.

LI. Le gouvernement laïque a le droit de déposer les évêques de leur charge pastorale, et il n'est pas tenu d'obéir au pontife romain en ce qui concerne l'action des évêchés et l'institution des évêques.

LII. Le gouvernement peut de son propre droit changer l'âge prescrit pour la profession religieuse, tant des femmes que des hommes et enjoindre à toutes les communautés religieuses de n'admettre personne à prononcer des vœux solennels sans sa permission.

§ 7. Condamnation des erreurs concernant la loi morale naturelle et chrétienne.

LXI. Une injustice de fait, couronnée de succès, ne préjudicie nullement à la sainteté du droit.

LXII. On doit proclamer et observer le principe dit de *non intervention*.

LXIII. Il est permis de refuser l'obéissance aux princes légitimes et même de se révolter contre eux.

LXIV. La violation *des serments les plus saints* et toute action criminelle et honteuse même opposée à la loi éternelle, non-seulement ne doit pas être blâmée, mais devient tout à fait licite et digne des plus grands éloges quand elle est inspirée par l'amour de la patrie.

Ces propositions visaient-elles l'homme de Brumaire ou celui de Décembre, ou bien encore la conduite du clergé français au concile de 1811?

§ 8. *Condamnation des erreurs au sujet du mariage chrétien.*

LXV. On ne peut établir par aucune preuve que le Christ a élevé le mariage à la dignité de sacrement.

LXVI. Le sacrement de mariage n'est qu'un accessoire du contrat civil et peut en être séparé, et le sacrement lui-même ne consiste que dans la bénédiction nuptiale.

LXVIII. De droit naturel, le lien du mariage n'est pas indissoluble et, en divers cas, le divorce proprement dit, peut être sanctionné par l'autorité civile.

LXXIII. Il peut exister entre chrétiens, en vertu d'un contrat purement civil, un mariage proprement dit, et il est faux qu'un mariage contracté entre chrétiens soit toujours un sacrement ou que ce contrat soit nul, si le sacrement s'en trouve exclu.

§ 9. *Condamnation des erreurs sur le principal civil du pontife romain.*

§ 10. *Condamnation des erreurs qui se rapportent au libéralisme moderne.*

LXXVII. A l'époque où nous sommes, il n'est plus expédient que la religion catholique soit considérée comme l'unique religion d'Etat, à l'exclusion de tous les autres cultes.

LXXVIII. Aussi doit-on des éloges à certains peuples catholiques chez qui la loi a pourvu à ce que les étrangers qui viennent s'y établir y jouissent de l'exercice public de leurs cultes particuliers.

LXXX. Le pontife romain peut et doit se réconcilier et transiger avec le progrès, le libéralisme et la civilisation moderne.

In cauda venenum ! cette dernière position était un trait à l'adresse de ceux qui conseillaient à la papauté de transiger et qui, voyant l'abîme où s'en

gloutit la religion, croyaient la sauver en la ratta-
chant à la vie et au progrès modernes. Ce fut là
le sentiment d'un prêtre philosophe, l'abbé Pelage,
qui mit comme épigraphe à une brochure intitulée : *le Concile œcuménique et la Civilisation
moderne*, ces mots :

« Si la majorité du concile proclame l'infaillibilité du pape, il tue l'Église catholique; s'il ne
la proclame pas, il tue la papauté dans l'Église. »

Quelques-uns des conseillers ordinaires de
Pie IX lui tinrent un langage analogue; il ne voulut pas les écouter. Il ne voulut en croire que le
père Becks, supérieur des Jésuites, et le père
Piccirillo, un autre Jésuite, directeur du journal
officieux, la *Civilta catholica*, qui joua un grand
rôle à cette époque.

L'émotion fut immense en France et à l'étranger à l'apparition de l'Encyclique. M. Baroche,
garde des sceaux, ordinairement peu disposé à
sévir contre le clergé, se vit forcé par la clameur
publique d'intervenir. Il défendit l'impression et
la publication officielle de la bulle. Deux prélats, l'archevêque de Besançon et l'évêque de Moulins, désobéirent; ils furent condamnés comme d'a-
bus. Mais la plupart des membres de l'épiscopat
français commencèrent une longue campagne pour
obtenir l'autorisation de publier le Syllabus dans

des lettres intimes adressées au ministre des cultes.

L'évêque de Saint-Dié, monseigneur Caverot, déclare nettement (1) à M. Baroche que l'interdiction qu'on lui impose, impliquera pour lui devant Dieu et devant les hommes une responsabilité qu'il ne saurait accepter. Il ne croit pas d'ailleurs que le pape dans son Encyclique ait blâmé le gouvernement d'avoir fait certaines concessions et accordé certaines tolérances inconnues des âges précédents, car il n'a fait en cela qu'obéir à la force des choses. Monseigneur Caverot conjure le ministre de revenir sur sa circulaire ou du moins de ne pas lui donner une publicité prématurée.

Monseigneur Gignoux, évêque de Beauvais, est douloureusement affligé d'une interdiction, qui, à ses yeux, constitue à l'épiscopat français une situation des plus difficiles et d'où peuvent sortir des conséquences redoutables.

Monseigneur Lebuton, évêque du Puy, aime la France, l'empereur et le gouvernement, mais il aime aussi, et plus que la vie, Jésus-Christ et son Église ; voulant avant tout sauver son âme et ne reconnaître qu'à l'Église catholique et à son chef le droit de fixer l'enseignement de vérité, il déplore, sans s'y

(1) Nous empruntons la plupart des détails, et ces correspondances à l'ouvrage de M. Taxile Delord.

soumettre, des empiétements dont l'Empire jusqu'alors s'était abstenu.

Les évêques de Langres, de Soissons, d'Agen, d'Avignon, de Coutances, tiennent un langage à peu près identique.

Un seul prélat, monseigneur Lecourtier, évêque de Montpellier, prit dans cette affaire une attitude opposée à celle de ses collègues : « Si tout rescrit pontifical, dit-il, dans une lettre *très-confidentielle*, doit être acceptée avec une *soumission absolue*, demain Rome peut nous envoyer la déposition de Napoléon III. Comme Hildebrand priva Henri IV de l'empire, et délia l'Allemagne du serment de fidélité, et il faudra que les Français catholiques se soumettent d'une manière absolue. C'est un système comme un autre, mais il est un peu étonnant en 1865. »

D'autres évêques, à la tête desquels se trouvait celui d'Orléans, monseigneur Dupanloup, tâchèrent de calmer les esprits et de donner le change sur les intentions du pape. Il fit une brochure (1) dans ce sens, dans laquelle il attaquait d'abord la presse libérale, qui avait eu l'audace de commenter l'Encyclique. « Et d'abord, dit-il, il faut remarquer que les documents romains étaient adressés non

(1) La Convention du 15 septembre et l'Encyclique du 8 décembre.

pas aux journalistes, non pas aux simples fidèles, mais aux évêques...... Mais enfin, qu'ont fait tout d'abord les journalistes ? Ils ont fait, à qui mieux mieux, dans la traduction de l'Encyclique et du Syllabus des contre-sens et des contre bon sens, et je suis obligé de le dire, les plus ridicules, les plus inattendus, même, sur les points les plus grands.

« Et cela, non-seulement le *Siècle*, mais le *Journal des Débats* lui-même, qui est d'ordinaire grammaticalement plus sûr que le *Siècle*.

« J'ai compté dans la traduction donnée par le *Journal des Débats* de l'Encyclique et du Syllabus plus de soixante-dix contre-sens. »

Il continuait en accusant les journalistes d'ignorer non-seulement l'italien et le latin, mais encore la logique ; de confondre le *contraire* et le *contradictoire*, la proposition *universelle* avec la proposition *absolue*. C'est avec de telles subtilités qu'il essaya de défendre la bulle *Quanta cura*. Peut-être a-t-il atteint le résultat qu'il désirait : Rome l'approuva d'un côté, de l'autre on le crut un des derniers évêques libéraux qui fussent encore en France !

Cette agitation eut un écho même dans les Chambres à l'ouverture de la session législative, lors du vote de l'adresse. Celle du sénat contenait la phrase

suivante : « La loi de 1802 constitue un des attri-
buts essentiels de la souveraineté, elle n'est qu'une
défense contre les abus possibles du dehors et du
dedans, la France ne la laissera pas périmer; mais
elle désire en même temps que l'harmonie règne
intacte entre deux puissances, dont l'union solen-
nellement consacrée par l'un des plus grands actes
de Napoléon Ier, a été entretenu sous le règne de
Votre Majesté par d'éclatants bienfaits. »

Cette allusion directe à des faits récents donna
lieu à plusieurs discours dont le plus énergique fut celui de M. Bonjean; le voici en trois
points :

Rome avec les Jésuites et tous les ultramontains
veut arriver à faire du pape un Dieu sur la terre
qui domine tout, dans tous les ordres. Les sociétés
civiles doivent se défendre contre ces prétentions
et recourir pour cela aux théories d'indépendance du civil, dites gallicanes, et résumées dans la
déclaration de Bossuet, de 1682. Enfin, que les gouvernements, comme représentant les sociétés civiles, doivent sauvegarder ces sociétés des envahissements de la papauté, non pas en proclamant
l'indépendance des deux ordres, mais en conser-
vant toujours sur le religieux, une surveillance,
un contrôle, une action, dont le droit serait dé-
volu de par leur nature même, s'il n'était pas con-

sacré par ces contrats bilatéraux qu'on nomme Concordats (1).

A la Chambre des députés, l'opposition présenta un amendement qui fut d'ailleurs rejeté : « La publication de l'Encyclique et l'adhésion qu'elle a rencontré dans l'épiscopat, nous ont permis de mesurer avec une douloureuse surprise le progrès des doctrines ultramontaines. Le pays sent la nécessité d'établir entre tous les cultes, une égalité réelle, de garantir le respect du principe de liberté, de discussion en matière religieuse et philosophique. »

Le Saint-Siége avait prévu cette révolte de tous les esprits attachés aux principes de 1789. Il l'avait provoquée, il ne pouvait en être étonné. Mais il fut surpris du résultat de son Encyclique parmi les ultramontains eux-mêmes. C'est dès ce moment que l'on compte dans leur nombre quelques catholiques dits libéraux. Nous ne disons pas gallicans. Les derniers vestiges du gallicanisme avaient disparu sous la terrible réaction de 1816 à 1830. Quelques prélats ou cléricaux qui reçurent cette épithète de libéraux vers cette époque étaient séparés de leur parti par une simple question de forme : à leur tête, on trouvait M. de Falloux et

(1) Moniteur officiel, mars 1865.

M. de Montalembert. Quiconque examine de près leur biographie est vraiment très-étonné de cette réputation de libéralisme qui leur est faite à si bon compte. D'ailleurs, il faut l'avouer, M. de Falloux, en particulier est resté conséquent avec lui-même. Ce qu'il était en 1848, il l'était en 1867, il l'est encore aujourd'hui. N'a-t-il pas écrit il y a quelques mois, une lettre, où il blâmait M. de Mun, non pas de combattre les principes de la Révolution, mais d'avouer qu'il les combattait. En 1867 il blâmait le pape d'exciter par son Syllabus, les représailles du parti libéral.

Ce fut au second congrès de Malines, en 1867, que l'on remarqua cette apparente scission entre les catholiques. Il comptait trois mille membres, et parmi eux beaucoup de Français. Les représentants de la soi-disant liberté étaient MM. de Montalembert, Dupanloup, de Falloux, le père Hyacinthe et Cochin. On y fit beaucoup de discours, dont le fond témoignait toujours d'un grand amour pour le Saint-Siége, et d'un grand respect pour ses décisions. Mais on y fit quelques vœux aussitôt étouffés par le plus grand nombre, pour la conciliation de la foi avec la liberté. Les décisions du congrès portèrent sur les œuvres religieuses, la charité chrétienne, l'éducation et l'instruction chrétiennes, l'art chrétien, l'organisation de la presse catholique, enfin, et c'était là le point principal, la création d'une société moderne catholique, sous la direction du clergé au moyen d'associations recrutées principalement parmi les ouvriers et les femmes. L'accord sur tous ces points de vue fut parfait.

Si de faibles divergences existaient dans le sein du parti clérical, elles disparaissaient dès qu'il fallait continuer la lutte contre la société civile. A cette époque se trouvait depuis 1863 à la tête de l'Université un ministre d'une énergie et d'un talent remarquables, M. Victor Duruy. Les esprits libéraux à quelque parti qu'ils appartiennent doivent rendre un éclatant témoignage à un homme qui a sauvé en France l'instruction publique, alors qu'elle était sur le point de périr par l'incapacité ou la perfidie de ses prédécesseurs sous les coups du cléricalisme. Peut-être, n'a-t-il pas assez donné ses soins à l'enseignement supérieur. De ce côté, sa gloire est assez grande d'avoir su résister aux empiétements ultramontains. Comprenant que la force de la société moderne résidait dans l'instruction primaire, c'est vers elle qu'il porta tous ses efforts. Avec un budget ridicule, il est parvenu à relever l'enseignement de l'Etat dans l'école du village aussi bien que dans les lycées. La réorganisation de l'école normale supérieure, la fondation de l'école de Cluny, le rétablissement de l'enseignement philosophique, et tant d'autres créations attestent ses droits à la reconnaissance de ceux qui aiment la France et la liberté; si l'on doutait des avantages immenses de son administration pour notre instruction publique, on n'aurait qu'à se rappeler l'attitude du clergé et des cléricaux à son égard. Ils faisaient rage contre lui. En 1867, M. Duruy avait créé des conférences et des leçons spéciales à l'usage exclusif des demoiselles. Il y eut une véritable levée de boucliers dans tout l'épiscopat français. M. Dupanloup tout le premier se présenta sur la brèche. Quiconque en effet s'adresse à l'éducation des femmes en France, porte atteinte au monopole du clergé qui voudrait se la réserver tout entière, sentant bien que c'est là une de ses dernières forteresses. Le fougueux évêque d'Orléans écrivit alors sa fameuse brochure : *la Femme chrétienne*. Peu de temps après il en lança une autre : l'*Athéisme et le péril social*, lorsque M. Duruy approuva une société fondée par des dames pour donner l'enseignement professionnel aux filles, sans faire aucune distinction de religion.

Il ne faudrait pas croire d'ailleurs, que les évêques se fussent déclarés les ennemis de l'empire. Ils combattaient les institutions civiles, mais ils ne ménageaient leurs adulations ni à l'empereur, ni à sa famille. Ils comptaient même beaucoup sur l'influence que le parti clérical avait sur l'impératrice. Ils formaient autour d'elle une cabale puissante prête à seconder leurs projets en toute occasion.

Ce pouvoir occulte fut cause d'une nouvelle intervention de l'armée française en Italie. Après la convention du 15 septembre, Napoléon avait rappelé ses troupes. Garibaldi était empressé de renouer des relations, recruter ses volontaires, et de se ménager des dépôts d'armes. En 1867, il envahit le territoire pontifical. Victor-Emmanuel se contenta de se déclarer neutre et de garder sa frontière avec une quarantaine de mille hommes. Les cléricaux poussèrent de grands cris, et dans une réunion du conseil des ministres, à *laquelle assista l'impératrice*, on se décida à défendre le Saint-Siége : c'est la célèbre campagne de Mentana où les chassepots donnèrent pour la première fois. Puis on occupa militairement Civita-Vecchia.

Cette alarme passée, le pape se mit à préparer l'opinion publique à la réunion d'un concile œcuménique, surtout de faire prédominer d'avance les idées qu'il voulait convertir en canons de l'Eglise : et d'abord, l'infaillibilité pontificale. Il en avait annoncé la convocation le 27 juin 1867, en la faisant précéder d'une nouvelle apologie de l'Encyclique et du Syllabus, et le 29 juin 1868, lors du jubilé séculaire du martyre de Saint-Pierre, il lança la bulle d'indiction. Les évêques de l'univers devaient se réunir à Rome, le 8 décembre suivant, pour « examiner, disait cette bulle, avec le plus grand soin et déterminer ce qui convient en ces temps calamiteux pour la plus grande gloire de Dieu, pour l'intégrité de la foi, pour la splendeur du culte, pour le salut éternel des hommes, pour l'observation des lois ecclésiastiques, pour la réforme des mœurs, pour l'éducation chrétienne de la jeunesse, pour la paix générale et la concorde universelle. »

Ce programme était vaste et surtout mal défini. Qui le croirait? les catholiques libéraux crurent que le concile détournerait le pape des principes funestes émis dans le document de 1864. La curie romaine s'empressa de les détromper par tous les moyens qu'elle avait en son pouvoir. La *Civilta catholica,* journal officiel du Vatican, fit savoir que les points principaux qui devaient être traités par l'assemblée, étaient : l'infaillibilité du pape, l'Assomption de la Vierge, la promulgation des doctrines du Syllabus, et pour qu'il n'y eût pas de doute, ni d'ambiguïté sur les intentions de Pie IX, elle ajoutait : « Les catholiques libéraux craignent que le concile ne proclame la doctrine du Syllabus, les catholiques proprement dits, c'est-à-dire la grande majorité des croyants ont l'espoir tout contraire. » Ce qui voulait dire que le concile devait avant tout condamner la civilisation moderne ! La *Civilta* ajoutait qu'on avait lieu d'espérer que l'infaillibilité du pape serait non pas discutée, mais acclamée d'enthousiasme, et elle rappelait que les meilleurs conciles avaient été les plus courts ; propos menaçants, dont les sous-entendus étaient bien compréhensibles.

Pendant ce temps, les ultramontains inventaient une nouvelle dévotion : Le vœu formel de garder et de professer la doctrine de l'infaillibilité du pape jusqu'à la mort ; « *usque ad effusionem sanguinis.* » Les affiliés s'engageaient à proposer l'infaillibilité par tous les moyens que donnent l'autorité et l'affection, à répandre les livres qui l'enseignent, à supprimer ceux qui la combattent. Les membres de la ligue devaient en garder le secret. Enfin le monde religieux apprenait avec étonnement que quantité de théologiens et de canonistes inconnus arrivaient de tous cotés à Rome et qu'une section politico-ecclésiastique, de nouvelle invention, serait adjointe au concile.

Cette fois les illusions du parti catholique libéral s'effondrèrent. A l'occasion d'une adresse des catholiques de Coblentz à l'évêque de Trèves. M. de Montalembert leur envoya une lettre de félicitations, écrite au bord de la tombe avec cette indépendance dont la mort seule a le privilége. « Vous « me permettrez, disait-il, en terminant, d'ajouter « que je me sens un peu humilié par la pensée « que vous autres, catholiques du Rhin, vous avez « eu cette fois l'initiative d'une démonstration qui « convenait si bien aux antécédents des catholi- « ques français. »

Monseigneur Maret, évêque *in partibus* de Sura, publia un livre intitulé : *Le Concile général et la paix religieuse*, dans laquelle il se montrait fervent adepte du gallicanisme qu'il avait toujours professé en Sorbonne. Enfin de cette époque date la célèbre rupture du père Hyacinthe. Dans une conférence de la *ligue internationale de la paix*, le 19 septembre 1869, l'ancien orateur de Notre-Dame avait représenté les religions judaïque, catholique et protestante, comme les trois grandes religions des peuples civilisés. Les dévotes qui se trouvaient dans l'assemblée jetèrent les hauts cris. Frère Dominique de Saint-Joseph, son supérieur, lui ordonna de se rétracter. Il lui répondit en se plaignant de la perversion sacrilége de l'Évangile et il ajoutait : « Si les races latines « sont livrées à l'anarchie sociale, la cause prin-

« cipale en est non le catholicisme, mais la manière
« dont le catholicisme est depuis longtemps com-
« pris et interprété. » Nous n'avons pas à suivre
M. Loyson dans ses pérégrinations depuis sa séparation de l'Église catholique ; il s'est marié, il a
ouvert un culte catholique français. Nous ne pouvons que rappeler la date et la cause de cet événement et constater enfin que, calomnié d'un côté,
tourné en ridicule de l'autre, l'ancien dominicain
a fait preuve d'un courage civil que l'on ren-
contre rarement dans notre siècle. Au moment où
Rome asservissait le clergé, un prêtre seul s'est
révolté, a secoué le joug et a bravé les préjugés et
les injures, fort d'avoir accompli son devoir et agi
selon sa conscience. Sans partager ses nouvelles
opinions, nous ne pouvons nous empêcher d'avoir
pour lui un profond respect.

Cependant quelques évêques cherchaient à réagir
contre l'idée d'infaillibilité dont ils prévoyaient les
tristes effets pour l'Église elle-même (à leur tête
se trouvait monseigneur Dupanloup). De là, une polémique ardente qui absorba toute l'année 1869 et
jeta un grand discrédit sur les nouvelles doctrines
pontificales. Le pape qui en était arrivé à ses fins
et sûr désormais du résultat que devait avoir le
concile, se décida à leur refuser dorénavant le visa
de *l'imprimatur*. Le parti ultramontain en effet

savait qu'il serait la majorité considérable dans le concile. L'Orient et l'Afrique du Sud, avec leurs vicaires apostoliques sortis du collége de la Propagande étaient tout dévoués au Saint-Siége, les églises catholiques de l'Amérique espagnole, des États-Unis d'Angleterre se trouvaient toutes gagnées à la cause papale. Monseigneur Manning, archevêque d'Oxford, fut même un des premiers à lever le drapeau de l'infaillibilité. Monseigneur Deschamps en Belgique, monseigneur Mermillod à Genève l'imitèrent. L'Espagne et l'Italie étaient les deux fidèles servantes du Vatican. Enfin en France, la plupart des évêques s'étaient prononcés pour le Syllabus et l'infaillibilité.

Aussitôt la bulle d'indiction lancée, le pape envoya à chaque évêque un questionnaire qui portait sur les moyens d'abolir le mariage civil, les écoles laïques, sur le danger de l'introduction des domestiques hérétiques dans les maisons pieuses, et sur la profanation des cimetières qui ne sont plus uniquement ouverts aux catholiques. Avant le concile, Pie IX eut soin d'organiser les congrégations appelées à élaborer les décrets qui devaient être soumis à la haute assemblée. Ces congrégations formées de prélats romains et de théologiens de divers pays, étaient présidées par des cardinaux et entièrement inspirées par les Jésuites ; on espérait qu'elles abrégeraient si bien la tâche du concile, qu'il se bornerait à sanctionner leur travail. Une brochure ultramontaine intitulée : *A la veille du Concile*, parue à ce moment, disait : « On prétend qu'il y a des évêques offusqués de ce « que de simples prêtres aient été admis au secret « des travaux préparatoires du Saint-Siége, lors- « qu'eux-mêmes, les ignoraient. N'auraient-ils « donc pas compris qu'ici c'était l'affaire de cha- « cun son tour, et que le cuisinier n'est pas mieux « servi que son maître, parce qu'il voit le diner « qu'il prépare avant le maître qui ne le voit que « lorsqu'il a l'avantage de le manger? Au concile, « ce seront les évêques qui auront les voix, les « simples prêtres n'y auront plus de place. »

Le concile s'ouvrit au jour fixé. Les précautions prises à l'avance ne furent pas perdues ; on s'arrangea de façon que la minorité ne pût même protester. Le pape remit à chaque évêque une bulle réglementaire du concile. Cette bulle souleva dès l'abord, la plus vive opposition, mais on n'y prit garde.

Le pape nomma directement une commission *des propositions* composée uniquement des adhérents les plus passionnés de l'ultramontanisme, et défendit qu'aucune proposition pût être faite sans qu'il l'eût autorisée. Les cinq autres commissions se com-

posèrent uniquement de membres de la majorité : la minorité en fut impitoyablement exclue.
D'ailleurs, elles étaient en réalité remplacées par les
congrégations dont nous avons parlé. Défense fut
faite aux évêques de se réunir par nations (les
évêques allemands et ceux de Hongrie étaient tous
libéraux). Mais la plus grande félonie du Vatican ce
fut d'afficher sur les murs de Rome, peu de jours
après l'ouverture, une bulle qui frappait d'excommunication moyenne quiconque n'admettrait pas
les doctrines du Syllabus ou contesterait le moindre
bref papal.

Le 22 janvier 1870, on présenta une pétition de
la majorité demandant la définition du dogme de
l'infaillibilité. Une autre pétition en sens contraire
émanée de la minorité fut opposée à la première.
Là-dessus on défendit à la minorité de se réunir
pour délibérer et ses publications furent interdites.
Dès lors, la curie romaine prit peur. Elle jugea
nécessaire de déclarer que la presque unanimité
dans le comité n'était pas nécessaire pour valider
ses décisions mais qu'il suffisait de la majorité
simple. Les remontrances de la minorité furent
complètement étouffées. A mesure que l'œuvre du
concile avançait, malgré le secret dont les Jésuites
avaient entouré les délibérations, le monde chrétien s'agitait de plus en plus. Une pétition rédigée

par l'archevêque de Vannes et signée par plusieurs archevêques et cardinaux suppliait Sa Sainteté de ne pas proposer le dogme de l'infaillibilité, « pour la raison que l'Eglise a dans le temps présent une lutte, inconnue autrefois, à soutenir contre ceux qui combattent la religion en elle-même, comme une institution nuisible à l'humanité et qu'il est inopportun d'imposer aux nations catholiques, induites en tentation par tant de manœuvres, la croyance à un plus grand nombre de dogmes que le concile de Trente n'en a défini. » Cette pétition ajoutait que la « définition demandée fournirait de nouvelles armes aux ennemis de la religion en leur donnant l'occasion d'exciter contre l'Église des hommes qui comptent aujourd'hui parmi des gens de bien. »

En même temps que les gens d'Église, les hommes d'Etat s'alarmèrent. Le premier ministre d'Autriche adressa une protestation au Saint-Siége pour protester d'avance contre tout empiètement tenté sur les droits de l'Empire. Le gouvernement français envoya une note exprimant le vœu qu'un évêque de France fût chargé d'exposer au concile la situation et les droits de ce pays. Le Vatican répondit qu'un évêque ne pouvait pas cumuler dans l'assemblée les fonctions d'ambassadeur avec celles de Père du concile.

Napoléon III déclara alors dans une note très-respectueuse qu'il comptait sur la modération des évêques et sur la prudence du Saint-Père, pour ne pas convertir en articles de foi des opinions ultra-montaines. Il comptait aussi sur le patriotisme des catholiques français pour protéger les lois civiles et politiques contre les empiétements de la théocratie. La nouvelle confédération du nord de l'Allemagne joignit ses observations aux déclarations des autres gouvernements et pressa vivement le pape de les prendre en considération.

Peine inutile ! Le 13 juillet 1870, on vota. Grâce aux nouvelles conditions de majorité introduites par la curie romaine, l'infaillibilité du pape fut proclamée par quatre cent cinquante et une voix, contre cent-cinquante sur six cent un votants. Cette résolution est ainsi libellée dans les canons du concile de 1870 : « Nous attachant à la tradition « qui remonte au commencement de la foi chré- « tienne, pour la gloire de Dieu notre sauveur, « pour l'exaltation de la religion catholique et le « salut des peuples chrétiens, nous enseignons et « définissons *sacro probante concilio* que c'est un « dogme divinement révélé que le pontife romain « lorsqu'il parle *ex cathedra*, c'est-à-dire lorsque, « remplissant la charge de pasteur et docteur de « tous les chrétiens, en vertu de sa suprême auto-

« rité apostolique, il définit qu'une doctrine sur
« la *foi* ou les *mœurs* doit être tenue, l'Église
« universelle jouit pleinement par l'assistance
« divine qui lui a été promise dans la per-
« sonne du bienheureux Pierre, de cette in-
« faillibilité dont le divin rédempteur a voulu
« que son Eglise fut pourvue en définissant sa
« doctrine touchant la foi ou les mœurs, et par
« conséquent que de telles définitions du pontife
« romain sont *irréformables* par elles-mêmes, et
« non en vertu du consentement de l'Église. »

« Que si quelqu'un, ce qu'à Dieu ne plaise, avait
« la témérité de contredire notre définition, qu'il
« soit anathème. »

Cette dernière phrase, précédée du Syllabus est
comme un suprême cri de provocation contre la
société moderne poussé par la papauté. Quelles en
ont été les conséquences ? Elles peuvent se réduire
à trois faits principaux : séparation complète de
l'Eglise catholique et de notre civilisation ; recrudescence de l'agitation cléricale, qui forment des
divisions dans tous les pays de l'Europe et surtout
en France ; renoncement à la religion catholique
de la part de tous les hommes qui aiment la justice, la raison, leur patrie, et la liberté !

CONCLUSION

Telle est l'histoire du parti clérical depuis 1789,
jusqu'en 1870. Nous l'avons écrite sans passion,
avec impartialité, avec justice. La plupart des
faits que nous rapportons sont répandus, de ci
de là, dans les livres qui traitent de notre histoire contemporaine; mais on oublie si vite en
France que nous avons cru devoir les réunir pour
les remettre sous les yeux de nos concitoyens au
moment où une nouvelle lutte s'engage entre la
société civile et le cléricalisme. Malgré nos forces,
inférieures peut-être à la tâche que nous avons
entreprise, nous n'avons pas hésité à publier ce
volume. La devise : « *fais ce que dois* » est
française et républicaine; c'est une nécessité pour
chacun de nous de l'appliquer aujourd'hui. Non pas
qu'il soit question de toucher à la religion catholique, comme le voudraient hypocritement faire

croire nos adversaires; il s'agit de s'opposer aux
envahissements d'un parti politique qui arbore
les couleurs religieuses pour anéantir sous le
couvert du respect qu'elles inspirent la société
civile et les institutions modernes, et pour nous
ramener à l'état social renversé par notre grande
Révolution.

Quand on retrace l'histoire du cléricalisme, on
est étonné que de vastes intelligences comme celle
d'Arnaud de l'Ariége, n'aient pas compris et dévoilé
plus tôt sa politique. La cause en est, il nous semble, le sentiment profondément religieux qui animait notre pays autrefois. Le vieux culte gallican
s'était fortement enraciné dans les cœurs, et il a
fallu un long espace de temps à la superstition
romaine pour forcer les hommes pieux à choisir
entre elle et la religion du Christ. Aujourd'hui, la
confusion n'est plus possible, l'ultramontanisme
donne libre carrière à son goût pour les miracles
et les pèlerinages. Il procède avec l'appui de cette
législation despotique proclamée au concile de
1870, pour imposer son fanatisme politique et religieux. Les soi-disant conservateurs qui le soutiennent aujourd'hui savent eux-mêmes à quoi
s'en tenir sur ses intentions. Mais ils n'ont aucune
hésitation à expliquer leur conduite: la religion
pour eux est un moyen de gouvernement; elle est

bonne, disent-ils pour les femmes, les enfants, la valetaille et le menu peuple. Défenseurs nés de Marie Alacoque quand ils sont à la tribune, beaucoup d'entre eux forment une classe de sceptiques, dont le cœur a étouffé, sous des dehors mystiques, tout sentiment noble et généreux, et beaucoup d'autres ne se donnent même pas la peine de mettre en pratique leurs théories religieuses. Leur préoccupation première, en effet, est de trouver des appuis pour détruire la république et pour étayer leurs systèmes politiques crevassés et vermoulus, et ils n'en connaissent pas de meilleur que cette machine admirablement constituée qui fouille jusque dans la vie intime de chaque famille. Ils ont recommencé depuis 1871 la manœuvre qui leur a si bien réussi en 1848.

Quant au parti clérical, il trouve en eux des amis utiles; pour lui, une foi qui n'agit point, n'est pas une foi sincère, mais elle est suffisamment sincère du moment qu'elle agit et parle pour les intérêts et dans les vues de l'association, sans s'attendre à des formalités extérieures. Il a classé ses auxiliaires, sous le titre de « *bien pensants,* » les conserve dans son « *ordre moral,* » et les montre comme un exemple aux impies, c'est-à-dire à ceux qui ne secondent pas son ambition en leur criant hypocritement : « Hors de l'Église point de salut. »

Est-ce à dire pourtant que la république soit la seule constitution d'État avec laquelle ne puisse vivre le clergé en bonne intelligence? Loin de nous une telle pensée! L'Église de Rome est l'ennemie de la république aujourd'hui, parce qu'elle est la forme de notre gouvernement et représente la loi qu'il faut respecter.

Les sectaires ultramontains n'ont pas acquis d'expérience depuis le fameux Grégoire VII, leurs prétentions sont encore celles des papes du moyen âge, à cette différence près, qu'ils ont fait des aspirations d'un individu la loi de leur parti. L'histoire depuis Napoléon 1er, jusqu'à son neveu, troisième du nom, le prouve surabondamment. Mais l'histoire de nos rois en est une preuve convaincante. La pragmatique sanction de saint Louis, les parlements de Philippe-le-Bel, la pragmatique de Bourges, le Concordat de François 1er, la déclaration de Bossuet, sans compter les actes de vigueur par lesquels chaque roi, pour ainsi dire, s'est vu obligé de sévir pour maintenir le pouvoir de la papauté dans de justes limites, sont les preuves palpables de la lutte continuelle à toute époque de notre histoire, entre Rome et l'État français. Si à la place du gouvernement républicain, il s'en fût trouvé quelqu'autre aujourd'hui chez nous, la même guerre intestine aurait lieu. La faute en est surtout aux concessions fatales de Napoléon III. président et empereur.

Voilà pourquoi aujourd'hui encore le clergé se présente comme l'adversaire juré des intitutions légales de la France, institutions d'autant plus redoutables pour lui, qu'il ne doit plus attendre des gouvernants aucune tolérance pour ses écarts de la loi établie.

FIN

TABLE DES MATIÈRES

—

29.

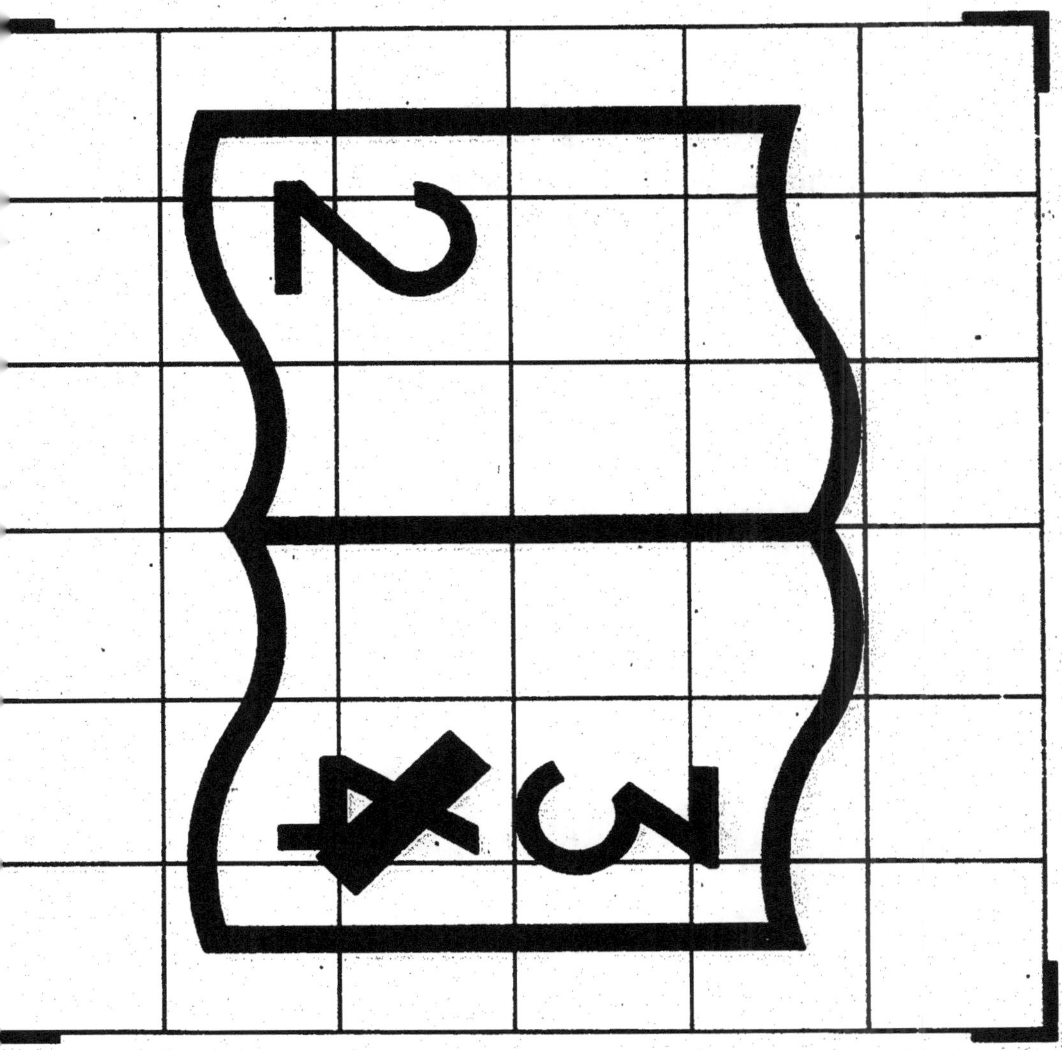

TROISIÈME PARTIE

RÉACTION OCCULTE CONTRE LE CONCORDAT DE 1830 A 1870.

voir, à la moindre infraction à la Charte, le pays augmenter le nombre des députés de la minorité, et d'un autre côté il sentait que la majorité, ne fût-elle pas déplacée, un espace de cinq ans était insuffisant pour mettre ses projets à exécution. Il prit la résolution de faire prononcer la dissolution par le ministère et de provoquer des élections pour la création d'une nouvelle Chambre qui se déclarerait septennale : il voulait ainsi changer l'article 37 de la Charte.

M. de Villèle avait failli se faire renverser par son opposition à l'intervention en Espagne : il était resté au poste éminent qu'il occupait grâce à son adhésion de la dernière heure à la guerre faite contre la révolution au-delà des Pyrénées. Il avait donc à racheter les bonnes grâces de la congrégation par une soumission empressée, et, le 24 décembre 1823, il apportait la dissolution tant désirée avec un décret convoquant les électeurs pour le mois de février suivant.

Nous n'avons pas à apprécier ici la conduite du ministre ni de ses agents pour obtenir les élections conformes à ses volontés. Nous devons uniquement tâcher de démêler quelle a été la part du clergé dans cet amas de vilenies. Les documents ne manquent pas ! Les évêques savaient bien qu'il s'agissait de faire triompher l'influence cléricale.

session législative, M. de Peyronnet présenta à la
Chambre des Pairs un projet de loi draconien qui
enchaînait la presse et en même temps ruinait
l'imprimerie. La commission modifia complètement
le projet du ministre qui devant ce premier échec
le retira ne voulant pas en subir un second pendant la discussion générale. Il avait d'ailleurs pris
un parti extrême : le 22 juin, il prononça la prorogation et trois mois après la dissolution de la
Chambre des députés. Son but était de travailler
aux nouvelles élections pour éliminer de la
Chambre toute espèce d'opposition fût-elle royaliste ou libérale, et de créer soixante-seize nouveaux pairs, pris dans les rangs des congréganistes ou de leurs amis. Pour atteindre ce double
résultat il choisit avec un soin extrême les présidents des collèges électoraux et nomma pairs de
France cinq archevêques (ceux de Tours, d'Alby,
d'Auch, d'Avignon, d'Amasie), et soixante et onze
congréganistes, en tête desquels se trouvaient
MM. de Rougé, Chifflet, de Sesmaisons, de la Bouillerie. Pendant qu'il s'assurait ainsi la majorité
dans la haute Chambre, il comptait déconcerter
l'opposition en fixant les élections à bref délai,
quinze jours après la dissolution, toutes ces manœuvres furent déjouées : l'opposition se disciplina
admirablement. Ce fut la première fois que l'on

vit apparaître en France *les candidats constitutionnels*, c'est-à-dire nommés par toutes les nuances d'électeurs, excepté des cléricaux, pour défendre la Constitution. La victoire de l'opposition fut complète : soixante voix de majorité. Devant ce résultat M. de Villèle comprit qu'il devait se retirer. Mais abandonner entièrement le pouvoir eût été trop dur, il chercha à faire nommer des créatures à lui, qui eussent gouverné nominativement en sa place, mais réellement sous ses ordres et sous ceux de la congrégation. Son choix ne fut pas heureux. M. de Martignac, M. Feutrier et leurs collègues, quoique pris parmi les monarchistes ultramontains les plus éprouvés étaient français et honnêtes, ils voulurent se montrer libéraux, puisque c'était là le vœu du pays et le salut de la monarchie : leurs bonnes intentions aux prises avec le mauvais vouloir du roi congréganiste Charles X devaient être inutiles. Devant l'exaltation publique et son exaspération contre les Jésuites, le nouveau ministère, nomma une commission de neuf membres sous la présidence du comte Portalis le ministre de la justice, pour examiner les mesures que pouvait nécessiter l'exécution des lois du royaume dans l'enseignement des écoles ecclésiastiques secondaires. En même temps, le portèfeuille de l'instruction publique

M. de Villèle proposa de changer le 5 p. % dont le cours variait à cette époque de 101 à 102,50 en 3 p. % dont il fixait le capital à 75 francs. En d'autres termes, c'était une réduction de 1 p. % avec cette différence que les rentiers avaient la faculté de refuser la conversion, et d'exiger le remboursement de leur rente 5 p. %. au pair.

Si la plupart des rentiers avaient usé de cette disposition, l'opération serait devenue impossible, car il eût fallu rembourser un capital de près de trois milliards. Aussi l'effroi fut grand. Peu habitués aux opérations financières telles qu'il serait possible au gouvernement de les présenter aujourd'hui, les rentiers en 1821 assimilaient cette réduction aux anciennes suppressions arbitraires des quartiers de rente. Tous les raisonnements échouaient devant le souvenir des désastres causés dans les patrimoines privés par les mesures financières de ce genre : « Il résultait en effet des « citations faites par les journaux de l'opposition, « qu'une rente de dix-huit mille francs achetée « cinquante ans auparavant en échange d'un ver- « sement de trois cent quatre-vingt mille francs, « se trouvait réduite en 1824 par les réductions « successives d'intérêt à trois mille francs d'in- « térêt d'un capital de soixante mille francs. M. de « Villèle faisait descendre ces trois mille francs

« à deux mille quatre cents francs qui donnaient
« droit, il est vrai, à un titre nouveau qui élevait
« le capital de ces deux mille quatre cents francs,
« à soixante-quinze mille francs. »

Cette augmentation de capital était l'appât sur
lequel M. de Villèle fondait ses espérances pour
arriver au but qu'il s'était proposé. Il ne s'agissait,
ni pour lui, ni pour la congrégation, de faire bénéfi-
cier le trésor d'une diminution de vingt-huit
à trente millions d'intérêt annuel ; le véritable
motif de cette opération financière était de « fermer les dernières plaies de la Révolution, » ce
qui voulait dire en langage dévôt « rembourser
aux émigrés le prix de leurs biens vendus. »
Trente mille francs de rentes 3 p. % émises au
taux de soixante-quinze francs donnent en capital
nominal un milliard. C'était ce milliard que M. de
Villèle entendait distribuer aux émigrés.

Le projet passa sans aucune difficulté à la
Chambre des députés. Mais il devait échouer devant la Chambre des pairs. C'est là que commençait
à se former une opposition sérieuse contre le fanatisme du parti prêtre ; cette opposition se composait
de tous les royalistes mécontents que la congrégation avait peu à peu chassés de leurs hautes fonctions, de tous les partisans sincères de la monarchie qui voyaient avec effroi cet envahissement

16.

ces différentes écoles. Le roi refusa de signer, et ne se décida à se soumettre, que sur la menace du ministère de donner sa démission.

Telles sont ces célèbres Ordonnances. Elles ne contiennent rien de plus, rien de moins, et l'on peut juger des avantages qu'elles laissaient aux Jésuites. Mais c'était déjà trop que de toucher indirectement à leur Institution. Leur presse officieuse se répandit en injures, surtout contre l'abbé Feutrier, le ministre des cultes : « Applaudissez, écrivait-elle, race d'impies et de sacriléges, écrivains factieux, applaudissez! Voilà un prêtre qui vous livre le sanctuaire, voici un magistrat qui vous livre le pouvoir! Vous vouliez que l'épiscopat fût enchaîné, on l'immole : ce que la Révolution n'eût jamais songé à arracher à Bonaparte, deux ministres le font faire à la monarchie légitime. Tous les deux rivalisent de zèle pour exterminer le sacerdoce dans sa racine et pour anéantir l'œuvre de l'épiscopat. » A ces extravagances succéda une déclaration de l'épiscopat dont la portée était plus grande et plus grave. M. de Quelen en tête, les évêques signèrent et envoyèrent au roi un factum dont le passage important est celui-ci :

— « Ils ont examiné dans le secret du sanctuaire, en présence du souverain juge, avec la prudence et la simplicité qui leur ont été recommandées par leur divin maître, ce qu'ils devaient à César comme ce qu'ils devaient à Dieu. Leur conscience leur a répondu qu'il valait mieux obéir à Dieu qu'aux hommes, lorsque cette obéissance qu'ils doivent premièrement à Dieu ne saurait s'allier avec celle que les hommes leur demandent, ils ne résistent point, ils se contentent de dire avec respect comme les apôtres : Non possumus. »

Cette déclaration ne suffit même pas à quelques-uns d'entre eux : l'évêque de Marseille entre autres écrivit au ministre des cultes, qu'il ne pouvait admettre *un système qui blessait les droits de sa charge.*

L'embarras du ministère fut grand. Il était inutile de chercher à vaincre cette résistance épiscopale avec un roi qui au fond en était tout aise. On prit le parti de s'adresser à Rome. On expédia M. Lasagni pour traiter spécialement cette affaire, car M. de Châteaubriand, alors ambassadeur de France auprès du Saint-Siége, eût peut-être laissé les négociations traîner en longueur. Le pape approuva les Ordonnances. M. Feutrier en fit part aux évêques : tous se soumirent, à l'exception du cardinal duc de Clermont-Tonnerre, qui répondit orgueilleusement au ministre des cultes, par un billet laconique, dans lequel il lui rappelait pendante telle que l'exigent l'intérêt du clergé et celui des pauvres ; consoler le roi de la spoliation de ses compagnons d'infortune ; revoir nos codes et les mettre plus en harmonie avec nos senti-ments religieux et nos institutions monarchi-ques ; diminuer les rouages de l'administration : Quel vaste champ à parcourir ! »

Pendant ce temps le ministère congréganiste continuait son œuvre. Les journaux libéraux avaient été muselés par le rétablissement sévère de la censure ; les journaux royalistes non cléri-caux qu'on ne pouvait faire taire par ce moyen, furent achetés.

C'est ainsi, que les feuilles dont le titre était la *Foudre*, l'*Oriflamme*, le *Drapeau blanc*, la *Ga-zette de France*, le *Journal de Paris*, les *Tablettes* devinrent des journaux officieux du gouvernement. Seul, le *Courrier* et la *Quotidienne*, les plus puis-sants des journaux de l'opposition royaliste, firent bonne contenance. M. Corbière se crut assez fort pour leur faire un *procès de tendance*. Mais déjà la magistrature commençait aussi à voir clair dans le rôle qu'on lui faisait jouer : elle acquitta les deux journaux.

D'ailleurs, l'envahissement des charges publi-ques continuait. Le conseil d'Etat fut régénéré. On élimina un certain nombre de membres promus par les précédents ministères, et on les remplaça par des députés congréganistes. De plus, on admit deux archevêques et un évêque, afin d'*introduire un nouvel élément* dans la composition de ce corps administratif. Enfin, sur les instances de M. l'abbé Liautard, Louis XVIII rétablit le ministère des cultes (qu'on aurait voulu nommer le *ministère de la religion*) et il le confia à l'abbé Frayssinous qui avait déjà entre les mains l'instruction publique.

Cette ordonnance fut une des dernières signées par Louis XVIII. Depuis deux ans il n'était plus roi que nominalement. Son frère, assisté de ses ministres, gouvernait à sa place. Charles X prit le titre de roi en septembre 1824 : il n'oublia pas un instant qu'il était membre de la congrégation ; aussi n'est-ce pas sans raison que ses contemporains ont appelé son règne le gouvernement des curés ; il eût été cependant encore plus juste de dire le règne des Jésuites. L'histoire de ces quelques années fait apprécier quelle haine anima le parti clérical contre les idées et les principes de la Révolution et jusqu'où peut aller son hypocrisie.

Voici un extrait du discours prononcé par Charles X en montant sur le trône :

« J'ai promis comme sujet de maintenir les institutions que nous devons au roi dont le ciel vient de nous priver. Aujourd'hui que le droit de confondus tous ceux qui osent se soulever contre lui. » Ce fut le dernier conseil public, que le clergé donnait au roi, ce fut un conseil de résistance, un conseil de perdition : le 26 juillet parurent les fameuses Ordonnances, le 30 Charles X cessait d'être roi de France.

Ce fut la fin du règne des Jésuites. Ils avaient entraîné la ruine de Charles X : mais eux, ils rentrèrent prudemment dans l'ombre.

TROISIÈME PARTIE

Réaction occulte contre le Concordat

de 1830 à 1870

CHAPITRE VI

Règne de Louis-Philippe.

La chute de la monarchie en 1830 est un des
grands enseignements que donne le dix-neuvième
siècle. Elle montre non-seulement l'impuissance
des gouvernements qui veulent lutter contre les
aspirations de tout un peuple, mais aussi, et surtout, l'abîme qu'ils creusent sous leurs pas, quand
ils achètent l'appui du clergé en lui livrant le pouvoir. Depuis le quatorzième siècle, les tendances
du peuple français se trouvent, au point de vue
qui nous occupe, comme quintessenciées dans
l'esprit des parlements et dans les actes de ses

matière était trop peu importante pour qu'on y fît intervenir le pouvoir législatif, et que les couvents étaient trop pauvres pour qu'on leur fît subir tous les retards d'une longue procédure, il repartit : « Trop peu nombreux ? on compte dix-huit cents communautés en France et deux cents dans un seul département? Trop pauvres ? tel couvent que je pourrais vous dire a coûté cinq cent mille francs d'acquisition. »

Le duc Pasquier vint à l'aide de Lanjuinais et leurs efforts l'emportèrent sauf quelques modifications de détails. Il ne devait pas en être de même du second projet : la fameuse loi sur le sacrilége. La proposition du ministère contenait les phrases suivantes :

« La profanation des vases sacrés et des hosties consacrées est crime de sacrilége.

« Toute voie de fait commise sur les vases sacrés ou sur les hosties est déclarée profanation.

« La profanation des vases sacrés est punie de la mort simple; la profanation des hosties consacrées de la peine de parricide. »

Déjà en 1824 le ministère avait proposé la loi, devant la Chambre des pairs; mais le premier projet était trop indulgent au gré de l'évêque de Troyes, et M. de Villèle l'avait retiré; cette fois, il avait tenu à rentrer en grâce. Il pria M. de Bonald de la rentrée de la Cour royale d'Amiens le 6 novembre 1826, le procureur général Morgan de Béthune démasqua, dans son discours d'ouverture, l'hypocrisie devenue la vertu du jour nécessaire aux ambitieux : « Quel est cet individu, s'écria-t-il, qui entre dans le temple aux grands jours de fête vêtu d'un costume remarquable et qui, s'avançant lentement pour être mieux aperçu, psalmodie des lèvres les louanges de la divinité? C'est un hypocrite par calcul dont quelques personnages pieux et trop confiants vanteront la conversion et qu'ils recommanderont avec chaleur à l'autorité. Mais ses démarches affichées ne nous séduiront pas. Nous le ferons suivre dans l'obscurité dont il va bientôt se couvrir, on lui arrachera son masque sur le seuil même du vice auquel il doit sacrifier. »

Il était difficile au parti clérical d'imposer silence aux magistrats ; il ne l'essaya même pas. Il voulait d'abord réduire à néant la presse libérale. Depuis deux ans, les évêques, les curés aussi bien que les missionnaires, étaient unanimes dans leurs protestations contre la liberté de la presse. Après la publication du Mémoire à consulter, leurs plaintes redoublèrent, et ils réclamèrent contre tout écrit un peu indépendant, une pénalité rigoureuse. Le ministère céda aux exigences de ses amis. Le 30 avril 1827, à l'ouverture de la

18

Tous les mandements de l'époque se ressemblent dans le fond, et varient seulement pour la forme ; les uns ordonnent, les autres menacent, d'autres enfin, mais en plus petit nombre, semblent supplier. Mais la plus curieuse lettre pastorale qui nous soit tombée sous les yeux est celle du cardinal Clermont-Tonnerre, archevêque de Toulouse. Sans ambiguïté aucune, sans déguisement d'aucune sorte, le prélat y parle des projets du gouvernement ; il fait entendre que si on travaille pour le trône, l'Église compte bien aussi avoir sa part dans le butin : il étale avec complaisance les revendications que le clergé entend faire après la victoire, et quant à lui, fort des derniers sentiments exprimés par le Saint-Siége, il compte demander les modifications, suivantes à apporter à la Charte et au Code :

1° Abrogation ou changement des lois relatives à la tenue des registres de l'état-civil ;

2° Le rétablissement des synodes diocésains et des conciles provinciaux ;

3° Réhabilitation des fêtes solennelles supprimées ;

4° Rétablissement des ordres religieux ;

5° Indépendance des ministres du culte ;

6° Rétablissement des attributions, des officialités diocésaines et métropolitaines ;

7° Réorganisation des chapitres.

8° Suppression des articles organiques. ·

Le jour du vote arriva. On vit des curés se mettre en tête de leurs paroissiens pour aller au scrutin et surveiller leur passage devant l'urne. La majorité en faveur du ministère fut écrasante : treize libéraux à peine furent élus. Ils avaient été près de soixante-douze avant le mois de décembre 1823. Aussi la nouvelle Chambre reçut-elle le nom de Chambre retrouvée.

Le résultat de ces élections se fit sentir dès le jour où fut votée la réponse à l'adresse du roi; les deux phrases suivantes y avaient été insérées :

« La religion réclame pour le culte des lois protectrices, pour les ministres une existence plus digne d'eux. »

« L'éducation sollicite un appui nécessaire. »

Mais on comprit encore mieux quelque temps après les tendances du parti clérical et les intentions du ministère : deux projets de loi furent simultanément portés devant le parlement; à la Chambre des pairs fut soumis celui de la septennalité des députés; à ceux-ci on demanda la conversion de la rente.

Le changement de l'article 37 de la Charte, rencontra peu de résistance à la Chambre des pairs et aucune à celle des députés. Il n'en fut pas de même du second projet de loi.

était séparé de celui des cultes et confié à M. de Vatimesnil, catholique exagéré, qui, comme ses collègues, trouva son chemin de Damas, en allant prendre possession de son ministère.

Dix jours avant l'ouverture de la session législative, le clergé s'était livré à ses pratiques ordinaires : tel évêque recommandait dans une circulaire de faire une neuvaine à Saint-Ignace pour la conservation des Jésuites; tel autre recommandait les prières en usage pour la dévotion au Sacré-Cœur de Jésus et au Sacré-Cœur de Marie. Partout dans les sermons, les curés présentaient la défense de la Compagnie, et anathématisaient les misérables qui la persécutaient.

Si ces prières ne furent pas entendues par le ciel, elles le furent de la commission présidée par le comte Portalis. A la majorité de cinq voix, contre quatre, elle avoua que les Jésuites avaient en effet, huit écoles secondaires en France (Bordeaux, Aix, Saint-Acheul, Sainte-Anne-d'Auray, Bellon, Dôle, Forcalquier, Montmorillon); mais, considérant que la direction des écoles ecclésiastiques appartenait exclusivement aux évêques, que les prêtres chargés de l'administration des huit établissements, plus haut désignés, avaient été choisis par les évêques des diocèses auxquels ils ressortissaient, que si ces prêtres suivaient pour leur régime intérieur la règle de Saint-Ignace, la liberté civile et religieuse, proclamée par la Charte, ne permettait à personne de scruter le for intérieur de chacun pour rechercher le motif des règles et des pratiques auxquelles il se soumettait, du moment que ces pratiques et ces règles ne se manifestaient par aucun acte extérieur contraire à l'ordre et au roi, elle conclut qu'il n'y avait pas lieu à délibérer. La commission réfutait donc le jugement du tribunal, et cela, à la majorité d'une voix.

La colère fut grande dans la Chambre et dans le pays. Le ministère trompé dans son attente, et accusé de complicité avec la commission, proposa à la signature du roi deux Ordonnances. La première soumettait au régime de l'Université toutes les écoles ecclésiastiques et défendait de leur donner pour directeurs, d'autres individus n'appartenant à aucune congrégation religieuse et après qu'ils en auraient donné l'affirmation par écrit. La seconde limitait le nombre des écoles ecclésiastiques dans chaque département, fixait à vingt mille le chiffre des élèves qu'elles pouvaient avoir, leur interdisait de recevoir des externes et les obligeait à faire porter à leurs élèves l'habit ecclésiastique à l'âge de quatorze ans; enfin elle fondait huit mille bourses de 150 francs, dans clérical et enfin de quelques membres libéraux qui y avaient été introduits comme par erreur lors de la seconde Restauration. Cette opposition pourtant n'osait pas se ranger ouvertement du côté des membres de la gauche qui avaient repoussé le projet de conversion par des discours vigoureux, on eût dit qu'elle attendait une impulsion, un mot d'ordre. Il lui fut donné par M. de Quelen, l'archevêque de Paris. La congrégation, voyant la naissante résistance de la Chambre des pairs, s'était empressée d'exiger de M. de Villèle, l'introduction dans cette assemblée d'un certain nombre d'ecclésiastiques au commencement de 1823. Les cardinaux étaient assis au rang des ducs, les autres prélats au rang des comtes; le 30 mars 1824, il y en avait neuf. Deux ans après on comptait dix-huit congréganistes dans la Chambre des pairs. Quel motif poussa M. de Quelen dans cette circonstance ? Son discours fut-il inspiré par la commisération qu'il disait éprouver pour le sort fait par la nouvelle loi aux petits rentiers, comme ses actions le furent en 1832 par les terribles maux engendrés par le choléra ? Vaulabelle pense qu'il céda à la pression de plusieurs sociétés religieuses qui avaient beaucoup d'argent placé sur l'État. Il est difficile de se ranger à cet avis; à cette époque, les intérêts de la congrégation primaient tous les autres. L'archevêque céda-t-il à un mouvement de cupidité personnelle? Malgré l'accusation infamante portée plus tard contre lui par un autre ecclésiastique, nous en doutons. Le temps seul permettra peut-être de bien connaître cette époque de la vie de M. de Quelen. En tout cas, il est fort curieux de voir qu'en 1817 un fanatique ultramontain, M. de Marcellus, en 1824 un des premiers prélats de France contre-carrèrent, par leur conduite légère ou calculée, deux des projets que souhaitait le plus le parti clérical. L'abolition du Concordat de 1801 qui demeura intact puisque celui de 1817 ne put recevoir d'application, et le projet de conversion de rente qui avait été une des causes principales de la dernière dissolution de la Chambre.

Cet échec ne découragea pas la majorité des députés. Vers la fin de la session, le 9 juillet 1824, M. Ferdinand de Berthier, dans un discours bouillant, annonçait le programme de l'avenir : « Devenus Chambre septennale, disait-il, nous avons plus de temps que la Chambre de 1815 pour méditer et activer ces différents objets. A la vérité que de nécessités à satisfaire ! Abroger les lois impies de la Révolution et punir le sacrilége ; rendre aux liens du mariage toute leur sainteté en faisant précéder l'acte civil de la cérémonie religieuse ; donner au clergé une existence indé-

la devise de sa maison : *Etiamsi omnes ego non.*
Charles X fit montre d'une grande colére contre
cet archevêque qui tenait tête à son pape et à
son roi ; il prit un parti aussi violent qu'il pouvait se permettre de le faire eu égard à la qualité
du délinquant : il interdit au cardinal de paraître
à la cour.

On pourrait s'étonner de cette résistance de
la part du clergé contre ces Ordonnances qui
lui assuraient chaque année un million deux cent
mille francs de bourses. La raison en est qu'il
dédaignait une aussi faible somme ; il avait d'autres revenus. Dans la seule année de 1827, il
avait reçu en legs *par acte authentique* 8,587,688
francs.

La lutte continua entre le ministère harcelé par
les libéraux et le roi soutenu par la congrégation. Elle était trop inégale pour n'avoir pas comme
conséquence la chute du ministère Martignac et
l'élévation de M. de Polignac. C'est là le commencement des fautes auxquelles Charles X a été
poussé par le parti clérical et qui ont amené sa
chute. Un des premiers soins du nouveau ministère fut de proroger les Chambres, dès l'ouverture
de la session, lors de l'adresse votée par les deux
cent vingt-et-un, et de dissoudre celle des députés
le 15 mai suivant. Pendant ce temps, les mande-

ments, les discours, les violences des ultramontains continuaient : leurs journaux imprimaient des articles dont le sens était celui-ci : « Plus de concession, le combat est rétabli entre la royauté et la Révolution. » Les évêques reprochaient tantôt aux colléges électoraux d'avoir *vomi* (sic) dans la Chambre une tourbe de factieux, tantôt aux Chambres d'avoir l'imprudente audace de dicter des lois au souverain. Partout on confondait les intérêts du clergé avec les prétentions de la couronne, et lorsque vint le moment des nouvelles élections, on représenta l'Eglise honorée ou avilie selon que la royauté serait triomphante ou vaincue. Malgré toutes ces menaces, malgré la proclamation du roi qui eut la sottise de descendre aussi dans la lice, l'opposition obtint une majorité écrasante.

Le clergé ne comprit pas l'avertissement. Le 9 juillet survint ; on apprit la prise d'Alger. Charles X commanda un *Te Deum* pour le surlendemain 11 juillet, jour de la fête du Sacré-Cœur de Jésus. Dans cette solennité, M. de Quelen fit une homélie dans laquelle il prononça ces mots : « Trois semaines ont suffi pour humilier et réduire à la faiblesse d'un enfant, ce musulman naguère si superbe. Ainsi soient traités partout et toujours les ennemis de notre seigneur et roi, ainsi soient ma naisance a fait tomber le pouvoir entre mes mains, je l'emploierai tout entier à consolider pour le bonheur de mon peuple le grand acte que j'ai promis de maintenir. »

Le 29 septembre, comme pour donner sanction à cette promesse, la censure était abolie. La joie fut grande dans Paris, mais aussi de courte durée. Les esprits clairvoyants s'aperçurent bientôt que rien n'était transformé : un fait surtout, qui en rappelle deux autres, déjà rapportés dans ce volume, le donna à entendre.

L'acteur Philippe mourut d'une attaque foudroyante d'apoplexie, par conséquent sans avoir reçu les sacrements. Comme il avait beaucoup d'amis, son convoi fut nombreux. Déjà il prenait le chemin de l'église paroissiale, lorsqu'un gendarme vint annoncer qu'on eût à se diriger directement au cimetière. L'indignation des assistants fut augmentée par celle de la foule; on se rappela les scènes qui s'étaient passées à l'enterrement de mademoiselle Raucourt, et l'on crut que le roi avec ses bonnes dispositions ferait justice. Le corps fut transporté aux Tuileries et une députation demanda à parler à Charles X. M. Corbière la reçut. Il répondit aux plaignants qu'il lui était impossible de s'opposer à une décision prise par un ministre du culte. Enfin, sur l'insistance des délégués, le roi fit prévenir que tout était arrangé, qu'il avait pris les dispositions voulues. Sur cette parole à double sens, le convoi repartit en effet, espérant que les portes de l'église allaient s'ouvrir, et qu'un prêtre dirait pour Philippe les prières habituelles. Mais le préfet de police avait eu le temps de prendre ses mesures. Lorsque le convoi arriva à la hauteur de la porte Saint-Denis, des soldats dispersèrent la foule, s'emparèrent du corps et le menèrent directement au cimetière.

Le 22 décembre suivant commença la première session législative du nouveau règne Dès l'abord, on reprit le programme annoncé; coup sur coup, deux projets furent présentés à la Chambre des pairs. Le premier était relatif aux communautés religieuses des femmes : le ministère demandait pour elles, entre autres immunités, qu'elles fussent autorisées à s'établir sur une simple ordonnance royale et à recevoir librement par donation ou testament. Lanjuinais s'éleva vigoureusement contre ce projet : — « Qu'est-ce qu'une communauté, dit-il? un être fictif auquel on attribue une capacité civile et des priviléges fort étendus. Or, pour établir une *fiction légale* il faut une *loi*, et cette loi les Chambres seules peuvent l'édicter. » Et comme on lui répondait que la rois. Qu'on suive notre histoire : depuis 1301 jusqu'en 1789 (les exceptions qu'on pourrait citer sont rares), chaque page est un témoignage de cette résistance aux idées ultramontaines ; à notre connaissance, jamais aucune révolte, aucun soulèvement n'a été occasionné par les moyens souvent durs qui ont été employés pour réprimer les aspirations du despotisme clérical.

Au contraire, dans notre siècle, un roi est assez faible pour céder aux empiétements jésuitiques, il est renversé de son trône et honni par tous les hommes de raison.

Nous ne nous appesantirons pas sur ces considérations qui sortent un peu de notre sujet. La question qu'il nous faut traiter en premier lieu se pose d'elle-même : Quelle fut l'attitude des cléricaux et du clergé après la chute de Charles X? On les a vus tyranniques, surtout depuis le ministère de Villèle, on les a vus battre le beau sol de France, depuis la ville jusqu'à la moindre bourgade, pour y tuer la liberté et encapuciner les citoyens. Leurs victimes se révoltent et les chassent : que diront-ils ? — Leur conduite fut telle qu'elle a toujours été dans de pareilles circonstances; le clergé officiel se renferma dans un silence mécontent, excitant en sous-main ses partisans à crier au martyre.